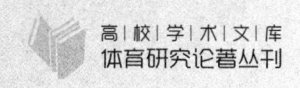

羽毛球运动教学体系构建与创新研究

刘 冉 著

中国书籍出版社

图书在版编目(CIP)数据

羽毛球运动教学体系构建与创新研究/刘冉著.—
北京:中国书籍出版社,2018.3
ISBN 978-7-5068-6801-3

Ⅰ.①羽… Ⅱ.①刘… Ⅲ.①羽毛球运动－体育教学－
教学研究 Ⅳ.①G847.2

中国版本图书馆 CIP 数据核字(2018)第 059242 号

羽毛球运动教学体系构建与创新研究

刘 冉 著

丛书策划	谭 鹏 武 斌
责任编辑	牛 超
责任印制	孙马飞 马 芝
封面设计	马静静
出版发行	中国书籍出版社
地　　址	北京市丰台区三路居路 97 号(邮编:100073)
电　　话	(010)52257143(总编室)　(010)52257140(发行部)
电子邮箱	chinabp@vip.sina.com
经　　销	全国新华书店
印　　刷	三河市铭浩彩色印装有限公司
开　　本	710 毫米×1000 毫米　1/16
印　　张	17.25
字　　数	320 千字
版　　次	2018 年 5 月第 1 版　2018 年 5 月第 1 次印刷
书　　号	ISBN 978-7-5068-6801-3
定　　价	66.00 元

版权所有　翻印必究

前　言

　　随着我国社会经济的快速发展，广大人民群众的经济水平和生活质量都有了大幅度提升，越来越多的人开始追求身体与精神双提高的健康的生活方式。由于羽毛球运动集多重价值和特点于一身，所以得到不同社会群体的欢迎和喜爱。我国各级、各类学校的师生也被羽毛球运动吸引，关注并参与羽毛球运动的学生人数持续增加。要想保证羽毛球运动快速发展，同时从根本上提高我国羽毛球运动教学的质量，就必须科学构建羽毛球运动教学体系，立足于各项教学体系的实际状况实施创新研究。因此，特撰写《羽毛球运动教学体系构建与创新研究》一书，力求进一步巩固羽毛球运动及其教学的理论基础，构建出集科学性和系统性于一体的羽毛球运动教学体系，为羽毛球运动教学体系的优化和创新提供理论指导和实践指导。

　　本书共有八章，大体可以划分成三个部分，第一章和第二章阐述了羽毛球运动的各项理论知识，第三章和第四章论述了羽毛球运动教学的理论基础和基本理论，第五章至第八章研究了羽毛球运动教学方法体系、教学设计体系、技术教学体系、战术教学体系的构建与创新。具体来说，第一章是羽毛球运动概述，主要阐析了羽毛球运动的发展历程、特点及价值、羽毛球赛事组织机构与重大赛事、羽毛球运动的发展趋势及展望。第二章是羽毛球运动基本知识与理论，主要内容是羽毛球运动场地与器材、羽毛球运动常用术语、羽毛球运动竞赛规则与裁判法。第三章是羽毛球运动教学的理论基础，逐一探究了羽毛球运动教学的运动生理学基础、运动心理学基础、运动营养学基础、教育学基础。第四章是羽毛球运动教学的基本理论，主要研究了羽毛球运动教学的任务与内容、原则与方法、教学文件的制定、教学创新及实效性分析。

第五章是羽毛球运动教学方法体系的构建与创新,先后研究了常见的羽毛球运动教学法、羽毛球运动教学方法的科学选择与应用、羽毛球运动教学方法的创新研究。第六章是羽毛球运动教学设计体系的构建与创新,主要内容是羽毛球运动教学设计的基本理论、羽毛球教学目标的设计、羽毛球教学策略的设计、羽毛球教学环境的设计、羽毛球教学评价的设计、羽毛球教学设计的创新趋势。第七章是羽毛球运动技术教学体系的构建与创新,依次阐析了羽毛球运动无球技术教学、羽毛球运动单打技术教学、羽毛球运动双打技术教学、羽毛球技术发展回顾及创新趋势。第八章是羽毛球运动战术教学体系的构建与创新,主要研究内容是羽毛球运动单打战术教学、羽毛球运动双打战术教学、羽毛球运动混合双打战术教学、羽毛球运动战术教学的创新策略。

本书尝试通过多种方式使全书达到结构清晰、语言准确、全面深刻的要求,同时尽最大可能把羽毛球运动的理论知识和实践创新结合在一起,力求夯实我国羽毛球运动教学的理论基础,为羽毛球运动教学体系的构建与创新提供可行性策略。

在撰写本书的过程中,参考和借鉴了许多专家、学者的理论和数据资料,在此向他们表示由衷的感谢。由于水平和精力所限,书中难免有错误存在,敬请广大读者批评指正。

作　者
2018 年 1 月

目　　录

第一章　羽毛球运动概述 ………………………………… 1
第一节　羽毛球运动的发展历程 ……………………… 1
第二节　羽毛球运动的特点及价值 …………………… 7
第三节　羽毛球赛事组织机构与重大赛事 …………… 11
第四节　羽毛球运动的发展趋势及展望 ……………… 22

第二章　羽毛球运动基本知识与理论 …………………… 35
第一节　羽毛球运动场地与器材 ……………………… 35
第二节　羽毛球运动常用术语 ………………………… 46
第三节　羽毛球运动竞赛规则与裁判法 ……………… 49

第三章　羽毛球运动教学的理论基础 …………………… 68
第一节　羽毛球运动教学的运动生理学基础 ………… 68
第二节　羽毛球运动教学的运动心理学基础 ………… 76
第三节　羽毛球运动教学的运动营养学基础 ………… 81
第四节　羽毛球运动教学的教育学基础 ……………… 90

第四章　羽毛球运动教学的基本理论 …………………… 94
第一节　羽毛球运动教学的任务与内容 ……………… 94
第二节　羽毛球运动教学的原则与方法 ……………… 97
第三节　羽毛球运动教学文件的制定 ………………… 109
第四节　羽毛球运动教学创新及实效性分析 ………… 116

第五章　羽毛球运动教学方法体系的构建与创新 ……… 130
第一节　常见的羽毛球运动教学法 …………………… 130

第二节　羽毛球运动教学方法的科学选择与应用 …… 140
　　第三节　羽毛球运动教学方法的创新研究 …………… 152

第六章　羽毛球运动教学设计体系的构建与创新 ………… 161
　　第一节　羽毛球运动教学设计的基本理论 …………… 161
　　第二节　羽毛球教学目标的设计 ……………………… 163
　　第三节　羽毛球教学策略的设计 ……………………… 171
　　第四节　羽毛球教学环境的设计 ……………………… 174
　　第五节　羽毛球教学评价的设计 ……………………… 178
　　第六节　羽毛球教学设计的创新趋势 ………………… 185

第七章　羽毛球运动技术教学体系的构建与创新 ………… 189
　　第一节　羽毛球运动无球技术教学 …………………… 189
　　第二节　羽毛球运动单打技术教学 …………………… 197
　　第三节　羽毛球运动双打技术教学 …………………… 217
　　第四节　羽毛球技术发展回顾及创新趋势 …………… 226

第八章　羽毛球运动战术教学体系的构建与创新 ………… 232
　　第一节　羽毛球运动单打战术教学 …………………… 232
　　第二节　羽毛球运动双打战术教学 …………………… 246
　　第三节　羽毛球运动混合双打战术教学 ……………… 256
　　第四节　羽毛球运动战术教学的创新策略 …………… 261

参考文献 ……………………………………………………… 266

第一章 羽毛球运动概述

羽毛球运动集娱乐性、简便性以及锻炼性特点于一身,不仅能够提高参与者的身体素质、心理素质、社会适应水平,还能陶冶参与者的情操,所以这项运动受到不同性别、不同年龄段人的欢迎。本章主要对羽毛球运动的发展历程、特点、价值、赛事组织机构、重大赛事、发展趋势及展望进行研究。

第一节 羽毛球运动的发展历程

一、羽毛球运动的起源

羽毛球运动起源很早。据《大不列颠百科全书》中记载大约2 000多年前,世界部分地区已经开始盛行最原始的羽毛球游戏。但羽毛球运动的具体起源至今还没得出统一说法,绝大多数专家和学者认为该项运动由毽子球运动发展而来。国际羽毛球联合会,在其成立五十周年的纪念册上是这样写的:"羽毛球运动早在1934年前就有着悠久的历史,很多世纪以前,在荷兰和中国就有使用球拍的类似当今羽毛球的体育游戏。"但从文字记载和相关学者的研究中,可以看出,羽毛球的起源虽然很悠久,但整体上主要分为古代羽毛球和现代羽毛球。

(一)古代羽毛球游戏

1. 中国古代羽毛球游戏

根据我国的《民族体育集锦》中记载:"相传,中国在远古时期就有类似羽毛球活动的存在,其玩法、性质以及所用的一些器材,同世界上较早有这项活动的国家相比没有太大的差异,只是在对这种游戏活动的称呼上不同而已。"发展到今天,仍旧在一些少数民族的游戏中可以看到羽毛球活动的影子。如现在贵州的苗族,仍以木板拍击鸡毛毽为游戏,俗称"板羽球"。但是这种游戏的具体起源并没有确切的文字记载,因此也无法进行考证。

2. 日本的"追羽根"

关于古代羽毛球运动,日本也有资料记载,在日本的贞享二年(1685年),日本流行着一种名为"追羽根"的游戏,日本女子在新年正月里,一面歌唱式的数数,一面用羽子板做"追羽根"游戏,这种游戏与现代羽毛球非常相似,但是由于此游戏的器材造价太高,并没有在日本普及,因此便逐渐消失,相关记载也极少。

3. 印度人的乡土游戏

古代羽毛球运动在印度也有相似的游戏,被印度人称为"扑那"(Poona),这种游戏的起源据说是1820年的印度孟买城的一条名叫Poona街道的居民发明的,是一种以绒线编织成球形,上插羽毛,人手持木拍,隔网将球在空中来回对击的游戏,从描述中可以看出,这种游戏与羽毛球运动极为相似。这也与后来现代羽毛球的兴起联系非常紧密,以后逐渐普及印度及全世界,因此今日的羽毛球运动,又被称为印度人的游戏。

(二)现代羽毛球运动

英国是现代羽毛球运动的诞生地,现代羽毛球的前身是由英国军官于1870年从印度带回的"扑那"游戏。在那个历史阶段,羽毛球是一个毽子,而网球拍则当作毽子板,以后毽子板与毽子逐渐改良,乃成为今日的羽毛球运动。因这项活动极富趣味性,很快就风行开来。此后,这种室内游戏迅速传遍英国,并不断改进、研制出羽毛、软木做成的球和穿弦的球拍,逐步使它演变成一项竞技运动。

1877年英国制定第一本羽毛球比赛规则,其中一些内容在今天的羽毛球规则中仍保留使用。1893年,英国成立了世界上最早的羽毛球协会。1899年,该协会举办了第一届全英羽毛球锦标赛(All England Badminton Championships),以后每年3月的最后一周都要在伦敦温布利体育中心进行比赛。

现代羽毛球运动在英国诞生后,便很快在世界流行,从不列颠诸岛流传到英联邦各国和斯堪的纳维亚半岛,随后又流传到美洲、亚洲、大洋洲各地,最后传到非洲,至今已成为世界盛行的体育项目。直到1934年,英国、法国、丹麦、加拿大、新西兰、荷兰、苏格兰、爱尔兰、威尔士等国家和地区联合成立了国际羽毛球联合会,总部设在伦敦。1939年国际羽毛球联合会通过了各会员国共同遵守的《羽毛球竞赛规则》。在此之后,现代羽毛球运动在世界各地广泛发展。

二、羽毛球运动的发展

针对羽毛球运动的发展,这里着重从竞赛规则、组织、技战术三个层面展开详细阐析,具体如下。

(一)羽毛球竞赛规则的发展

在羽毛球兴起之初,竞赛并没有人数、分数和场地的限制,运动员只需要用球拍互相对击球即可。但随着不断发展,竞技性逐渐增强,羽毛球运动开始有了一定的分数、场地、人数限制。比赛时,一人或两人为一方,中隔一网,用球拍经网上往返击球,使球落到对方的场地上,或使对方击球失误而得分取胜。

在1877年,英国出版了世界上第一本羽毛球规则。规则内容很简单,只是规定了场地呈长方形;中间挂网的高度、双方对击的要求;没有单打、双打的区别。由于当时社会信息发展并不完善,人们对于这项新兴运动的了解也不够深刻,因此每个国家所制订的规则和场地的标准也不尽相同。1893年,由英国的14个羽毛球俱乐部一致倡议组成了正规的羽毛球协会,并修订了规则。1901年,该协会修订羽毛球规则时,将羽毛球场地的形状改为现在的长方形。

在世界各国人民观赏水平持续提升的背景下,羽毛球运动的技术和战术呈现出了良好的发展态势,制定了关于单打、双打场地区别及发球区的规定,发球得分及发球得分后的换区等规则也相继得到明确规定。为了使比赛激烈、精彩,又规定了双方打满13平、14平,女子单打打成9平、10平时要进行加分比赛。2005年,世界杯赛事率先实施"21分制",同年12月国际羽联在吉隆坡理事会议上做出了决议,将在国际羽联举办的各项赛事中试行新的记分方法:具体方法为与排球比赛相类似的每局21分制记分,三局两胜制。当比分为20平时,采用先净胜得2分者获胜,当比分到29平分时,仅加赛1分,得到30分者获得最后胜利。与此同时,发球权由得分一方持有,并将原来只有发球一方可以得分的赛制变成了每球得分。这一新赛制成为国际羽联一项重大改革。

(二)羽毛球运动组织的发展

世界上第一所羽毛球俱乐部是1875年在英国成立的军人俱乐部,发展到1893年,英国已有14个羽毛球俱乐部,他们在一次会议上正式成立英国羽毛球协会。当时,英国羽毛球协会对羽毛球运动的开展、提高和传播起了积极的推动作用。这项运动迅速向世界其他国家传播。20世纪二三十年代,加拿大、丹麦、马来西亚等国也相继成立了羽毛球协会。

1934年,由英格兰、法国、爱尔兰、苏格兰、荷兰、加拿大、丹麦、新西兰和威尔士9个羽毛球协会共同协商成立了国际羽毛球联合会(简称国际羽联)。第一任主席是汤姆斯,总部设在伦敦。国际羽联的成立直接推动了羽毛球在世界范围的迅速发展。

国际羽联成立为羽毛球运动技术和战术的可持续发展注入

了很大的推动力。除了传统的全英羽毛球锦标赛照常举行外，1948年增设了汤姆斯杯赛（世界男子团体锦标赛），1956年增设了尤伯杯赛（世界女子团体锦标赛），并相继举办了世界羽毛球锦标赛、羽毛球世界杯赛等赛事，使世界羽毛球运动又向前迈进了一大步。当时由于受政治因素的影响，中国和一些国家并没有加入国际羽联，因此在很多国际性的正式羽毛球比赛中，无法体现出羽毛球真正的世界级水平。

1978年，在中国香港成立了世界羽毛球联合会（简称世界羽联），先后举办了两届世界羽毛球锦标赛，我国共荣获8项冠军，这让我国在世界羽坛的地位迅速攀升，后经努力，1981年，国际羽联和世界羽联正式合并，组成了国际羽毛球联合会（简称国际羽联），使世界羽毛球运动产生了新的飞跃，出现了欣欣向荣的景象。

截至当前，参与国际羽联的国家和地区早已超出一百个，羽毛球运动比赛也顺利被纳入奥运会正式比赛项目，羽毛球运动正式进入蓬勃发展的阶段。

(三)羽毛球运动技战术的发展

羽毛球运动从开创至今，技术与战术的发展从简单到全面，从全面到快速灵活，从快速灵活到多变，其中产生了几次飞跃。

1. 开创时期

在开创时期，英国运动员垄断整个世界羽坛，虽然他们的技术比较单一，打法陈旧，几乎没有战术变化，但是他们的技术水平一直处于领先地位，为羽毛球运动传播到全世界立下了头功。直到1939年，丹麦、加拿大等国选手以良好的体力和进攻型战术向英国选手发起了挑战，这才打破了英国选手独霸羽坛的局面。在第36届全英锦标赛上，英国运动员仅获一枚混双金牌；第37、38届全英锦标赛冠军全由丹麦运动员获得。

2. 全面发展时期

第二次飞跃是在20世纪50年代至60年代中期,这是羽毛球的技术与战术全面发展的时期,男子技术优势从欧洲全面转向亚洲,形成了亚洲人在世界羽坛称雄的局面。20世纪50年代,以马来西亚、印度尼西亚为代表的运动员主要以拉、吊来控制球的落点。从1958年开始,羽毛球技术开始向快速、灵活的方向发展,以印尼的陈友福为代表,以较快的速度运用下压抢网和加强扣杀上网的技术打败了以技术性为代表的打法,从此开创了印尼控制世界羽坛的局面。从1958—1979年,印度尼西亚共七次荣获汤姆斯杯。在这期间中国虽然没有与世界各个国家进行正式的比赛较量,但是其技术与战术水平提高得非常快,已经具有世界先进水平,主要的代表运动员有汤仙虎、侯加昌,他们的"快"、"准"、"狠"、"活"的技术风格很快压倒了印尼队和欧洲诸队,为推动世界羽毛球运动发展做出了巨大贡献。中国的快攻技术也开始被国际羽坛接受,并在世界范围内推广。

3. 快速进攻、全面、多变时期

第三次飞跃是20世纪80年代,世界羽坛技术与战术向快速进攻、全面、多变的方向发展。主要代表国家如中国、印尼、印度、丹麦、马来西亚、韩国等,运动员的打法更全面、变化更多、速度更快、特长突出、攻守兼备而各领风骚,技术已达到炉火纯青的地步,世界羽毛球运动技战术进入了巅峰期。当时的代表人物有林水镜、韩健、栾劲、苏吉亚托、普拉卡什、费罗斯特、陈昌杰等。其以林水镜的"快"、"狠",费罗斯特、韩健的"控制对方后场的进攻"、"加强防守"、"创造条件抢攻"成为后人学习的典型。到了90年代,又出现了新的技术。主要代表典型有:印度尼西亚年轻集团军和韩国的凶狠拼杀作风、马来西亚西德克兄弟的拉、吊技术以及中国吴文凯、刘军为代表的快攻型打法,其中中国运动员开始在世界羽坛上称霸。

从整体来看,羽毛球运动技战术发展的总体走向是正朝着"快速、全面、进攻和多拍"的方向发展。具体来说,快速体现在出手动作、步伐移动和判断反应以及战术变化等方面的速度加快;全面是指技术全面,攻守兼备,控球能力强,具有良好的身体素质和心理素质;进攻是凭技术特长,采用先发制人,积极主动,以抢攻为主;多拍是在战术变化中,从若干次攻守回合中,提高控球能力,减少失误,力争主动,控制比赛局面。

无论是从现今的发展情况还是整体的水平,实力优势仍在亚洲,男子以中国、印度尼西亚、马来西亚、韩国"四驾马车"为主,中国继续保持强劲势头。除此之外,欧洲的丹麦、瑞典也在奋起直追,有望再展雄风。女子以中国、印尼、韩国三国鼎立于世界女子羽坛,继续保持绝对优势,但欧洲的瑞典、丹麦、英格兰运动员也正在悄悄崛起。显然,世界羽毛球运动的格局正在向多元化的方向发展,欧亚对抗的局面正在逐步形成,世界羽坛将会呈现更加激烈的争雄局面。

第二节 羽毛球运动的特点及价值

一、羽毛球运动的特点

(一)普及性

从羽毛球运动的场地来看,场地并没有严格限制,无论是室内室外或是否架网,只要有空地就可以进行羽毛球运动。因此羽毛球运动具有非常好的普及特点。

对于运动适宜人群来说,小巧的羽毛球运动具有独特的风格。飘逸的羽毛球,纤细的球拍,场地方便,器材简单,使得老少皆宜,在运动中充满乐趣。它既是集技巧性、智能性和对抗性于一身的竞技比赛项目,又是强身健体、趣味性强、普及面广的大众体育运动项目。几乎所有人都可以选择适合自己运动强度的羽毛球运动,满足不同年龄、不同训练层次的爱好者的需求,丰富了人们的生活。对于正在茁壮成长的少年儿童来说,羽毛球运动可以提高身体的协调性、反应灵敏度等特征;对于正在发育期的青少年而言,羽毛球运动可以培养他们对体育的兴趣爱好,养成健康的生活意识和终身进行体育运动的习惯;对于工作中的成年人而言,羽毛球运动能够帮助他们缓解生活和工作压力,提高工作效率;对于老年人以及身体素质偏低的群体来说,运动强度适中的羽毛球运动往往有助于参与者活动筋骨、延长生命。

(二)锻炼性

羽毛球运动凭借独特锻炼手段,有助于参与者的各项身体素质协调发展,促使参与者身体处于健康状态,有效延长参与者的生命,对参与者的身体素质的提高有显著的积极作用。这项功能的具体反映是:当进行羽毛球运动时,运动员前场、后场快速移动击球,中后场的大力扣杀球,被动时的扑救球,双打的换位击球等都需要练习者有较好的力量素质、速度素质、耐力素质、灵敏素质、柔韧素质以及快速的反应能力。在双方对拉回合的过程中,为了取得主动需要有较快的速度、耐力和速度耐力。在扑救球时(通常是被动的)又需要有很好的灵敏和柔韧;双打中又需要极快的反应与判断能力。因此,对从事羽毛球运动的人来说,这些都可以发展他们的身体各方面的素质。

羽毛球运动除了拥有提高身体素质的功能,还能锻炼参与者的心理素质。竞技运动的特点就是竞争,公平竞争是促进社会进步与发展的动力,竞争精神是现代人的重要素质。今天很多的国家都将人的体育经历和拼搏精神作为用人的重要考评标准之一。通过羽毛球运动锻炼可以培养和发展自信、顽强的意志和良好品质的高素质全面人才。另外,羽毛球运动教育人运动中必须遵守规则,尊重对手,尊重裁判,培养协作、忍让、谦虚、豁达素质,有利于世界观、人生观的形成与发展。

(三)多样性

羽毛球运动的战术变化具有多样性。在进行羽毛球运动时,从击球时的某一单个的击球手法和移动步法来看,是有一定规律的。但受对方击球后来球的方向有左有右、来球的角度和弧度有大有小、来球的距离有长有短和来球的力量有强有弱等不定因素的影响,球的落点变化无常,因此运动中技术动作没有固定不变的模式,一切技、战术都是在"动态"的状况下完成的。在同一情况可以用几种不同的方法处理,再加上由于不同的运动员具有不同的战术素养和习惯增加了这种不确定性。

战术的瞬息万变更加增添了羽毛球的魅力,但是同时也要求运动员具有在场上全方位出击的能力,运动员必须在极短时间里,运用交叉步、垫步、跨步、蹬跨步、蹬跳步、起跳等各种步法向来球的方向迅速移动到适当位置,并以发球、前场、中场和后场等手法技术将球击向对方场区。受羽毛球运动不确定性特征的影响,使得速度力量与速度耐力素质演变成羽毛球运动的基础,所以说教练员要想促使运动员获得理想的运动成绩,就一定要高度重视速度力量和速度耐力素质的训练活动。

(四)观赏性

羽毛球技术的千变万化,让羽毛球更加具有观赏性。当在赛场上时,运动员如猛虎下山的上网技术,蛟龙出水一样的跳起击球,身如满弓的扣杀,犀牛望月似的抢扑救球,进攻时似高屋建瓴、势如破竹,防守时的绵绵细雨、固若金汤……一切都在展示着羽毛球运动的力与美,使观赏者像吟读一首首动人的诗篇,如浏览一幅幅悦目的画卷,令人心旷神怡,流连忘返。

(五)娱乐性

羽毛球运动在球的对击过程中,要通过不停奔跑,努力地去把球击到对方的场地。每当击球者在击出赢得一个好球时,会体验到成功的喜悦。同时球的飞翔又有快慢、轻重、远近、高低、狠巧、飘转等变化,使这种运动本身充满了丰富的乐趣。羽毛球运动中优美潇洒的姿态,给人以美感,可以陶冶情操,调节心理情趣,提高审美和创造美的能力。同时,运动能缓解工作压力,提高身体免疫力,使人精神放松,心情愉快,保持良好的精神和健康状态,提高生活质量,使生活充满美丽的阳光。观赏者也可以通过观赏羽毛球的比赛来放松工作压力,体验羽毛球运动的乐趣。

二、羽毛球运动的价值

羽毛球运动作为一项独特的运动项目,其具体价值主要体现在以下四个方面。

(一)提高文化素质修养

羽毛球运动是一项历史悠久的运动,了解羽毛球运动的发展历史和文化背景,学习并遵守运动规则,形成尊重对手和尊重裁判员的赛场作风,对培养协作、忍让、谦虚、豁达等优良品质大有益处,有利于树立正确的人生观和世界观。

(二)陶冶情操,增添生活情趣

羽毛球运动是一项综合性运动,他能使人保持优美潇洒的姿态和朝气蓬勃的精神状态。无论是参加羽毛球运动,还是观看羽毛球比赛,都能从中体会到灵动变化之美,感受到这项运动的魅力。可以说,打羽毛球就是一个发现美和创造美的过程,通过羽毛球运动能够增加人的生活情趣。

(三)培养竞争意识和进取精神

在竞争中发展是现代人的一项显著特征。公平竞争是推动社会进步和发展的重要动力,竞争精神是现代人的关键性素质之一。

由于羽毛球运动的锻炼方式具备对抗性和强负荷的特征,所以有助于培养充满自信、不畏困难、顽强拼搏、积极进取的高素质。

(四)提高身体素质和免疫力,缓解疲劳

羽毛球运动不仅锻炼人的体能,还能提高人的技能,要求脑、眼、手、脚密切协作,全身心地投入。羽毛球运动量大,速度快,能有效地消耗多余的脂肪,调节肌肉密度,塑造优美形体,还有助于缓解眼睛、大脑和颈椎的疲劳状况。经常参加羽毛球运动,可提高机体的灵敏性、协调性,改善人体代谢功能,提高吸氧能力,提高人体抵御外界侵袭的能力。

第三节 羽毛球赛事组织机构与重大赛事

一、羽毛球赛事组织机构

针对羽毛球赛事组织机构,这里着重对国际羽毛球联合会和中国羽毛球协会加以阐述。

(一)国际羽毛球联合会

国际羽毛球联合会,简称国际羽联,1934年由加拿大、丹麦、英格兰、法国、爱尔兰、荷兰、新西兰、苏格兰和威尔士等发起成立。普及和发展世界羽毛球运动,加强各国羽毛球协会之间的联系,举办奥运会、世界锦标赛、世界杯赛和其他国际比赛,是国际羽联的任务所在。2006年,国际羽联全体大会24日通过一项决议,将"国际羽毛球联合会(IBF)"的正式名称更改为羽毛球世界联合会(BWF)。新的羽毛球世界联合会总部坐落于马来西亚吉隆坡。

(二)中国羽毛球协会

1958年9月11日,中国羽毛球协会在武汉成立,简称"中国羽协",英文为(CHINESE BADMINTON ASSOCIATION)。国家体育总局乒乓球羽毛球运动管理中心为国家体育总局直属事业单位,同时,又是中国乒乓球协会、中国羽毛球协会的常设办事机构,并赋予对乒乓球羽毛球运动项目全面管理的职能。乒乓球羽毛球运动管理中心在国家体育总局的领导下开展工作,有关训练竞赛和一般性的日常工作由竞技体育司综合管理,其他有关外事、财务、人事、党务、监察、审计等工作分别由国家体委有关职能部门实行归口管理。中心内部实行行政领导负责制。中国羽毛球协会为中华全国体育总会的团体会员,是中国奥林匹克委员会承认的全国运动协会。

二、羽毛球运动重大赛事

(一)汤姆斯杯赛

具体来说,汤姆斯杯羽毛球赛不但是世界男子团体羽毛球锦标赛,而且是世界羽坛男子团体赛的最高荣誉杯赛。汤姆斯曾连续4次获得全英羽毛球锦标赛男子单打冠军;9次男子双打冠军;6次混合双打冠军。他21岁开始获得冠军,此后年年有冠军入账,至最后一次拿冠军时已41岁。1934年7月国际羽联成立时,他被推选为第一任主席。

1939年的国际羽联理事会上决定将举行世界男子羽毛球团体比赛,汤姆斯向这一世界性比赛捐赠了一座奖杯,因此将此杯命名为"汤姆斯杯"。汤姆斯杯高28厘米,包括把手的宽距为16厘米,由底座、杯形和盖三部分构成,在盖的最上端有一个运动员的模型。此杯的前部雕刻有这样的文字:乔治·汤姆斯·巴尔特于1939年赠送国际羽毛球联合会组织的国际羽毛球冠军挑战杯。

首届汤姆斯杯由于第二次世界大战的原因,推迟至1948年才举行,当时有10个国家和地区参加了比赛。汤姆斯杯为流动杯,每次比赛的冠军队将"汤杯"带回本国,保留至下届"汤杯"比赛开始。从 1984 年起，此赛事改为每两年举行一届。比赛分为预赛、半决赛和决赛三个阶段，从决赛前年的 11 月 1 日到决赛年的 6 月 30 日进行。6 支在相应区域进行半决赛而出线的队伍加上直接进入决赛的东道国和上届冠军共 8 个队进入决赛阶段的比赛。倘若东道国是上一届冠军，则半决赛中需要派遣七支队参与决赛。8 支决赛队伍分成两个组比赛。以赢得分数多为胜利。如果分数一样，以赢得场数多排在前头。所以小组赛要比完 5 场。如果场数、局数仍然一样。就采取抽签的办法决定名次。所有参加比赛的队伍需在赛前 14 天选出 4 到 10 名运动员，按照当时的世界排名，列出第一单打、第二单打、第三单打、第一双打、第二双打及替补的运动员名单。每名运动员最多只能参加一场单打和一场双打比赛。绝对不允许世界排名靠前的选手担任后位单打或双打比赛任务。从 1982 年起，该项团体赛改为每两年举办一届，而且赛制也从以往两天 9 场 5 胜（5 单 4 双）改为一天 5 场 3 胜（3 单 2 双）。

截至 2017 年，汤姆斯杯赛已经成功举办 29 届，历届成绩见表 1-1。

表 1-1　历届汤姆斯杯成绩表

届别	年度	地点	决赛成绩	冠军
1	1948—1949	苏格兰	马来西亚 8：1 丹麦	马来西亚
2	1951—1952	新加坡	马来西亚 7：2 美国	马来西亚
3	1954—1955	新加坡	马来西亚 8：1 丹麦	马来西亚
4	1957—1958	新加坡	印尼 6：3 马来西亚	印尼
5	1960—1961	雅加达	印尼 6：3 泰国	印尼
6	1963—1964	东京	印尼 5：4 丹麦	印尼
7	1966—1967	雅加达	马来西亚 6：3 印尼	马来西亚
8	1969—1970	吉隆坡	印尼 7：2 马来西亚	印尼
9	1972—1973	雅加达	印尼 8：1 丹麦	印尼

续表

届别	年度	地点	决赛成绩	冠军
10	1975—1976	曼谷	印尼9∶0马来西亚	印尼
11	1978—1979	雅加达	印尼9∶0丹麦	印尼
12	1981—1982	伦敦	中国5∶4印尼	中国
13	1984	吉隆坡	印尼3∶2中国	印尼
14	1986	雅加达	中国3∶2印尼	中国
15	1988	吉隆坡	中国4∶1马来西亚	中国
16	1990	东京	中国4∶1马来西亚	中国
17	1992	吉隆坡	马来西亚3∶2印尼	马来西亚
18	1994	雅加达	印尼3∶0马来西亚	印尼
19	1996	香港	印尼5∶0丹麦	印尼
20	1998	香港	印尼3∶2马来西亚	印尼
21	2000	吉隆坡	印尼5∶0中国	印尼
22	2002	广州	印尼3∶2马来西亚	印尼
23	2004	印尼	中国3∶1丹麦	中国
24	2006	日本	中国3∶0丹麦	中国
25	2008	印尼	中国3∶1韩国	中国
26	2010	吉隆坡	中国3∶0印尼	中国
27	2012	武汉	中国3∶0韩国	中国
28	2014	新德里	日本3∶2马来西亚	日本
29	2016	昆山	丹麦3∶2印尼	丹麦

(二)尤伯杯赛

尤伯杯羽毛球赛是世界女子团体羽毛球锦标赛,代表了当今世界羽毛球最高水平的女子团体赛。尤伯杯由英国著名女子羽毛球运动员贝蒂·尤伯捐赠。

贝蒂·尤伯,是英国20世纪30年代著名女子羽毛球选手。尤伯从1930年至1949年间,她曾多次夺得全英羽毛球锦标赛的女子单打、女子双打和混合双打比赛的冠军。尤伯夫人退役后仍对羽毛球运动情有独钟,为推动羽毛球运动的发展,她在1956年的国际羽联理事会上,正式向国际羽联捐赠由麦皮依和维伯制作的纪念杯——尤伯杯(Ube Cup)。

尤伯杯高18厘米,有地球仪样的体部,在球体顶部有一羽毛球样模型。此模型的上端站着一名握着球拍的女运动员,底座的周围雕刻着这样的词句:尤伯夫人于1956年赠送国际羽毛球联合会组织的国际女子羽毛球冠军挑战杯。

尤伯杯赛制同汤姆斯杯赛一样,在1982年以前是每三年举行一次,比赛采用七场四胜制。自1984年开始,改为每两年举行一次,采用五场三胜制,1981年国际羽联和世界羽联合并为现在的国际羽联时,决定将尤伯杯赛与汤姆斯杯赛在同时同地举行,并相应改变为每两年举行一届。从1956年至2017年间,国际羽联共举办了26届尤伯杯赛,具体成绩见表1-2。

表1-2 历届尤伯杯赛成绩表

届别	年度	地点	决赛成绩	冠军
1	1956—1957	兰开夏	美国6:1丹麦	美国
2	1959—1960	费城	美国5:2丹麦	美国
3	1962—1963	威尔明顿	美国4:3英国	美国
4	1965—1966	惠灵顿	日本5:2美国	日本
5	1968—1969	东京	日本6:1印尼	日本
6	1971—1972	东京	日本6:1印尼	日本
7	1974—1975	雅加达	印尼5:2日本	印尼
8	1977—1978	惠灵顿	日本5:2印尼	日本
9	1980—1981	东京	日本6:3印尼	日本
10	1984	吉隆坡	中国5:0英格兰	中国
11	1986	雅加达	中国3:2印尼	中国
12	1988	吉隆坡	中国5:0韩国	中国
13	1990	东京	中国5:0韩国	中国

续表

届别	年度	地点	决赛成绩	冠军
14	1992	吉隆坡	中国3∶2韩国	中国
15	1994	雅加达	印尼3∶2中国	印尼
16	1996	香港	印尼4∶1中国	印尼
17	1998	香港	中国4∶1印尼	中国
18	2000	吉隆坡	中国5∶0印尼	中国
19	2002	广州	中国4∶1韩国	中国
20	2004	雅加达	中国3∶1韩国	中国
21	2006	东京	中国3∶0荷兰	中国
22	2008	雅加达	中国3∶0印尼	中国
23	2010	吉隆坡	韩国3∶1中国	韩国
24	2012	武汉	中国3∶0韩国	中国
25	2014	新德里	中国3∶1日本	中国
26	2016	昆山	中国3∶1韩国	中国

(三)世界羽毛球锦标赛

国际羽毛球联合会设立的以个人单项为竞赛项目的羽毛球锦标赛,即所谓的世界羽毛球锦标赛。这项羽毛球运动赛事的成立时间比汤姆斯杯赛和尤伯杯赛都晚,举办方是国际羽毛球联合会。它为了适应世界羽毛球运动日益发展的需要,而设立的一种以个人单项为竞赛项目的羽毛球锦标赛。

首个世界性羽毛球组织是国际羽毛球联合会,其成立时间和成立地点是1934年的英国。1978年,世界羽毛球联合会成立。在两个组织联合之前,它们各自已经举行了两届彼此认为是世界性的羽毛球单项比赛,即国际羽联于1977年和1980年,而世界羽联在1978年和1979年举行的比赛。1981年,两个国际性羽毛球组织宣布联合,名称为国际羽毛球联合会。在联合会上协商决定,每两年举行一次世界羽毛球单项比赛,即世界羽毛球单项锦

第一章 羽毛球运动概述

标赛（Individual World Championships），并延续两个国际羽毛球组织以前的届数。1983年在丹麦首都哥本哈根正式举行了第3届世界羽毛球单项锦标赛。此项赛事只进行5个单项的比赛，即男女单打、男女双打和混合双打。所有项目的冠军都将获得金牌，亚军获得银牌，半决赛的负者获得铜牌。

1988年国际羽联决定世界羽毛球单项锦标赛与新设立的苏迪曼杯赛同时同地举行。国际羽联根据当时的世界排名，邀请每个项目中的前16名（对）运动员直接参加比赛。国际羽联的每个会员国和地区可以在每个项目中报名的运动员不得超过4名（对）。2002年国际羽联又决定将世界羽毛球单项锦标赛和苏迪曼杯赛分开举行。从2003年起，除奥运会年份外，世界羽毛球锦标赛每年一次，至2013年，世界羽毛球锦标赛已举办19届。在2010年与2011年两届比赛中，中国队两次包揽男女单、男女双、混双五项冠军。2001年至2017年世界羽毛球锦标赛成绩见表1-3。

表1-3 世界羽毛球锦标赛冠军表

届别	时间	地点	男子单打	女子单打	男子双打	女子双打	混合双打
12	2001	塞维利亚（西班牙）	叶诚万（印尼）	龚睿那（中国）	吴俊明/哈林（印尼）	高崚/黄穗（中国）	张军/高崚（中国）
13	2003	伯明翰（英国）	夏煊泽（中国）	张宁（中国）	帕斯克/拉斯姆森（丹麦）	高崚/黄穗（中国）	金东文/罗景民（韩国）
14	2005	阿姆海姆（美国）	陶菲克（印尼）	谢杏芳（中国）	吴俊明/白国豪（美国）	杨维/张洁雯（中国）	维迪安托/纳西尔（印尼）
15	2006	马德里（西班牙）	林丹（中国）	谢杏芳（中国）	蔡赟/付海峰（中国）	高崚/黄穗（中国）	罗布森/埃姆斯（英格兰）
16	2007	吉隆坡（马来西亚）	林丹（中国）	朱琳（中国）	马基斯/亨德拉（印尼）	杨维/张洁雯（中国）	维迪安托/纳西尔（印尼）

续表

届别	时间	地点	男子单打	女子单打	男子双打	女子双打	混合双打
17	2009	海德拉巴（印度）	林丹（中国）	卢兰（中国）	蔡赟/付海峰（中国）	张亚雯/赵婷婷（中国）	雷伯恩/卡米拉（丹麦）
18	2010	巴黎（法国）	陈金（中国）	王琳（中国）	蔡赟/付海峰（中国）	杜婧/于洋（中国）	郑波/马晋（中国）
19	2011	伦敦（英国）	林丹（中国）	王仪涵（中国）	蔡赟/付海峰（中国）	于洋/王晓理（中国）	张楠/赵云蕾（中国）
20	2013	广州（中国）	林丹（中国）	因达农（泰国）	阿山·穆罕默德/亨德拉·塞提亚万（印尼）	于洋/王晓理（中国）	阿罕迈德/纳西尔（印度西亚）
21	2014	哥本哈根（丹麦）	谌龙（中国）	高成炫/申白喆（韩国）	马林（西班牙）	田卿/赵芸蕾（中国）	张楠/赵芸蕾（中国）
22	2015	雅加达（印度尼西亚）	谌龙（中国）	阿山/塞提亚万（印度尼西亚）	马林（西班牙）	田卿/赵芸蕾（中国）	张楠/赵芸蕾（中国）
23	2017	格拉斯哥（苏格兰）	阿塞尔森（丹麦）	奥原希望（日本）	刘成/张楠（中国）	陈清晨/贾一凡（中国）	阿玛德/纳西尔（印度尼西亚）

(四)苏迪曼杯赛

苏迪曼杯赛是世界羽毛球混合团体比赛，进行男女单打、男女双打和混合双打五个单项角逐。苏迪曼杯赛与汤姆斯杯赛（世界男子羽毛球团体锦标赛）和尤伯杯赛（世界女子羽毛球团体锦标赛）同为国际羽毛球联合会主办的三大羽毛球团体赛事。

世界羽毛球混合团体赛将被命名为"苏迪曼杯"的缘由是：为了纪念印度尼西亚羽毛球联合会前主席苏迪曼先生对羽毛球事业的贡献。

羽毛球是印度尼西亚的国球。苏迪曼杯是该国羽毛球协会代表本国人民向国际羽毛球联合会捐赠的一座奖杯。该杯的杯身由纯银铸成，外表镀有纯金，杯高80厘米，宽50厘米，重12千克，其造价为15 000美元，其不仅具备浓郁的民族特色，同时充分反映了印度尼西亚人民对羽毛球运动的热情。

苏迪曼杯赛1989年开始举办，每两年举办一届，并与两年一度的世界羽毛球锦标赛同地先后举行。苏迪曼杯羽毛球赛按各个国家和地区球队的实力分为A~G等7个级别，但只有参加A级比赛的6个队有资格争夺冠军。杯赛各级别之间实行升降级制。B~G组的小组第一名在下届比赛中升到上一组，最后一名降到下一组。苏迪曼杯羽毛球赛采取五局三胜制，五局分别设男、女单打，男、女双打和混合双打5项比赛。1989年至2017年苏迪曼杯成绩见表1-4。

表1-4　历届苏迪曼杯成绩

届别	时间	地点	第一名	第二名	第三名
1	1989	雅加达（印尼）	印尼	韩国	中国、丹麦
2	1991	哥本哈根（丹麦）	韩国	印尼	中国、丹麦
3	1993	伯明翰（英国）	韩国	印尼	中国、丹麦
4	1995	洛桑（瑞士）	中国	印尼	韩国、丹麦
5	1997	格拉斯哥（英国）	中国	韩国	印尼、丹麦
6	1999	哥本哈根（丹麦）	中国	丹麦	印尼、韩国
7	2001	塞维利亚（西班牙）	中国	印尼	丹麦、韩国
8	2003	埃因霍温（荷兰）	韩国	中国	印尼、丹麦
9	2005	北京（中国）	中国	印尼	丹麦、韩国
10	2007	格拉斯哥（英格兰）	中国	印尼	英格兰、韩国
11	2009	广州（中国）	中国	韩国	印尼、马来西亚

续表

届别	时间	地点	第一名	第二名	第三名
12	2011	青岛(中国)	中国	丹麦	韩国、印尼
13	2013	吉隆坡(马来西亚)	中国	韩国	丹麦、泰国
14	2015	东莞(中国)	中国	日本	韩国、印尼
15	2017	澳大利亚	韩国	中国	日本、泰国

(五)国际系列大奖赛

国际系列大奖赛首次举办的时间是 1983 年,这项赛事是根据世界网球大奖赛的相关策略组织与举办的,同时其将全年比赛划分成若干赛区,由很多系列比赛共同构成。最终,参照参赛运动员在各次比赛中的成绩积分加以排名,最终组织成绩领先的 16 名运动员参与总决赛。

(六)世界杯羽毛球赛

世界杯羽毛球赛创办于 1981 年,一年一届,由于国际羽联准备新办大满贯赛和电视明星赛,1997 年后停办。2005 年,世界杯羽毛球赛再次恢复。

世界杯赛是小组赛赛制,属于邀请赛赛制。一般由东道主邀请世界的顶尖球员参加,按国际惯例,一般邀请世界排名男单前 16、女单前 12、男双前 8、女双和混双前 6。世界杯赛是小组赛赛制。中国队在 19 届比赛共获得 41 枚金牌,居各国之首,印度尼西亚夺得 32 枚金牌,位居次席。

(七)奥运会羽毛球比赛

1985 年,在国际奥委会第 90 次会议上决定将羽毛球列为奥运会的正式比赛项目。在 1988 年汉城奥运会上,羽毛球被列为表演赛并取得成功。在 1992 年的巴塞罗那奥运会上最终设立羽毛球为正式比赛项目。

在 1992 年巴塞罗那举行的第 25 届奥运会上,羽毛球项目设有男子单打、女子单打、男子双打和女子双打 4 个项目。在 1996 年亚特兰大奥运会上增设羽毛球混合双打比赛项目,使得奥运会的羽毛球比赛项目更为丰富。由于羽毛球项目拥有 5 枚金牌,自此顺利演变成奥运会奖牌大户的队伍,各项羽毛球比赛项目也发展成世界各国密切关注、尽全力争夺的项目。

奥运会羽毛球项目参赛选手的名额有着严格限制,比赛根据世界排名,选出前 33 名单打运动员、19 对双打选手和 17 对混双选手直接参加奥运会。但每个项目中至少必须包括五大洲的各 1 名运动员和 1 对选手,这些运动员必须是世界排名最前面的运动员。如果在世界排名中仍没有某洲的选手,则以在积分期间的最近一次洲比赛中的冠军选手出席。东道国应有不少于两名运动员参加比赛,每个国家和地区在 1 个项目中最多只能有两个席位,多出的席位让给排名后位的选手。

在 1992 年巴塞罗那第 25 届奥运会的首次羽毛球比赛中,中国羽毛球运动员共获得一枚银牌和四枚铜牌。在 1996 年亚特兰大第 26 届奥运会上,中国羽毛球健儿共夺得一枚金牌、一枚银牌和两枚铜牌。2000 年悉尼奥运会中国选手取得最佳成绩,夺得男单、女单、女双、混双 4 金。2004 年雅典奥运会中国队获得女单、女双、混双 3 金。2008 年北京奥运会中国队获得 8 枚羽毛球比赛奖牌,其中男单、女单、女双获得金牌。

此外,大型的羽毛球国际比赛还有马来西亚羽毛球公开赛、印度尼西亚羽毛球公开赛、美国羽毛球公开赛、中国羽毛球公开赛、全英羽毛球公开赛、日本羽毛球公开赛、香港羽毛球公开赛、台北羽毛球公开赛、韩国羽毛球公开赛、泰国羽毛球公开赛、新加坡羽毛球公开赛、瑞士羽毛球公开赛、丹麦羽毛球公开赛、俄罗斯羽毛球公开赛、德国羽毛球公开赛、荷兰羽毛球公开赛、加拿大羽毛球公开赛、苏格兰羽毛球公开赛和澳大利亚羽毛球公开赛等。

第四节　羽毛球运动的发展趋势及展望

一、羽毛球运动的发展趋势

(一)"快"是羽毛球运动的核心

"快"主要反映在羽毛球运动员的体能、技术、战术三个方面。判断反应、体能是快的先决条件,技术(包括步伐的起动、移动、回动等)是快的基础,而球速快是目的。但球速快是相对的,它与准确、灵活密不可分,如果片面强调球速快,不注重准确与灵活,欲速则不达。分析历届羽毛球运动赛事的比赛成绩都能够发现,球速"快"已经演变成羽毛球运动的核心。

(二)"全面"是羽毛球运动的基础

全面不只是局限于羽毛球运动员的技术、体能以及控球能力,还体现在运动员的思想素质、意志品质和心理素质。综合分析近些年奥运会和世锦赛冠军获得者得失分率的相关数据能够发现,每届冠军获得者主动得分率有所下降,而主动失分率逐渐上升。得分率下降,这说明了各国羽毛球运动员的技术、战术、体能等方面素质越来越全面。主动失分率上升,说明了运动员心理素质有待提高,运动员年轻化有可能是出现这些问题的重要原因。

(三)高空优势是羽毛球运动发展的必然结果

对于羽毛球运动来说,拥有高空优势的运动员抢到较高击球点的可能性会更大。击球点高,无论是杀球还是吊球,能发挥出球路刁、落点深的特点,延长对手的回动时间,增加对手移动距离。运动员的身高是形成高空优势的重要条件之一。与弹跳相比较,身高优势主要体现在杀球后的落地周期短,缩短了第二次进攻的时间。一般来讲,羽毛球运动员上臂围度指标的因子载荷较大,其肌肉的横断面积较大,运动员的力量也较大,肌肉的爆发力也就较好。当然,该项指标与被试者的肌肉发育状况也有很大关系。羽毛球场上的速度是多因素综合的结果,运动员高大而结实的形态特点,在羽毛球单打项目中占有重要的地位。全面分析男子单打冠军运动员和女子单打冠军运动员的平均身高能够发现,高空优势符合当今羽毛球运动的发展走向。

二、羽毛球运动发展的策略

(一)优化羽毛球运动的后备人才

我国很多地区至今为构建官方的后备人才培养机构,优化后备人才是从根本上提高我国羽毛球运动水平需要完成的首要任务,也是确保我国羽毛球运动实现可持续发展的重要基石。优化后备人才的具体策略如下。

1. 完善制度化管理体制

(1)进一步强化组织管理

政府等官方机构的人才培养政策对我国人才培养起方向引导作用,建议体育管理机构应出台明确的羽毛球发展计划,将羽毛球运动融入全民健身工程建设中来,明确羽毛球运动在整个全民健身工程的重要性,让羽毛球后备人才培养有章可依,充分发挥体育管理部门的作用,增强宏观调控,管理各羽毛球培训机构,增强培训效果,提高培训水平。可采用编制统一管理的方法,将各培训机构统一归纳起来,对训练内容、训练强度、训练方法进行明确的规定。虽然国家的管理体制正在向社会管理转型,但在后备人才培养这一方面,政府管理的重要性不可忽视。一改以往由业余体校到体育运动学校再到专业队的金字塔形专业化逐级输送的培养体制,建立新型的羽毛球后备人才培养体系,如图1-1所示,由中小学和羽毛球培训机构共同完成基础阶段的文化学习的专业训练,后输入的高校,急需文化和技能的共同深造,最后将高水平人才输入到职业俱乐部或其他工作岗位。

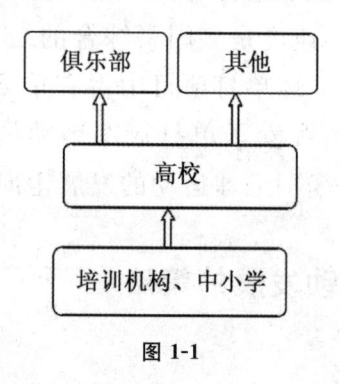

图 1-1

（2）高度重视制度建设工作

在政策层面,对羽毛球培训机构实施财政支持以及税收减免;在制度层面,为培训体系的有序秩序和较高的培训水平发挥保障作用。通过这两方面措施保障我国羽毛球运动后备人才的培养工作有序开展。将羽毛球后备人才培养用的必要资金列入政府财政预算,做到专款专用。一方面对优秀的培养机构、优秀教练员给予相应的财政支持,缓解其资金紧张问题;另一方面用于对相关机构管理评价、组织相关赛事等扩展后备人才培养的专项业务。在一方面用于提升羽毛球训练的场馆建设水平、增添配套设施,完善市民健身中心及健身公园等公共场所的羽毛球场地设施,为后备人才培养事业提供后勤保障的同时改善普通群众对羽毛球运动的认知,创造良好的参与氛围。

（3）全面优化监督和评价体制

后备人才培养工作是依靠私营培训机构和学校培训社团,这些机构除了完成培养任务外,往往将经济利益放在首位,对培训质量却不重视,严重阻碍了我国后备人才的培养,这需要有严格的评价机制对培训质量进行实时的评定,用强制的监督制度对培训工作进行监督管理。

详细来说,评价机制的主要组成部分分别是:第一,对培养机构的评价,针对其收费水平、训练内容、训练强度、训练场地等制定量化的评价指标,对所有培训机构进行统一评价,并公开公示;第二,对教练员进行评价,采用等级评价方法,定期对教练员进行测评,并颁发具有一定期限的等级证书,完善羽毛球教练员的管理体制;第三,对后备人才学习效果的评价,借鉴德国的先进经验,对学生进行文化知识和运动成绩的综合考评,便于对培训机构提出培训目标,同时为高校选拔优秀后备人才提供科学的依据。

2. 加强"体教结合"

"体教结合"强调体育部门与部门的分工合作,目的在于培养出文化素养和专业素质综合发展的羽毛球后备人才。"体教结合"可以充分利用两个部门的不同资源实现资源互补,如将教育部门的教师资源、图书资源与体育部门的场地资源、器械资源相融合,便可以对后备人才进行全面培养。另外,"体教结合"在羽毛球后备人才培养中还有另一种含义:就是加强体育培训机构与学校教育相结合。学校的羽毛球社团的学生因为缺少专业的培训老师和训练器械,而导致运动水平迟迟不能提高,培训机构的学生往往因为要训练不得不放弃学校的学习,学校与培训机构的有机结合,便可以方便学生实现学习训练两不误。

要想加快我国羽毛球运动实现"体教结合"的速度,需要从以下几方面着手:第一,政府出台政策,鼓励培训机构进入学校,与中小学深入结合,培养羽毛球后备人才;第二,定期举办中小学羽毛球赛事,要求以学校为单位参加,对优秀单位给予客观的奖励,利用竞争和鼓励的方式激励学校重视学生羽毛球水平的培养,比赛时间多定于周六周日,不影响学生的文化科学学习,对于小学组建议每年不低于 15 场比赛,中学组每年不低于 10 场比赛,是比较科学的比赛频率;第三,针对水平偏高的羽毛球后备人才,应当在升学考试中进行适度的加分奖励,想方设法促使家长大力支持学生参与羽毛球技能训练活动,从根本上优化学生的训练动机,严禁将目光只定位在业余训练活动上,要以积极主动的态度提高羽毛球运动的整体水平。

3. 强化科学训练

训练方法是实现后备人才培养目标的直接方式,科学化训练往往能在更短时间内达到我国羽毛球后备人才培养集约化的目标。在绝大多数情况下,由教练员制定训练方法,具体就是教练员将自身的理论知识、经验意识和学生的现实情况相结合制定的训练内容、训练强度、训练频率等的总成。科学化训练方法首先要培养教练员的科研意识。对教练员进行定期的统一培训,促进其学习最先进的教学方法,了解当前羽毛球技战术的最新发展,掌握分析学生特点的最佳方法,从而制定出最科学训练方法用于当前羽毛球后备人才的训练,提高我国羽毛球后备人才培养的水平。

击球技术训练方法、步伐训练方法和技战术训练方法是羽毛球训练方法的主要内容。详细来说,击球技术训练方法中我国应积极引进高水平教练员和运动员,利用网络交流平台,充分重视技术的精细化的重要性,将每一项技术都最佳化,重视每一项技术动作完成时手指的力度以及前臂等小肌肉的变化,使每一项技术更细致更准确,另需借用运动生物力学等科学力量有针对性地为每一名后备人才确定自身技术特点。技战术训练中采用"引进来,走出去"的科学化训练道路,"引进来"就是将大量的高水平比赛视频资源引进来,用于分析各种先进的技战术打法;将高水平的运动员引进来,用其先进的理念和高超的技术带动本地储备人才的水平提高;将高质量教练员引进来,加大人才引进的财政和福利政策优待,吸引高质量的教练员。"走出去"主要是教练员多走出去学习,运动员多走出去交流。综合分析我国各个地区羽毛球运动发展水平能够发现,我国整体羽毛球水平有限,教练员的方法先进性、理念科学性有待提高,必须"走出去"向发达国家、发达城市的羽毛球后备人才培养机构进行学习,再结合我国各地区青少年的特点制定科学的技战术训练方法。运动员"走出去"是向高水平运动员进行对抗性交流,在实践中见真知,通过对抗中总结的优劣势,明确自身的技战术特点,有针对性地加强训练。

对于羽毛球运动来说,训练方法中的关键部分是步伐训练,传统意义上的步伐训练方法往往会采取米字步训练法,但应用于实战的效用比较有限,建议羽毛球教练员积极选择并应用现阶段处于领先地位的六点搬球训练法,同时进一步增强对每一步的细致要求。六点搬球训练法应用于步伐训练中的积极作用是增加手上拿放球的稳定性,使得所有方向采用一致的并步的方法更加清晰,便于运动员在实战中的记忆运用,最后一点与以往训练方法不同之处在于每次出手都强调了回位和起动步伐。

(二)将学校资源的作用发挥到最大化

1. 为我国羽毛球运动发展提供人才支持

在公共体育课中,增设羽毛球选修课,大学是健身习惯养成的最佳时期,增加羽毛球课程的开课力度,使更多学生接触到羽毛球项目,从基础上增加羽毛球的参与人数,提高广大普通大学生的羽毛球水平,帮助学生全面认识羽毛球运动,有利于学生养成科学长期的羽毛球运动习惯。

完善专业院校的羽毛球高水平运动训练专业的课程设置。大学是人才的摇篮,借助高校的力量,可以培养羽毛球运动发展必要的人才。高校培养羽毛球人才主要有优秀羽毛球运动员,高水平羽毛球教练员和专业的羽毛球运动管理人才。高水平运动员虽然来源于后备人才的培养,但大学是保持运动成绩的同时完善运动修养,提高运动员文化涵养的胜地。结合我国各地区羽毛球人群的现状,不难发现现有的高水平运动员均来自各地的高校。大学应该注重引进高水平的运动员生源,加强对高水平运动文化、理论知识的培养,才能为我国输出技能与涵养并重的优秀羽毛球人才。除专业训练课程外，将运动解剖、运动生理、运动心理、运动保健、运动训练方法等基础课程作为重点的主修课程，增设体育文化、体育史、体育产业等相关拓展领域的文化学习。除每天固定的早操时间，建议将专项训练课的密度设为每周3次或者4次，为广大学生预留足够多的时间，激励学生主动选修学校其他课程。

在专业院校，增设教练员培养专业。我国大多数羽毛球教练员来自市内的各体育院校，但他们的专业大都是体育教育、社会体育、体育训练等，这些专业的教学大纲中跟教练员的培养并不一致，这导致了我国现有的羽毛球教练员教学水平参差不齐。从学校教育出发，设置专门的教练培养专业，针对普通群众教练、青少年教练、其他特殊人群教练等设置不同的专业课程，完善教练员的知识体系和教学方法，便可以从根源上提高我国羽毛球教练员队伍的水平，除本校学生外，学校应定期开设培训班为业余教练员和未接受过专业教育的教练员提供学习的机会，提高教学训练水平。

在专业院校增设羽毛球经营管理的专业，羽毛球经营管理人才是羽毛球运动市场化发展的新要求。对于市场经济而言，人才是第一生产力。没有人才的支持，市场便永不会发展。场馆经营需要专业的人才、赛事组织需要专业的人才、羽毛球管理部门需要专业的人才，甚至销售部门的推销都需要专门的支持才能为整个市场的发展提供前进的动力。高校则必须承担起这一部分专业人才培养的责任。针对这一专业要求引入经济学、商学、管理学等领域的专业课程和专业老师，开设羽毛球运动组织管理、羽毛球经营营销等专业性、综合性兼具的课程。由此保证学生深刻理解羽毛球运动的技术特征和战术特征，深刻领会羽毛球运动的发展历程、文化涵养以及最新发展信息，此外必须确保学生掌握科学的经营理论以及针对性管理策略，最终从宏观层面掌握羽毛球运用领域的相关内容，促使学生在羽毛球运动方面的专业技能得到质的提升。

2. 为羽毛球运动的发展提供科研支持

高校不仅要培养具有实践能力的羽毛球必备人才，还要注重对羽毛球领域的科学研究，以为相关部门的决策提供依据，为相关制造业提供相关科技支持。

管理机构的每一项决策都必须有充足的理论依据和现实的数据支撑，才能保证决策的科学性和实用性。依据的主要来源大都是高校的科研团队，相关的体育院校需要加强在该领域的科学研究才能保证实现羽毛球运动的科学发展。第一，要做好羽毛球运动相关政策制度的研究，利用系统的数据分析和逻辑的理论知识，为我国关于羽毛球运动制度和政策的制定提供理论依据；第二，加快相关参考标准的制定，如教练员技能水平评定体系、球馆质量评定体系等，有了明确的标准，人们的决定才有了可信的依据，完善的标准体系，是羽毛球运动发展过程中解决一切难题的必要选择；第三，增强对相关管理模式的探索。截至当前，羽毛球运动在我国各地兴起时间较短，整个领域未能形成清晰的管理模式，羽毛球运动的管理者往往是在各种尝试中不断摸索，高校在科研活动中提出有参考价值的发展模式，往往能够减少羽毛球运动在发展过程中误入歧途的次数，从而为羽毛球运动的可持续发展提供保障。

通过体育教育训练学方法探索先进的羽毛球训练方法和最佳的战术选择；通过运动生物力学帮助运动员完善技术动作，还可以为球拍、球鞋等装备的支持提供力学分析；通过运动生理学可以帮助分析羽毛球运动对人体各部分机能的影响，为人们制定科学的运动处方；通过运动保健学帮助预防运动损伤以及受伤时的及时处理，等等。高校可以从各方面为羽毛球运动提供技术支持，我们应充分重视高校在羽毛球发展中的重要地位，加大对高校羽毛球相关科学研究的支持。

(三)完善市场化产业化发展道路

推进体育社会组织改革，激发市场活力，依靠市场力量为全民健身的开展提供条件,是《健身计划(2016—2020)》提出的全民建设新目标。市场化产业化发展也是羽毛球运动发展的必然选择。

1. 丰富和充实群众活动组织的俱乐部管理体制

(1)构建切实可行的管理体制

羽毛球运动的组织管理是保持该项运动影响力的重要因素,依靠自愿、工作要求的活动组织缺乏活力和持久性,需要市场化盈利组织,专门地从事这项工作,可以保证该项运动的组织合理性,开展积极性。为爱好者个体提供参与机会,为其创造良好的运动氛围。业余俱乐部是提高群众组织效率,实现体育运动产业化发展的必要途径,也是帮助爱好者养成良好健身习惯、为爱好者提供运动服务的最佳方式。同时,俱乐部是任一体育项目市场化发展中的最重要的市场主体之一,代表广大羽毛球爱好者的普遍利益需求。

从整体来看,我国现阶段的羽毛球俱乐部不在少数,但至今未能形成统一有序的规范管理,未能建立正式的羽毛球俱乐部,这导致我国广大羽毛球爱好者没有多元化的参与途径可供选择,羽毛球群众参与市场秩序十分混乱,要想推动我国羽毛球运动长远发展就一定要选择和应用俱乐部制。发挥羽毛球协会的作用,整合现有的业余俱乐部资源,将俱乐部进行登记、注册统一协调管理,为每一名羽毛球爱好者建立运动档案,将其归入相对稳定的俱乐部内,实行俱乐部管理体系。由俱乐部管理者和羽协相关人员协商制定业余羽毛球俱乐部管理办法,对俱乐部的活动内容、活动形式、活动组织进行明确的规定,使俱乐部运营有法可依,使羽毛球爱好者的合法权益得到有效保障。

还需要补充的是,鉴于我国羽毛球爱好者群众繁杂、不便整合的实际情况,我们应充分利用网络平台,通过网络平台对俱乐部、对爱好者进行统一管理和服务,便于广大羽毛爱好者的需求实现,推动我国羽毛球运动实现可持续发展。

(2)建立多元合作机制

在全民健身常态化背景下,资源竞争是我国羽毛球运动必须正视的一项重要挑战。具体来说,我国羽毛球运动并非是政府主导的运动,由于我国各地区的体育资源相对有限,所以各地区用于羽毛球运动的资源往往难以满足我国羽毛球爱好者的实际需求,获取相应资源就必须凭借自身的竞争力获得。通过俱乐部我们可以增加与社会多方面的合作,整合社会资源,具体措施如下。

①增加与多家羽毛球球馆的合作,保证俱乐部成员具有足够的场地资源,使得成员可以就近参与俱乐部活动,另外充分运用场馆的非高峰时期,为成员节约运动成本的同时帮助球馆提高利用效率,实现双赢。

②增加与周围企业的合作,为企业员工提供健身机会的同时,赢得企业的赞助,用于俱乐部的日常运营,拓宽俱乐部的资金来源,为俱乐部的持久发展提供必要的资金保障。俱乐部参与公开活动是为赞助单位冠名,提高赞助单位的知名度。实现俱乐部和企业的双赢。

③增加与周围高校的合作关系,利用校园广大的师生数量,为俱乐部提供充分的人员储备,引进高校内高水平的运动员和教练员,提高俱乐部内部整体的运动水平,借用高校的场馆器械资源,丰富的俱乐部成员的训练途径,同时帮助高校提高设备利用率,助其提高创收,实现高校和俱乐部的双赢。加强俱乐部与周围各社会部门的合作,有利于提高各社会资源的利用效率,实现多元化的双赢效果。

2. 强化群众赛事的市场化运营

(1)创办形式多样的品牌赛事

赛事总是推动一项运动发展的必要途径,我国羽毛球赛事分级化现象非常严重,像青少年联赛等职业赛事只允许在官方注册过的运动员参加,在业余体校或高校培养的民间高手是没有机会参加的,而业余赛事中,专业的羽毛球运动员是不被允许参加的,业余选手很少有机会可以与高水平运动员进行交流,这严重限制了群众羽毛球的发展。除此之外,我国各地区每年举办的规模较大、影响力较大的羽毛球运动赛事比较少,各地区羽毛球爱好者的实际需求往往无法得到充分满足,所以我国各地发展羽毛球运动的首要任务是积极创办形式多样的品牌赛事。

①利用政府的财政支持,扩展融资渠道,在保证运营资金充足的前提下举办规模较大的赛事,各单位以俱乐部名义参加,同时鼓励队伍中引入1到2名专业运动员,或分专业组和业余组同时进行,既要保证业余爱好者参与的积极性,又可以提高赛事的观赏性和影响力,还可以促进业余爱好者和专业运动员的交流学习。

②创办形式多样的赛事,我国各地现有比赛中以团体赛为主,限制了广大爱好者的参与程度,所以应多多举办男子单打、女子单打、男子双打、女子双打、混合双打等各个项目的单项赛事,以及3对3的新型对抗赛、趣味羽毛球赛等多种形式的羽毛球赛事,为爱好者提供更多的乐趣,提高参与积极性。

③明确赛事制度,出台《羽毛球赛事经营管理办法》保障羽毛球赛事市场的有序发展,我们可以借鉴篮球联赛、足球联赛、羽超等专业的赛事,实行俱乐部负责制,对赞助单位、俱乐部、赛事组织方的责任权利做出明确规定,形成赛事执照制度和参赛组别分级制度,调动群众的参与乐趣,同时保障赛事的市场化运营。

(2)扩大赛事的营销传播

赛事的规模并不一定带来赛事的品牌效应,充分发挥赛事的影响效果和知名度传播效应,必须有好的营销传播手段,我国各地羽毛球赛事的市场化刚刚起步,更需要加大赛事的营销传播投入。扩大赛事营销传播的具体策略如下。

①明确营销策略。首选是品牌营销,明确赛事的形象标示,将其与赞助企业、办赛理念等充分结合,明确具有宣传效益的形象,利用赛事精品宣传这种形象,是最直接的营销手段,再选整体营销策略,充分利用"数字羽球"、"智慧赛事"、赛事官方网站等,

为爱好者的观赏者提供便利的服务。

②完善营销手段。除了传统的电视转播与报纸报刊宣传之外,要将新型网络平台的作用发挥到最大化。例如,运用包括微信、微博在内的新媒体来全面拓展营销范围,利用快速、准确的手段向我国各个地区宣传羽毛球运动赛事。

3. 明确"同心圆"扩散与"链式扩散"相结合的产业化发展路径

(1)"同心圆"扩散发展路径

这里的"同心圆"扩散主要是指产业化的业务范围,是以核心业务为核心,依次向相关业务和外围业务扩散的产业化发展路径,我国各地羽毛球运动市场若要实现"同心圆"扩散,首先要明确不同产业的定位。根据我国各地区羽毛球运动的发展现状,我们可以将羽毛球赛事运营、羽毛球俱乐部经营、羽毛球培训业作为核心业务;将羽毛球场馆经营、羽毛球器械装备的销售业作为相关业务。将羽毛球产品制造、羽毛球场馆建造、营养产品等作为羽毛球产业的外围业务。明确分类后采用消费驱动的扩散模式。加大对核心业务的投入,丰富爱好者的消费需求,从而带动业务扩散,促进相关业务和外围业务的发展。

(2)"链式"扩散发展路径

无论是培训机构还是销售单位,我国各地市场上现有的羽毛球相关企业普遍规模较小,没有能够在产业链上完成一体化的企业。同时经营者或销售者由于自身知识的缺乏,无法实现资源的潜在价值。为了适应高速增加的竞争压力,相关机构应该鼓励企业兼并,形成一些能承担一体化生产的大规模企业。降低企业的风险和成本,同时便于对羽毛球市场的宏观调控与管理。

"链式"要求每个不同的企业在选择自身扩散方式时,要明确认识,认真分析自身的实力,据实选择。如一些培训机构在创业初期,可通过加盟到大型培训机构或追求与球馆建立合作关系,成为已盈利企业的一部分。降低进入门槛,有利于自身的快速增长。当具体规模持续增加之后,企业应当积极尝试将更多相关企业融入产业链中,将各个分支内化成企业的组成部分之一,如此有助于企业达到一体化发展目标。

(3)"同心圆"与"链式"结合协调发展

"同心圆"扩散战略与"链式"扩散战略相结合,是指在"链式"扩散过程中,要结合"同心圆"原则。明确俱乐部组织、培训和赛事营销的核心业务地位。只有明确了核心业务才能保证整个产业链不偏不倚地不断发展。在企业成立初期,摒弃非核心业务和非擅长业务,专注于核心业务的建设发展,有利于增进企业的运行效率和增长速度。企业在整合相关企业的过程中,必须保证对核心业务的投入发展,使不断创新的核心业务成为整个领域的掌舵者,以吸引社会资源和其他产业节点企业的靠拢。促成产业链的一体化发展。在"链式"扩散战略中切忌忽略"同心圆"规则,如只发展相关业务和外围业务,无法深入的核心业务领域,则永不会成为健全的产业体系。当企业达到特定的发展目标后,在产业链的发展中应当循序渐进地整合有关业务以及外围业务,建议企业积极地与核心业务携手承担风险,由此为整个企业的可持续发展提供保障。

第二章　羽毛球运动基本知识与理论

对于任何参与羽毛球运动的人来说，要想提高羽毛球运动技能和运动成绩，就必须全面掌握羽毛球运动的基本知识与理论。为此，本章依次对羽毛球运动的场地、器材、常用术语、规则、裁判法进行详细阐述。

第一节　羽毛球运动场地与器材

一、羽毛球运动场地

(一)羽毛球运动场地的环境

对于羽毛球运动来说，具体的场地标准已经固定，具体如下。

(1)羽毛球整个场地净空高度离地面最低为9米(30英尺)，在此高度内不得有任何横梁或障碍物。

(2)羽毛球球场边界线外最少留有2米(6.5英尺)的无障碍区。

(3)场地与场地之间并列需要在两个场地之间最少应留有2米的无障碍区。

(4)球场四周的墙壁或挡板应以与球反差较大的深色系为宜。

(5)球馆内如有窗户，应在比赛时用隔光性能较好的窗帘拉上。

(6)严禁羽毛球场馆出现明显空气流动。

(二)羽毛球运动场地的规格

1. 场区规格

羽毛球场地呈长方形,球场长度为 1 340 厘米,单打球场宽 518 厘米,双打球场宽 610 厘米(图 2-1)。场地线宽为 4 厘米,颜色为白色、黄色或其他易辨颜色。正常球场区的 4 个 4 厘米×4 厘米的标记应画在双方单打右发球区边线内沿,距端线 53 厘米和 99 厘米处,标记的宽度包括在所画的尺寸内,即距端线外沿 53~57 厘米和 95~99 厘米。所有场地线都是它所确定区域的组成部分。

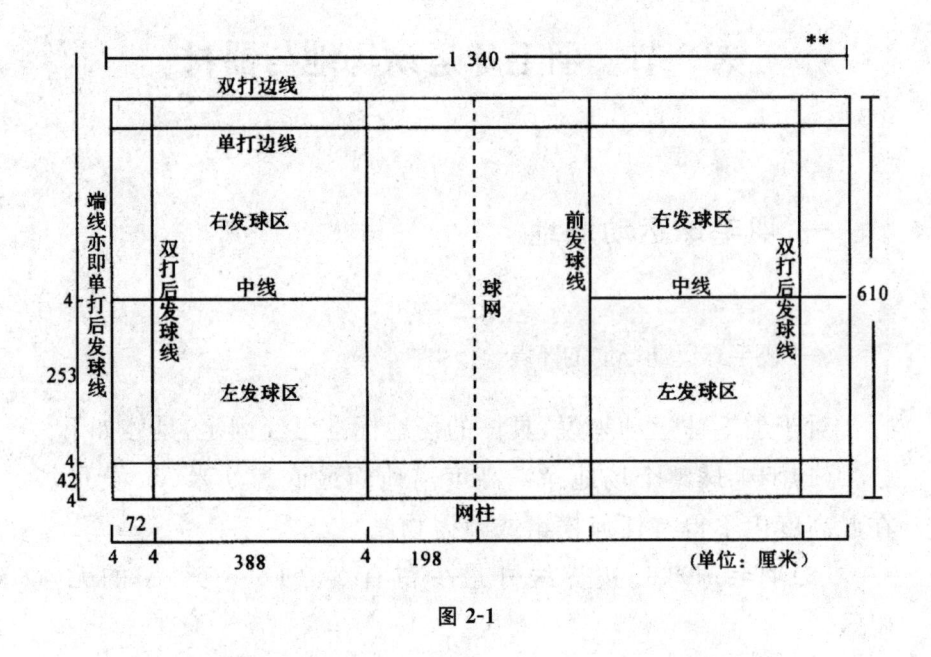

图 2-1

2. 场地地面材质

鉴于羽毛球运动的技术特点,运动员在比赛中的跳跃动作较多。因此,为保护运动员的腿部不因过多的跳跃动作而受伤,羽毛球的场地地面材质为使用木质地板或塑料胶地面。这种地面材质的好处包括有适当的弹性可以作为跳跃动作下落的缓冲,以及可以提供适当的摩擦力以为运动员快速的急转急停提供充分的支持。

3. 场地灯光

羽毛球每回合的比赛进行得速度较快,动作与动作的衔接紧密,快速的判断力就是赢得比赛的保障之一。而判断力的快速和准确有很大成分要依赖于场地内合适的灯光。为此,经过长期的羽毛球运动实践,最终确定了羽毛球场地的灯光处理方案。羽毛球场地灯光通常的设计和布局方法包括以下两种。

(1)使用白炽灯泡,将灯源安装在每一球场的两侧网柱的上空。

(2)使用荧光灯,将灯源安装在与球场边线平行并且长度相同的地方。场地上的照度要求为500~750勒克斯。如果比赛在白天进行,还要注意避免自然光线的干扰,处理办法为在场馆内的通光位置挂上窗帘。

4. 场地分区

(1)大区域划分法。大区域划分法是将羽毛球场地横向被中线平分为左右两个半区;纵向被分为前场、中场、后场。详细来说,前场指从前发球线到球网之间的场地;后场指从端线到双打后发球线之间的场地;中场指前发球线与双打后发球线之间的场地(图2-2)。

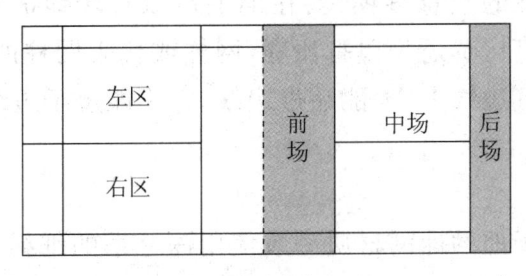

图 2-2

(2)小区域划分法。小区域划分法是指在大区域划分的基础上,再在每个区域中划分出几个最具威胁的区域。绝大多数情况下,小区域划分法往往被应用在高水平的羽毛球运动训练中,同时将其作为要求的训练有助于运动员在训练活动以及相关比赛中准确阐述自身在战术方面的思想和意图(图2-3)。

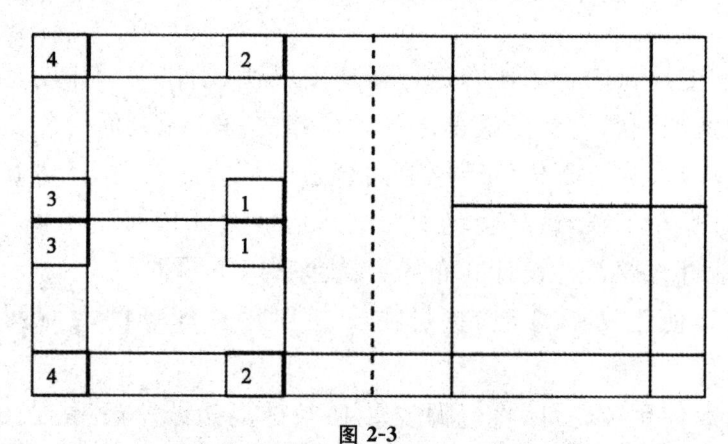

图 2-3

(三)羽毛球运动场地的网柱与球网

1. 网柱

正规的羽毛球场地对于网柱的设置的要求为网柱应高于地面155厘米,且必须稳固地垂直于地面,保持紧拉状态。如遇到不能设置网柱的场地,则必须采用其他办法标出边线通过网下的位置,如使用细柱或4厘米宽的条状物固定在边线上并垂直向上直到网顶绳索处。

设置网柱的注意事项是:在羽毛球双打场地上进行比赛时,无论进行双打比赛还是单打比赛,网柱或代表网柱的条状物都必须放置在双打边线上,不能超过边线,也不能短于边线。

2. 球网

羽毛球场地的球网材质一般使用深色系的细绳编织,网的顶端为7.5厘米宽的白布对折并在夹层中穿有足够的长度和强度绳索或钢丝。标准的球网顶端的白布边上沿须紧贴绳索或钢丝,且上沿被拉紧,保持与网柱顶部平高。此外,球网两端与网柱二者之间应紧紧绷平,两端不得有任何缺缝。

球网本身的网孔为方形,网孔各边长应在 15~20 毫米;网上下宽 76 厘米;球场中央处球网网高应为 152.4 厘米,双打边线处球网网高应为 155 厘米。

二、羽毛球

(一)羽毛球的规格

羽毛球可由天然材料、人造材料或用天然材料和人造材料混合制成,只要球的飞翔性能与用天然羽毛和包裹薄羊皮的软木球托制成的球的性能相似即可。

羽毛球由球托和羽毛两部分组成,球托底部是包裹着一层羊皮的球形软木,直径为 2.5~2.8 厘米;球托部的羽毛球座固定有 16 根羽毛,从球托面至羽毛尖的长度均为 6.2~7.0 厘米,羽毛应用线或其他适宜材料托牢,16 根羽毛围成圆形,顶端直径为 5.8~6.8 厘米。羽毛球重 4.74~5.50 克。

(二)羽毛球的材质

构成羽毛球的羽毛和球托可以用多种材质制成,不过根据要求的不同,制作羽毛和球托的材质有优良之分。最优质的羽毛材质为鹅毛,而最优质的球托材质为天然软木。常见的普通羽毛球的羽毛为鸭毛,球头上层是台纤板、下层是粉碎软木。羽毛球的构造和材质使得羽毛球必然会是一种快速消耗品。当运动员参与竞争激烈的羽毛球赛事时,为追求羽毛球在空中运行的良好规律性,羽毛球运动员常常在羽毛球出现细微掉毛时就要求更换比赛用球。羽毛球运动的竞技比赛要求,每场羽毛球比赛至少要消耗 2 打羽毛球,即 24 个羽毛球。

(三)羽毛球的球速

羽毛球的球速也是检测羽毛球品质的重要指标。正规的比赛用羽毛球所标识的球速和生活中用于娱乐羽毛球的速度是有区别的。测试羽毛球的速度是使用标准的力量击打羽毛球所获得的速度。检验羽毛球时,可站在端线外,用低手向前上方全力击球,使球的飞行方向与边线平行。一个具有正常速度的球应落在距对方端线 53~99 厘米的区域。

对羽毛球球速产生影响的因素有很多,如羽毛嵌入球托的角度、球的重量、球口的直径等。另外,还有外部环境对球施加的微弱影响也会影响球速,如潮湿的空气。

三、羽毛球拍

(一)羽毛球拍的结构

标准的羽毛球拍长不超过 68 厘米、宽不超过 23 厘米,由拍头、拍弦面、连接喉、拍杆、拍柄五部分组成(图 2-4)。其中,拍弦面长不超过 28 厘米、宽不超过 22 厘米。

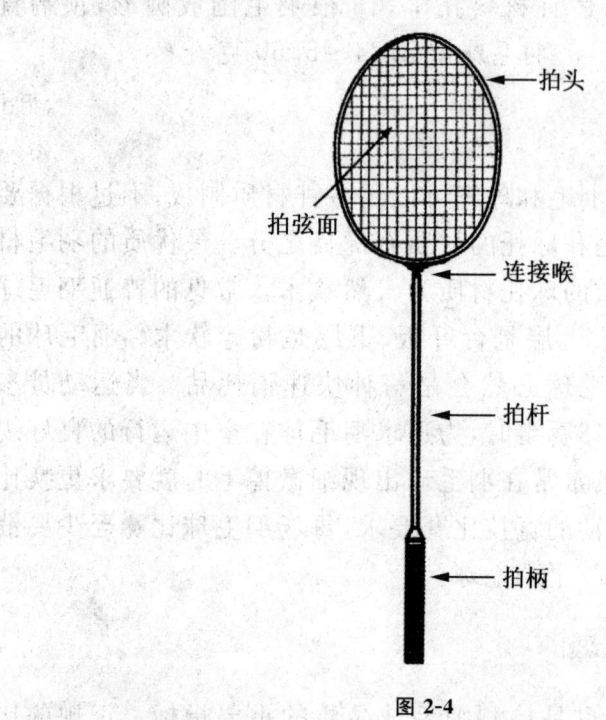

图 2-4

(二)羽毛球拍的规格

1. 握把

羽毛球拍的握把使用 G2 和 G3 尺寸的木质握把柄皮。柄皮也称握把胶(毛巾握把布),主要用途是吸除手汗防止球拍脱手以及改变拍柄的粗细使握持更舒适。

2. 拍重(空框)

羽毛球球拍的拍重可以分为 U(90～95 克),2U(88～91 克),3U(84～87 克)和 4U(84 克以下)四种。U 及 2U 适用于腕力强、穿线磅数高、攻击性强的年轻及专业球员,3U 和 4U 适用于技术性运动员及业余爱好者。

3. 拍弦张力

拍弦张力,又称"紧度"。拍弦张力一般用磅数(拍头的承受力)表示:低磅(20 磅以下);中低磅(20～23 磅);中磅(23～25 磅);中高磅(25～27 磅);高磅(28 磅以上)。业余球员拉的磅数在 20～25 磅。

4. 中管硬度

中管硬度分为较硬(6.5～7.1)、适中(7.2～8.3)、较软(8.4～9.0)三类。较硬的适合攻击性球员,较软的适合技巧性球员及业余爱好者。

5. 球拍平衡点

根据力学原理,羽毛球拍空拍的最佳平衡点为 285～300 毫米,平衡点靠后(低于 284 毫米)会使拍头过轻、击球无力;平衡点靠前(高于 300 毫米)会使拍头过重,影响球员技术发挥。

6. 球拍套

羽毛球球拍的拍套种类较多,具体可以分为1/2套(只包住羽拍框)、3/4套(只包住拍框和拍杆)、单层全拍套和双层全拍套。其中1/2套的造价最为低廉,普遍被业余爱好者所使用,而双层全拍套的成本最高。

7. 球拍长度

普通型羽毛球拍的长度约262/8英寸(66.5厘米),加长型羽毛球拍的长度约265/8英寸(67.5厘米)。

8. 手柄标示

手柄可以标示为G1——23×26毫米;G2——22×25毫米;G3——21×24毫米;G4——20×23毫米。

(三)羽毛球拍的类型

羽毛球拍由球拍与球弦组成。这里研究的羽毛球球拍的分类分为仅为球拍框架,不包含球弦。随着科学技术的快速发展,先后出现了很多种新型材料,制作羽毛球拍的过程中应用这些新材料往往能使羽毛球拍快速发展。

由不同类型材料制成的球拍有不同的击球手感或效果。对于业余羽毛球爱好者来说,这里面的细微差别是不容易感受到的,而对于专业选手来说,选择一款适合自身打法的球拍也是他们非常关注的事情。羽毛球拍的常见类型如下。

1. 木制球拍

木制球拍有全木拍和木铁拍之分,前者球拍结构均由木材做成;后者球拍的拍框由木材做成、拍杆为铁管。木拍由于其低廉的价格成为使用较早和最为普及的羽毛球拍,但随着人们环保意识的增强和多种新材料引入羽毛球拍的制作工艺之中,使得这种木制球拍在现今已基本被淘汰。

2. 铁制球拍

拍框为铁材,拍杆为铁管。拍体较重,易变形、不实用。

3. 铝碳拍

该羽毛球拍的拍框为铝合金,拍杆为碳素纤维,利用"内三通"连接,重量平均、价格适中、涂装简单,使用者较少。

4. 碳素球拍

拍框和拍杆均为碳素纤维,分一段式(一体成型)和二段式(连接型)两种结构,其中,二段式球拍工艺难度较大,成本较高,具有硬度强、重量轻、不变形的特点。碳素球拍适合专业球员使用,正式比赛一般都采用全碳素拍。

5. 钛合金拍

在全碳拍的基础上加进钛金属材料,这种球拍强度较大,拍体较轻,是目前市场上最高级的羽毛球拍。

6. 铝铁一体拍

球拍结构和铝合金拍基本相同,结构美观、拍杆较硬、拍身较重,属中低档拍,适合初学者使用。

(四)羽毛球拍的选择

1. 根据材质选择

早期的羽毛球拍均为木质材料,但与现代新材料制作的羽毛球拍相比,木质球拍显得非常沉重,这严重影响了运动员技术的发挥。在新材料出现并运用到羽毛球拍上后,诸如钢、铝、铁等轻金属以及合金球拍,玻璃纤维、碳纤维、克维拉纤维、高张力碳纤维、高黏性碳料聚合物、钛、超刚性碳纤维材料的使用,均在不断减轻球拍重量的同时还能保持出色的韧性,能够为每一次击球提供极大的支撑力。不仅如此,新材料还会使球拍更轻、更硬、更耐用、更能吸收震荡和振动,不过不同材料之间仍旧有一些区别,体现出不同的手感和击球效果。因此,在选择羽毛球拍时,应先对球拍材质进行一定的了解,不同材质和同一材质原料的不同比例都会影响球拍的价格、性能(表2-1)。当羽毛球运动参与者对各类羽毛球拍有一定了解后,再参照自身的打法与特长选取最适合自己的材质。

表2-1 不同材质的球拍强度、硬度、消震对照表

材料	超刚性碳纤维	钛金属	高张力碳纤维	克维拉纤维	碳纤维	玻璃纤维	高黏性碳料聚合物	铝	木
硬度	10	2.5	8	2	5	1	3	2	1
强度	10	2.5	7	10	8	6	8	4	1
消震	5	3	4	7	4	4	8	1	10

通常情况下,羽毛球拍的挥击力量会随着硬度的增强而增强,但吸震能力与回弹性会随着硬度的增强而减弱。尽管这类球拍可以创造出非常惊人的攻击力,但是如果没有良好的身体素质和过硬的控制技术,这种球拍极易使手腕及手肘受伤害,并且不容易控制球。因此,太坚硬的球拍不适宜初学者以及手部有伤患的运动员。

2. 根据重量选择

羽毛球球拍根据使用者的打法通常有进攻型、防守型和全面型三种分类。通常情况下,球拍较重有利于大力扣杀,适用于进攻型选手;较轻的球拍便于打、拉、吊,适合防守和全面的控制。

根据上述特点,羽毛球初学者最好选择重量较轻的球拍,以便控制球和更好地体会手感,同时减少运动损伤。但需要注意的是,球拍并不是越轻越好,轻球拍的挥动速度快,但在杀球时会有

一种发空的感觉,不利于体验发力的感觉,影响击球力量。

不可否认的是,球拍并非是越重杀球达到力量就越猛。众多实验表明,当球拍重量超过一个限度后,杀球力量就会出现"天花板效应",即无论发多大的力都不能再使球速加快,球速出现了一个上限。

3. 根据拍弦选择

羽毛球拍的拍弦对比赛输赢有很大的影响,其对羽毛球运动员的击球速度、击球力量、球的旋转等都有直接影响。质量不同的拍弦往往存在很大的差异,具体包括弹性、回弹性、耐打度等,但最关键的是拍弦与球接触时间上的不同。

通常来说,磅数低、张力低的拍弦弹性大,但拍弦较松,击球时球在拍面上滞留时间长,不能精确控制球的落点;中低磅的拍子弹性好,控球也可以,但有滞留感,反弹时间较长,会影响进攻速度;磅数高、张力高的拍弦弹性小,球拍和球之间的作用强烈,反弹加速度大,击球的初速度快,球和拍接触时间短,可缩短回球的飞行时间和球改变方向的时间,便于控制球的方向和深度,但对运动员的力量及控球能力要求越高。

4. 根据手感选择

羽毛球运动是一项非常精细的控制型运动,它对于人的手感有着较高的要求。因此,手感也就成为选择球拍的一个标准。

具体凭借手感作为选择球拍依据的方法为,拿到球拍之后,可先挥动一下。震手的球拍太硬,不震手的球拍的拍杆较有弹性;还可一手握住球拍柄,一手扶住球拍头顶端掰一掰,拍子有微度弯曲,说明拍杆较有弹性。不过手感的硬与软的另一面就是击球的力度与控制的博弈,这是必然的一对矛盾。例如,手感偏硬的球拍可以充分发挥力量较大选手的力量优势,但与此同时这种类型的球拍的控球手感略差,需要使用这种球拍的选手拥有绝佳的控制力;手感偏软的球拍有较好的对球的控制力,但击球力量又略显不足。最佳的球拍选择应该根据自身的技术特点，选择最为适中的球拍。

5. 根据手形选择

因为球拍是手与球联系的重要"纽带"，所以手和球拍接触的舒适度受到很多羽毛球运动员的密切关注，所以运动员应当适当参照自身手形来选择球拍。羽毛球运动员选择的标准是手部握住拍柄感觉舒适。对于绝大多数羽毛球运动员来说，手大的运动员适宜选用粗大拍柄的球拍，手小的运动员适宜握较细或呈正方形的拍柄，比较常见的有 G2、G3、G4 等型号。

第二节 羽毛球运动常用术语

一、握拍术语

(1)正拍。正拍是指手掌掌心一边的拍面。

(2)反拍。反拍是指手背一边的拍面。

(3)拍形角度。拍形角度是指球拍面与地面所成的角度。拍形角度可分为拍面向下、拍面稍前倾、拍面前倾、拍面垂直、拍面后仰、拍面稍后仰和拍面向上共七种。

(4)拍面方向。拍面方向是指球拍的拍面所朝向的位置。拍面方向可分为拍面朝左、拍面朝右和拍面朝前三种。

(5)持拍手。持拍手是指正握着球拍的手。

(6)非持拍手。非持拍手是指没有握球拍的手。在羽毛球运动中，非持拍手也有其必要的作用，如在发球时用来持球、抛球；在步法移动或击球过程中用来平衡身体等。

二、击球术语

(1)上手球：击球点在击球者肩部以上。

(2)下手球:击球点在击球者肩部以下。

(3)头顶球:击球者用正拍拍面击打反手区的上手球,称为头顶球。

(4)高远球:从场地一边的后场,以高弧度击到对方场地后场。

(5)平快球:从场地一边的后场,以较平的弧度击到对方后场。

(6)扣杀球:从场地一边的中、后场使球快速向下直线飞行到对方场区。

(7)平高球:从场地一边的后场,以较低的弧度击到对方后场。

(8)吊球:从场地一边的后场,把球以向下飞行的弧线击到对方近网场区。

(9)推球:在靠近网的三分之一上部,使球以低平的弧线击到对方后场区。

(10)挑高球:把球从前场或中场在低于球网处,向上以较高的弧度击到对方后场。

(11)放网前球:使球从本方网前击到对方近网区。

(12)搓球:用拍面切击球托,使球带有旋转和翻滚飞行过网称作搓球。

(13)扑球:在近网高处把球以快速直线向下击到对方场区。

(14)勾球:在网前使球以对角球路线击到对方网前。

(15)重复球:两次或两次以上攻击对方同一个场区或同一点。

(16)组合技术:用两个或三个技术名称组合来表示某一击球在场上的位置和击出球的形式。如正手杀球、后场正手杀头顶高球、反手扑球、正手推对角、中场正手平抽等。

(17)下压:把前场高于网顶和后场高空下落的来球,用杀、吊、扑等技术还击,使对方处于防守的地位。

(18)追身球:趁对方立足未稳时,把球对准对方身体进行突击。

(19)杀上网:杀球后迅速向前移动,封住前场,以扑、搓、勾、推等技术连续进攻。

(20)假动作:所做的身体动作和挥拍动作与实际上击出的球在时间、方向或路线上不一致,它能把真实意图暂时隐蔽起来,造成对方判断错误。

(21)突击:突然加快移动速度,并以起跳的方法拦截来球进行扣杀,使对方猝不及防。

(22)击球动作一致性:为增加击出球的战术效果,在后场击高、吊、杀、劈或网前击推、扑、搓、勾的引拍动作和挥拍前期动作相仿或一致,可使对方难以判别,同时也起到假动作的作用。

三、击球线路术语

羽毛球被运动员击出后在空中运行的轨迹以及和场地之间的关系,就是所谓的击球线路。在击球线路概念中增加球的轨迹和场地之间关系描述的主要原因是:从俯视的角度看,球的路线均为一条直线,而只有将这条直线与场地之间的相互关系相结合后,才能明确描述出球的路线,如扣杀直线或吊网前小斜线等。

羽毛球运动员击球线路有很多,这里主要将羽毛球的基本线路可分为以下五条,即左方直线、中路直线、右方直线、右方斜线(右方对角线)、左方斜线(左方对角线)。此外,根据击球运动员站的不同位置(左、中、右),每个位置又可分别击出直线、中路、斜线,因此又可派生出九条线路来。

四、击球弧线术语

从羽毛球场地边线平时击打出的球,可以看到由于受到重力作用,被击出的羽毛球的飞行轨迹呈弧线形。尽管有些击球由于力量较大,肉眼来看好似是一条直线,但通过计算和物理定律分析来看,它仍旧是一条弧线,只是弧度较小不容易被肉眼分辨而已（图 2-5）。

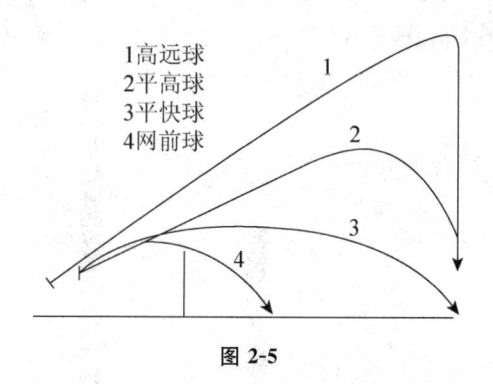

1 高远球
2 平高球
3 平快球
4 网前球

图 2-5

我们将羽毛球在运行中呈现的这种弧线轨迹称为球的弧线。对球的弧线特性的研究有利于更好地掌握羽毛球飞行的规律,进而在比赛中准确判断来球,获得比赛的主动权。

球的弧线包含弧线的长度、弧线的曲度、打出距离、飞行方向。具体来说,弧线的长度是指球运行的实际轨迹的长度;弧线的曲度是指弧线的弯曲程度;打出距离是指弧线投影在地面上的直线距离;羽毛球飞行的方向。

无论是以什么方式击球,羽毛球的弧线都有一个共同的特点,即球在刚被击出时弧线曲度小,随着球的飞行距离越来越长,其弧线曲度越发加大,如果球的弧线较高,那么最终甚至成为自由落体的垂直下落。

第三节 羽毛球运动竞赛规则与裁判法

一、羽毛球竞赛规则

(一)比赛前的准备工作

验球时,运动员应在端线外用低手向前上方全力击球。验球的标准主要包含以下两个方面。

(1)球的飞行方向应与边线平行。

(2)符合标准速度的球,应落在场内距离对方端线外沿 530~990 毫米的区域内(图 2-6)。

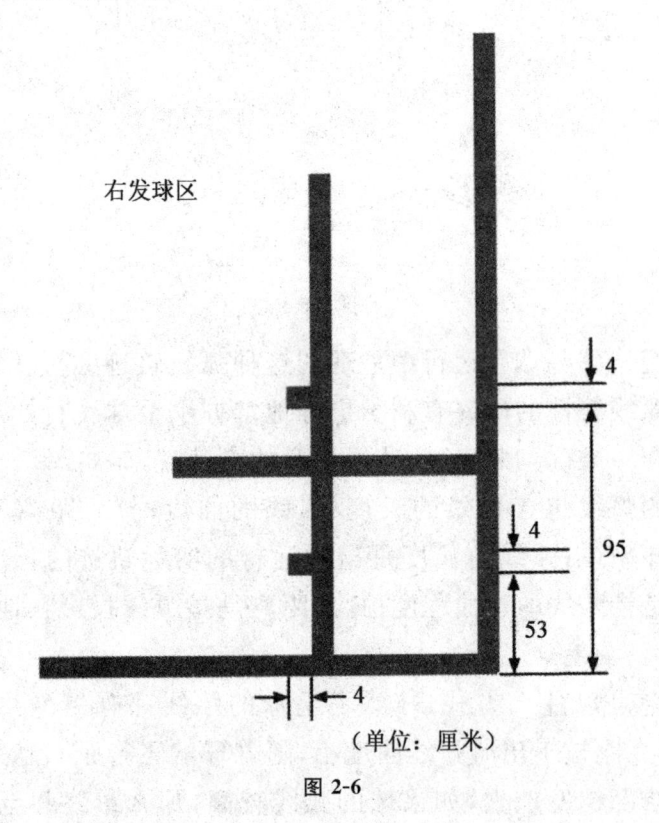

图 2-6

(二)挑边

比赛开始前应挑边。赢方可以在以下两种情况中做出选择。
(1)先发球或先接发球。
(2)在一个场区或另一个场区开始比赛。
输的一方,在余下的一项中选择。

(三)计分方法

通常情况下,一场比赛应以三局两胜定胜负。另有规定("礼让比赛"和"其他记分方法"),则按规定进行。
(1)除规则(3)和(4)的情况外,先得 21 分的一方胜一局。
(2)对方"违例"或球触及对方场区内的地面成死球,则该方胜这一回合并得 1 分。

(3) 20 平后,领先得 2 分的一方胜该局。

(4) 29 平后,先到 30 分的一方胜该局。

(5) 一局的胜方在下一局首先发球。

(四) 交换场区

如果出现以下情况中的任何一种,运动员应交换场区。

(1) 第一局结束。

(2) 第二局结束(如果有第三局)。

(3) 在第三局比赛中,一方先得 11 分时。

倘若羽毛球运动员没有根据以上规定交换场区,被发现后,在死球时必须以最快速度交换。已得比分有效。

(五) 发球

1. 合法发球

(1) 一旦发球员和接发球员作好准备,任何一方都不得延误发球开始。发球时发球员球拍的拍头做完后摆,任何迟滞都是延误发球开始。

(2) 发球员和接发球员,应站在斜对角的发球区内,脚不得触及发球区和接发球区的界线。

(3) 从发球开始,至发球结束前,发球员和接发球员的两脚,都必须有一部分与场地的地面接触,不得移动。

(4) 发球员的球拍,应首先击中球托。

(5) 发球员的球拍击中球的瞬间,整个球应低于发球员的腰部。腰指的是发球员最低肋骨下缘的水平切线。

(6) 发球员的球拍击中球的瞬间,球拍杆应指向下方。

(7) 发球开始后,发球员必须连续向前挥拍,直至将球发出。

(8) 发出的球向上飞行过网,如果未被拦截,球应落在规定的接发球区内(即落在界线上或界线内)。

(9)发球员发球时,应击中球。

2. 发球开始与发球结束

(1)发球开始

一旦运动员站好位置准备发球,发球员的球拍头第一次向前挥动,即为发球开始。

(2)发球结束

一旦发球开始,发球员的球拍击中球或未能击中球,均为发球结束。

3. 发球准备

(1)发球员应在接发球员准备好后才能发球,如果接发球员已试图接发球,即被视为已做好准备。

(2)双打比赛发球时,发球员和接发球员的同伴应在各自的场区内。其站位不限,但不得阻挡对方发球员或接发球员的视线。

(六)单打

1. 发球区和接发球区

(1)一局中,发球员的分数为0或双数时,双方运动员均应在各自的右发球区发球或接发球。

(2)一局中,发球员的分数为单数时,双方运动员均应在各自的左发球区发球或接发球。

2. 击球顺序和位置

一回合中,球应由发球员和接球员交替从各自所在场所一边的任何位置击出,直至成死球为止。

3. 得分和发球

(1)发球员胜一回合则得1分,在此之后发球员应当从另一发球区发球。

（2）接发球员胜一回合则得1分，在此之后接发球员就转变成新发球员。

(七)双打

1. 发球区和接发球区

（1）一局中，发球方的分数为0或双数时，发球方均应从右发球区发球。

（2）一局中，发球方的分数为单数时，发球方均应从左发球区发球。

（3）接发球方上一回合最后一次发球的运动员应在原发球区接发球。他的同伴接发球的站位与其相反。

（4）接发球员应是站在发球员斜对角发球区的运动员。

（5）发球方每得1分后，原发球员则变换发球区再发球。

（6）除规则（八）的情况外，发球都应从与发球方得分相对应的发球区发出。

2. 击球顺序和位置

每一回合发球被回击后，由发球方的任何一人和接球方的任何一人，交替在各自场区的任何位置击球，如此往返直至死球。

3. 得分和发球

（1）发球方胜一回合则得分。随后发球员继续发球。

（2）接发球方胜一回合则得1分。随后接发球方成为新发球方。

4. 发球顺序

具体到每局比赛的发球权，一定要根据以下顺序传递，具体如下。

(1)首先是发球员,从右发球区发球。

(2)其次是首先接发球员的同伴,从左发球区发球。

(3)然后是首先发球员的同伴。

(4)接着是首先接发球员。

(5)再接着是首先发球员,如此传递。

5. 发球与接发球的判罚

(1)运动员在比赛中不得有发球、接发球顺序错误或在一局比赛中连续两次接发球[规则(八)的情况除外]。

(2)一局胜方的任一运动员可在下一局先发球;一局负方的任一运动员可在下一局先接发球。

(八)发球区错误

倘若羽毛球运动员出现以下情况中的任意一种,则判定为发球区错误。

(1)发球或接发球顺序错误。

(2)在错误的发球区发球或接发球。

(3)如果发现发球区错误,应予以纠正,已得比分有效。

(九)比赛连续性、行为不端及处罚

1. 比赛连续性

除规则 2(1)、2(2)和 3 允许的情况外,比赛自第一次发球开始至该场比赛结束应是连续的。

2. 间歇

(1)每局比赛,当一方先得 11 分时,允许有不超过 60 秒的间歇。

(2)所有比赛中,每局之间允许有不超过 120 秒的间歇。

(3)有电视转播的比赛,裁判长可在该场比赛前决定变更以上两点规定的间歇时间。

3. 比赛的暂停

(1)遇到不是运动员所能控制的情况,裁判员可根据需要暂停比赛。

(2)遇特殊情况,裁判长可要求裁判员暂停比赛。

(3)如果比赛暂停,已得比分有效,续赛时由该比分算起。

4. 延误比赛

(1)严禁羽毛球运动员为达到恢复体力、喘息、接受教练员指导的目标而延误比赛。

(2)裁判员是"延误比赛"的唯一裁决者。

5. 指导和离开场地

(1)在一场比赛中,死球时,允许运动员接受指导。

(2)在一场比赛中,运动员未经裁判员允许不得离开场地(规则2规定的间歇除外)。

6. 运动员的禁止行为

(1)故意延误或中断比赛。

(2)故意改变或损坏球,以此影响球的速度或飞行。

(3)举止无礼。

(4)规则未述的其他不端行为。

7. 对违犯者的处罚

(1)对违犯规则4(1)、5(2)或6的运动员,裁判员应执行下列判罚:一种是警告;另一种则是对已被警告过的一方判违例。同一方如此违例两次则被视为"屡犯"。

(2)对严重违犯、屡犯或违犯规则2的一方判违例,并立即报告裁判长。裁判长有权取消其该场比赛资格。

(十)违例

如果出现以下情况中的任意一种,即为违例。
(1)不合法发球。
(2)羽毛球运动员发球时,出现球停在网顶、球过网后挂在网上、被接发球的同伴击中的情况。
(3)比赛进行中,如果球出现以下情况的,即为违例。
①落在场地界线外(即未落在界线上或界线内)。
②从网孔或网下穿过。
③未从网上方越过。
④触及天花板或四周墙壁。
⑤触及运动员的身体或衣服。
⑥触及场地外其他物体或人。
⑦被击时停滞在球拍上,紧接着被拖带抛出。
⑧被同一运动员两次挥拍连续两次击中,但一次击球动作中,球被拍框和拍弦面击中,不属违例。
⑨被同方两名运动员连续击中。
⑩触及运动员球拍,而未飞向对方场区。
(4)比赛进行中,运动员如果出现下列情况中的一种,即为违例。
①球拍、身体或衣服,触及球网或球网的支撑物。
②球拍或身体,从网上侵入对方场区(击球时,球拍与球的最初接触点在击球者网这一方,而后球拍随球过网的情况除外)。
③球拍或身体,从网下侵入对方场区,导致妨碍对方或分散对方的注意力。
④妨碍对方,即阻挡对方紧靠球网的合法击球。
⑤故意分散对方注意力的任何举动,如喊叫、做手势等。
(5)运动员严重违犯或屡犯规则(九)的规定。

(十一)重发球

(1)由裁判员或运动员(未设裁判员时)宣报"重发球",用于中断比赛。

(2)在比赛中,如果出现以下情况中的任意一种,即可被判罚为"重发球"。

①发球员在接发球员未做好准备时发球。

②在发球过程中,发球员和接发球员都被判违例。

③发球被回击后,如果出现球停在网顶、球过网后挂在网上这两种情况中的任意一种,则应当判罚为重发球。

④比赛进行中,球托与球的其他部分完全分离。

⑤裁判员认为比赛被干扰或教练干扰了对方运动员的比赛。

⑥司线员未能看清,裁判员也不能做出裁决时。

⑦遇到不可预见的意外情况。

(3)"重发球"时,该次发球无效,原发球员重新发球。

(十二)死球

在比赛中,如果出现以下情况中的任意一种,即可被判罚为死球。

(1)球撞网或网柱后,开始向击球者网这方的地面落下。

(2)球触及地面。

(3)宣报了"违例"或"重发球"。

(十三)技术官员职责和申诉受理

(1)裁判长对比赛全面负责。

(2)临场裁判员主持一场比赛,并管理该比赛场地及其紧邻的区域。裁判员对裁判长负责。

(3)发球裁判员负责宣判发球员的发球违例。

(4)司线员负责宣判球在其分管线的落点是"界内"或"界外"。

(5)技术官员对其所分管职责内事实的宣判是最后的裁决,以下两种情况除外。

①当裁判员确认司线员明显错判时,应予以纠正。

②当有即时回放系统时,由裁判长使用该系统对球落点宣判的挑战予以裁决。

(6)裁判员的主要职责体现在以下几个层面。

①维护和执行羽毛球比赛规则,及时宣判"违例"或"重发球"。

②对在下一次发球前提出的申诉做出裁决。

③确保运动员和观众能随时了解比赛进展情况。

④与裁判长磋商后指派或撤换司线员或发球裁判员。

⑤在技术官员不足时,对无人执行的职责做出安排。

⑥在技术官员视线被挡时,执行其职责或判"重发球"。

⑦记录并向裁判长报告比赛连续性、行为不端及处罚有关的所有情况。

⑧仅将与规则有关的申诉提交裁判长(此类申诉必须在下次发球击出前提出;如果该场比赛结束,则应在申诉方离开场地前提出)。

二、羽毛球裁判法

(一)技术官员及其职责

(1)裁判员在裁判长的领导下工作,并向裁判长负责(未设裁判长时,向竞赛负责人负责)。

(2)发球裁判员一般由裁判长指派,但裁判长可以撤换或经裁判员与裁判长商议后予以撤换。

(3)司线员一般由裁判长指派,但裁判长可予以撤换或经裁判员与裁判长商议后予以撤换。

(4)技术官员对其所分管职责内事实的宣判是最后的裁决。当裁判员确认司线员明显错判时,允予纠正。有即时回放系统的场地,由裁判长使用该系统对球落点宣判的挑战予以裁决。如果需要撤换司线员,应召唤裁判长商定。

(5)当技术官员因视线被挡未能做出裁决时,由裁判员裁决。若裁判员也不能做出裁决时,则判"重发球"。

(6)临场裁判员主持一场比赛,并管理该比赛场地及其紧邻的区域。具体的管理时限是自这场比赛的裁判员进入场地,直至比赛结束后裁判员离开场地。

(二)裁判员需要达到的要求

1. 裁判员在比赛开始前应当达到的要求

(1)向裁判长领取计分表。

(2)确保计分器正常工作。

(3)确保网柱放置在双打边线上。

(4)检查网高,并保证球网两端与网柱之间没有空隙。

(5)确定是否有羽毛球触及障碍物的补充规定。

(6)确保发球裁判员和司线员明确各自的职责,位置安排正确。

(7)确保有足够数量并经检测的比赛用球,避免延误比赛。

(8)检查运动员服装的颜色、图案、字样和广告是否符合规定;并确保违规情况能得到纠正。有关违犯服装规定的任何裁定,都必须在该场比赛前报告裁判长或相应的竞赛负责人,如赛前无法报告,则应在该场比赛结束后立即报告。

(9)公正地执行"挑边",确保赢方和输方进行正确的选择,并记录挑边的结果。

(10)双打比赛时,记下开局时站在右发球区的运动员姓名,以便随时检查发球时运动员是否站在正确的发球区内。每局开始时都必须做相应的记录。

2. 裁判员宣报的形式

介绍运动员时,手相应地指向右边或左边(W、X、Y、Z 表示运动员姓名,A、B、C、D 表示国名或地区名)。

(1)单打

①单项赛:"女士们、先生们,在我右边'X、A',在我左边'Y、B','X'发球,比赛开始,0比0。"

②团体赛:"女士们、先生们,在我右边'A''X',在我左边'B''Y'。'A'发球,比赛开始,0比0。"

(2)双打

①单项赛

"女士们、先生们,在我右边'W、A'和'X、B',在我左边'Y、C'和'Z、D';'X'发球,'Y'接发球,比赛开始,0比0。"

如果两名配对的双打运动员代表同一个国家或地区,则先宣报该两名运动员的姓名后,再报其国名或地区名,如"W 和 X,A"。

②团体赛

"女士们、先生们,在我右边'A''W'和'X',在我左边'B''Y'和'Z';'A''X'发球,'Y'接发球,比赛开始,0比0。"

裁判员宣报"比赛开始",即为一场比赛的开始。

3. 裁判员在比赛中的职责以及宣报要求

(1)裁判员职责

①应使用技术官员规范用语。

②应记录和报分。报分时,总是先报发球员的分数。

③如果指派了发球裁判员,发球时裁判员主要关注接发球员。但必要时,也可宣报"发球违例"。

④应随时注意计分器的显示是否正确。

⑤需要裁判长帮助时,将右手高举过头。

⑥当需要使用即时回放系统对球落点的宣判做出裁决时,将左手高举过头。

(2)当一方输了一回合而失去发球权的宣报要求

针对这种情况,裁判员应宣报:"换发球"。随后,先报新发球方的分数,接着报新接发球方的分数。必要时,用适当的手势同时指向新发球员及其正确的发球区。

(3)裁判员宣报"比赛开始"或"继续比赛"的含义:第一,一场或一局比赛的开始,或交换场区后一局比赛的继续;第二,比赛中断后恢复比赛;第三,裁判员要求运动员继续比赛。

(4)当违例发生时,裁判员应宣报"违例",以下情况除外。第一,发球裁判员根据规则宣报发球"违例"时,裁判员应宣报"发球违例"以确认这一裁决,裁判员在判接发球违例时,宣报"接发球违例";第二,司线员根据比赛规则所述的"违例",做了宣报或出示了手势;第三,当球停在网顶、过网后挂在网上或未从网上越过等违例时,只有在有必要向运动员或观众表明时,才宣报"违例"。

(5)当一局比赛领先方得 11 分时(在使用其他计分方法的比赛中,当一局比赛领先方得相应分数时),该回合一结束,应立即宣报"换发球"(需要时),随后宣报比分和"间歇",不受观众鼓掌、欢呼的影响,马上有关"间歇"的规定,间歇时间从此时算起。在"间歇"期间,发球裁判员要确保场地被擦干净。

(6)在一局比赛领先方得 11 分的间歇中(或在其他计分方法的比赛中,当一局比赛领先方得相应分数时),40 秒时,应重复宣报:"……号场地 20 秒"。

每局交换场区,以及第三局交换场区的间歇中,允许双方各有不超过两人进入场地。当裁判员宣报:"……号场地 20 秒"时,这些人员应离开场地。间歇后恢复比赛时宣报:"继续比赛",并再次宣报比分。如果运动员不需要规则规定的间歇,可继续比赛。

(7)延伸比赛。

①在每局比赛领先方得 20 分时,要宣报"局点"或"场点"。

②每局比赛中任何一方分数到达 29 分时,都应宣报"局点"或"场点"。

③上述的宣报,要在报分之前进行。用英文宣报时,"局点"或"场点"总是在发球方分数后,接发球方分数前。

(8)每一局最后一个回合结束,必须立即宣报"……局比赛结束",而不受鼓掌、喝彩声等影响。

第一局结束后,宣报:"第一局比赛结束,……(运动员姓名或团体赛队名)胜……(比分)。"

第二局结束后,宣报:"第二局比赛结束,……(运动员姓名或团体赛队名)胜……(比分),局数1比1。"

每局结束,发球裁判员都应保证场地被擦干净;间歇时将间歇标志放置网下方场地中央。如果胜这一局即胜该场比赛,则宣报:"比赛结束",接着宣报"……(运动员姓名或团体赛队名)胜……(各局比分)"。

(9)在第一局和第二局、第二局和第三局间的间歇中,100秒时,应重复宣报:"……号场地20秒。"间歇中,允许双方各有不超过两人在运动员交换场区后进入场地。当裁判员宣报"……号场地20秒"时,这些人应离开场地。

(10)第二局比赛开始时,宣报:"第二局比赛开始,0比0。"如果要赛第三局,比赛开始时,宣报:"决胜局比赛开始,0比0。"

(11)第三局或只进行一局的比赛,当领先方得11分时,宣报"换发球"(需要时),再报分,接着再宣报"间歇,交换场区"。间歇后比赛开始,应宣报"继续比赛"并再次报分。

(12)一场比赛结束后,应立即将记录完整的记分表送交裁判长。

4. 球落点的宣判

(1)无论羽毛球落在距离界限多远的位置,裁判员均需要看司线员,司线员对其看管线附近球落点的裁决负全责,(2)和(3)情况除外。

(2)若裁判员确认司线员明显错判,则应宣报:"纠正,界内"(如球落在界内);"纠正,界外"(如球落在界外)。

(3)未设司线员或司线员未能看清时,裁判员应立即宣报:

①"界外",接着再报比分(球落在界线外);报分前加报"换发球"(需要时)。

②"比分"(球落在界线内),报分前加报"换发球"(需要时)。

③"重发球"(裁判员也未能看清)。有即时回放系统的场地,当裁判员需从指定的技术官员处获取即时回放系统的裁决时,应宣报"司线员未看清",并将左手高举过头,指向相应的线。

(4)当有即时回放系统时,如果裁判员或司线员的宣判受到运动员(对/队)的挑战,裁判员应确认该运动员(对)是否仍具有挑战权;运动员应对裁判员说"挑战",并举起手臂,明确示意。

①如果运动员仍具有挑战权,裁判员应宣报:"……(运动员姓名/队名)挑战宣判"界内"(或"界外"),同时左手高举过头,然后指向运动员所挑战的线。

②由指定的技术官员通过即时回放系统对相应的落点进行回放,并将挑战的最终裁决"界内"、"界外"或"无结论"告知裁判员。

③对挑战结果的宣报包括以下几种情况,具体如下。

A. 挑战成功的宣报

"纠正,界内"或"纠正,界外"。随后依情况宣报:"换发球"、"比分",或"继续比赛"。

B. 挑战失败的宣报

"挑战失败","……(运动员姓名/队名)还有一次挑战权或没挑战权"。随后,依情况宣报:"换发球"、"比分",或"继续比赛"。

C. 挑战的最终裁决是"无结论"

针对这种情况,裁判员应对"司线员未看清"的回放判"重发球",或原被挑战的裁决有效。

5. 比赛时各种情况的处理

(1)运动员将球拍掷入对方场区或从网下滑入对方场区,并因此妨碍或分散对方注意力,应判违例。

(2)球从邻场侵入场区时,裁判认为该行为未引起运动员注意,未妨碍或干扰运动员比赛,则不判"重发球"。

(3)对正在击球的同伴大声喊叫,不应视为分散对方注意力。

向对方叫喊"别接""违例"等,则应视为分散对方注意力。

(4)运动员离开场地。

①除规则规定的间歇外,运动员未经裁判员同意,不得离开比赛场地。

②应提醒违犯方,离开场地必须经裁判员同意。必要时执行比赛连续性、行为不端的相关处罚规定。但允许运动员在对击中到场边更换球拍。

③比赛中,如果比赛未被不当中断,裁判员可允许运动员迅速地擦汗或喝水。

④如需要擦地板时,在擦地板结束前运动员应在场地内。

(5)延误和中断比赛。严禁羽毛球运动员有目的、有意识地中断比赛或者延误比赛;裁判员应当制止运动员在场地做不必要的兜圈走动;必要时执行比赛连续性、行为不端的相关处罚有关规定。

(6)场外指导。

①一旦双方运动员准备好比赛,以及比赛进行中都应制止场外指导。

②需要确保的几点要求是:第一,比赛中,教练员坐在指定的椅子上,不得站在场边;第二,教练员不得分散运动员的注意力或使比赛中断;第三,比赛进行中,教练员不得试图以任何方式与对方运动员、教练员、随队官员交流,或以任何目的使用电子设备。

③如果裁判员认为比赛被干扰,或教练员分散了对方运动员的注意力,则判"重发球"。再次出现该情况时,立即召唤裁判长。

④裁判长应确保所有教练员及随队官员遵守其行为规范。

(7)换球。

①比赛过程中要始终保证换球的公正性,裁判员应当对有无必要换球做出正确决定。

②球的速度或飞行受到干扰时,应换球。必要时执行比赛连续性、行为不端规则的有关规定。

③裁判长是决定球速的唯一裁决者。如果比赛双方均要求

更换球速,应立即召唤裁判长。必要时,可以试球。

(8)比赛时伤、病的处理。

①裁判员应谨慎、灵活地处理比赛时运动员的伤、病,迅速、准确地判定伤、病的严重程度。必要时召唤裁判长。

裁判长必须决定是否需要医务人员或其他人员进场。医务人员应对运动员进行检查,并告知伤病的严重程度。如出血,应暂停比赛,直至止血或伤口得到妥善处理为止。对治疗应实行有效管理,不得因治疗而延误比赛。

②裁判长应告知裁判员,该运动员恢复比赛可能需要的时间。裁判员应监控所用时间。

③处理时,裁判员应确保不给对方造成不利影响,同时恰当地执行规则比赛连续性、行为不端处罚的规定。

④由于伤、病或其他不可避免的原因,造成比赛中断,应及时询问该运动员:"你要弃权吗?"如果回答是肯定的,应宣报:"……(运动员姓名或队名)弃权;""……(运动员姓名或队名)胜,……(比分)。"

(9)手机。比赛中,如果运动员的手机在场地或其紧邻的区域响铃,应视为违反规则按行为不端处罚。

(10)运动员场上的行为。裁判员应当保证运动员在赛场上的一言一行都符合运动员行为规范,所有违犯运动员行为规范的行为都应当判定为违反规则。

6. 比赛暂停

如果比赛暂停,应宣报:"比赛暂停。"并记录比分、发球员、接发球员、正确的发球区和场区。恢复比赛时,应记录暂停持续的时间,确认运动员的正确站位,并询问:"准备好了吗?"再宣报:"继续比赛"和比分。

7. 行为不端

(1)记录并向裁判长报告任何不端行为及其处理。

（2）间歇期间的行为不端的处理方法，与一局中的行为不端的处理方法相同。具体要求如下。

①在间歇后恢复比赛时宣报："……局，比赛开始，0比0。"

②如出现违反规则的行为不端，则在下一局比赛开始时宣报："……局，0比0。"随后宣报："……（运动员姓名），违例。"必要时加报："换发球。"接着宣报："继续比赛"和比分。

③如是运动员被裁判长取消比赛资格，则随后宣报："……（运动员姓名），行为不端，取消比赛资格。"

间歇期间的行为不端，在间歇后恢复比赛时，宣报"继续比赛"，并再次宣报比分。

④如是违反规则的不端行为，则在恢复比赛时宣报："……（运动员姓名），违例。必要时加报："换发球。"接着宣报："继续比赛"和比分。

（3）延误比赛或指导和离开场地时，裁判员对犯方警告时，应召违犯运动员："到这里来。"并宣报："警告，……（运动员姓名）行为不端。"同时，右手持黄牌举过头顶。

（4）比赛连续性、行为不端规则时，已被裁判员执行过警告的违犯方判违例时，应召违犯运动员："到这里来。"并宣报："违例，……（运动员姓名）行为不端。"同时，右手持红牌举过头顶。

（5）按比赛连续性、行为不端等规则对严重违反或屡犯比赛连续性、行为不端规则一方判违例，并拟向裁判长建议取消该运动员比赛资格时，应叫该运动员："到这里来。"并宣报："违例，……（运动员姓名）行为不端。"除此之外，裁判员应当右手持红牌举过头顶，并且召唤裁判长。

（6）在裁判长决定取消该方运动员比赛资格时，将黑牌交给裁判员。裁判员应叫该运动员："到这里来。"并宣报："……（运动员姓名）行为不端，取消比赛资格。"同时，右手持黑牌举过头顶。

任何因为行为不端而取消比赛资格的运动员，其整个赛事的比赛资格都会被取消。

（7）赛前或赛后在比赛场地出现的行为不端应按上述规定处理。裁判员应当详细记录所有类型的不端行为并且先采取相应措施，在此基础上还应当报告裁判长，但一定不可以对该场比赛的比分产生影响。

第三章 羽毛球运动教学的理论基础

从根本上说,羽毛球运动本身和许多学科都有一定联系,只有深入剖析和羽毛球运动存在联系的学科的理论基础,才能有效推动羽毛球运动的发展进程,提高羽毛球运动的教学质量。为此,本章逐一对羽毛球运动教学的运动生理学基础、运动心理学基础、运动营养学基础、教育学基础进行深入研究。

第一节 羽毛球运动教学的运动生理学基础

运动生理学是体育科学的基础学科和人体生理学的分支。对于羽毛球运动来说,对运动生理学基础进行分析,对于了解人体在从事羽毛球运动时机体的结构和机能的变化,以及机体运动技能的发展规律等都有积极的帮助作用。除此之外,其对科学的羽毛球运动教学方法的选用和实施都具有非常重要的意义。就羽毛球运动教学来说,运动生理学理论的主要内容分别是新陈代谢和供能系统,具体如下。

一、羽毛球运动教学的新陈代谢基础

(一)糖代谢

糖是对羽毛球运动员有很大影响的能量物质之一,这项能量物质能够向运动员提供能量。对于羽毛球运动教学来说,人体糖代谢过程主要由糖的合成代谢和糖的分解代谢组成,具体如下。

1. 糖的合成代谢

当羽毛球运动者摄取了植物或动物性食物中的糖质,之后,这些糖质就会在机体消化酶的作用之下,转变为可以被运动者吸收的葡萄糖分子。这些细小的葡萄糖分子经小肠黏膜的上皮细胞葡萄糖运载蛋白转运进入血液,成为血液中的葡萄糖(即血糖)。血液中的这部分葡萄糖可以合成糖原,成为大分子的糖。另外,肝脏还可以将体内的乳酸、丙氨酸、甘油等非糖质物质合成葡萄糖或糖原,这一过程即为糖的异生作用。机体中,合成糖原和糖异生的过程共同组成了糖的合成代谢。

2. 糖的分解代谢

具体来说,糖的分解供能主要由无氧酵解供能和有氧氧化供能组成。详细来说,当氧供应充足时,来自糖(或脂肪)的有氧氧化;当氧供应不足时,即来自糖的酵解,生成乳酸。乳酸最后在供氧充足时,一部分继续氧化,释放的能量使其余部分再合成为肝糖原。由此可见,糖和脂肪这两种物质的有氧氧化是人体肌肉收缩能量的最终来源。

机体的糖储备会在一定程度上影响到机体运动耐久力,从相关的研究中可以得知,糖储备与运动能力是呈正相关的,肌糖原降低与运动性疲劳和运动性损伤的发生也有密切的关系,机体过度消耗糖储备可引起中枢性疲劳,还有可能导致低血糖的产生。

(二)脂肪代谢

脂肪在人体中也是非常基本且重要的一个能源物质,能够为羽毛球运动者提供所需的能量。通常,人体是通过动物脂肪和植物油等的摄入来补充脂肪的。进行羽毛球运动教学活动,对机体良好的脂代谢会起到积极的促进作用,这对心血管疾病的防治也会起到非常良好的效果。

1. 脂肪的合成代谢

在羽毛球运动教学过程中,脂肪代谢的动员速度是相对较慢的,短时间剧烈的羽毛球运动教学活动会在一定程度上抑制脂肪的分解,而长时间的羽毛球运动教学活动后期,运动者所需要的能量主要来自脂肪酸氧化供能。

在羽毛球运动教学中,会或多或少地影响脂肪代谢,主要反映在三个层面:第一,有助于增强运动员机体氧化利用脂肪酸供能的能力;第二,有助于改善运动员血脂异常问题;第三,能够或多或少地降低运动员体脂积累。

2. 脂肪的分解代谢

作为一种高热能物质,脂肪能够进行分解代谢。脂肪分解代谢产生的能量往往在多种生命活动过程中都应用,主要提供机体长时间中低强度运动的热量需求。

人体内贮存的脂肪作为细胞燃料参与供能只能通过有氧代谢的途径进行分解和释放热量,在人体中,脂肪的分解代谢首先是分解成甘油和脂肪酸,其次是甘油和脂肪酸进一步分解成二碳单位,最后生成二氧化碳和水。脂肪的有氧氧化过程可简单表示如下:

$$脂肪 \xrightarrow{\text{有氧氧化}} ATP + 二氧化碳 + 水$$

(三)蛋白质代谢

蛋白质的代谢,通常包括两个方面的内容,一是合成代谢,二是分解代谢。一般地,可以通过对食物中的氮含量和尿中排出的氮量来测定,将人体蛋白质的代谢状况确定下来。正常情况下,人体蛋白质的代谢状况与组织的生理活动两者是相适应的。正常成年人体内的蛋白质分解与合成处于一种动态平衡状态,具体是指人体摄入氮和排出氮相等,换句话说,就是氮总平衡现象,但也存在氮正平衡和氮负平衡。

羽毛球运动教学活动对蛋白质代谢产生重要的影响,具体来说,机体在羽毛球运动教学锻炼中,蛋白质可提供一部分能量;羽毛球运动教学活动能够导致骨骼肌蛋白质合成增加——肌肉壮大。

(四)无机盐代谢

无机盐在人体内也有着非常重要的作用,其不仅是构成人体组织的重要物质,还能使人体正常生理活动的维持得到有力保证。通常情况下,钠、钾、铵盐这些单价碱性盐类,被人体吸收得很快;也有一些不容易被人体吸收的,比如,多价碱性盐类。一般来说,不能被人体吸收的主要是能与钙结合而形成沉淀的盐,较为常见的有硫酸盐、磷酸盐和草酸盐等。如 3 价的铁离子不易被吸收,但是,通过维生素 C 能够使高价铁离子被还原为 2 价的亚铁离子,这样,其被吸收的程度就得到促进。另外,还需要强调的是,钙的吸收需要维生素 D 的存在,钙盐在酸性环境下溶解得较好,被吸收得较快。具体到羽毛球运动教学,其和人体无机盐储存状况之间的关系体现在以下两个方面。

一方面,无机盐往往是以磷酸盐的形式而存在于人体的骨骼中的(如钙、镁、磷元素等),作为结构物质,其他少量的无机盐(如钙、镁)以离子形式存在。人体在参与羽毛球运动教学活动时,会进一步激发和促进机体内部的化学反应,许多矿物质因参与化学反应而消耗,或随着大量出汗排出体外。这时候就需要对这些消耗的物质进行适当的补充,从而保证运动中机体的需求,如果这些元素缺乏,就会对人体的运动能力产生一定的影响,同时,还有可能导致一些病症的产生。

另一方面,机体内的一部分无机盐在体液中解离为离子,称为电解质,其主要作用在于对渗透压进行适当的调节,以及使酸碱平衡得到有效的维持等。体液中的阳离子和阴离子同时存在,这些物质在人体的细胞代谢活动中具有十分重要的作用。在羽毛球运动教学过程中,这些离子会随着大量出汗而流失,如果电解质流失过多,往往就会导致肌肉无力、心脏节律紊乱、肌肉抽搐、运动能力下降、易疲劳等不良运动状态的产生,对于羽毛球运动教学活动的进一步开展将会产生一定的制约作用。

(五)维生素代谢

维生素在人体中也是不可或缺的重要方面,其能够使人体生长发育和代谢得到有效的维持,人体对维生素的需要量每天仅以毫克或者微克计算,需要强调的是,维生素在人体内是不能合成的,只能够通过摄入食物来达到供给的目的。

由于羽毛球运动教学的运动强度较大,因此,在运动锻炼过程中,机体中物质和能量代谢会加强,从而进一步增加了维生素的消耗量,除此之外,羽毛球运动还能在一定程度上降低胃肠道对维生素的吸收功能,而增加机体对维生素的需要量和供给量。在人体中,大多数维生素都会参与辅酶的组成,因此,如果缺乏维生素,就会影响到酶的催化能力,进而引起机体代谢失调,从而使机体的运动能力有所降低。但需要强调的是,羽毛球运动者过量摄入维生素,也并不会使运动能力得到提高,摄入量要适宜。

(六)水代谢

水是人体不可或缺的一种物质,缺少水的身体会难以维持生活活动,保持身体内部水分代谢平衡是人体维持正常生命活动的一项必要条件。水在机体细胞中的存在形式分别是游离水和结合水,前者约占95%形成细胞内液和细胞外液,后者占4%~5%。当机体细胞出现衰老后,细胞含水量也会随之降低。

一般情况下,人体都是通过摄取食物和饮料来补充体内水分的,除此之外,体内物质代谢过程中也能产生一定的水分。人体内不仅要摄入水,还要进行新陈代谢,将一部分水分排出体外,其所借助的形式主要有:尿液、皮肤、肺以及随粪便。人体在羽毛球运动教学过程中,体内就会产生过多的热量,因此,出汗便成为水分排出及维持体温恒定的主要途径。

水是机体内部进行生物化学反应的场所,人体内的水具有非常重要的作用,比如,能够对体温进行调节、润滑等作用,此外,机体内的水的储存量还在一定程度上受到体内的电解质平衡的影响。一般来说,正常人每天水的摄入和排出处于平衡状态。而参与羽毛球运动教学时,机体内的水会随着出汗量的增多而迅速流失,尤其是在高温高湿情况下进行大强度的羽毛球运动教学活动时,人体大量出汗而未及时补水可导致机体形成脱水,从而使运动者的运动能力有所降低,因此,在羽毛球运动教学过程中及时而适量地补水是非常重要且必要的。

二、羽毛球运动教学的供能系统

羽毛球运动教学的供能系统分别是磷酸原系统、糖酵解系统、有氧氧化系统,这三个供能系统的特征与作用如下。

(一)磷酸原系统

从根本上说,磷酸原系统就是三磷酸腺苷—磷酸肌酸,简称ATP-CP。由此可以看出,磷酸原系统是由细胞内的ATP和CP这两种高能磷化物构成的。磷酸原系统的供能特征主要反映在三个层面:第一,供能绝对值相对较小;第二,持续时间很短;第三,供能速度快。

在这一供能系统中,ATP是细胞唯一能直接利用的能源,其能量输出的功率也最高。ATP主要储存在细胞中,其中以肌细胞最多。ATP水解的放能反应可以为各种需要能量的生命过程和活动供能,以完成各种生理功能和技术动作。其中,较为典型的有肌肉收缩、生物电活动、物质合成及体温维持等(图3-1)。

具体到羽毛球运动教学中,运动员肌肉内的ATP能够通过分解而达到直接供能的效果,储存在肌纤维中的ATP在ATP酶的催化下迅速分解为二磷酸腺苷(ADP)和无机磷(PI),释放能量,牵拉肌丝滑动,使肌纤维缩短,由此为运动员高质量完成不同类型的技术动作发挥保障作用。

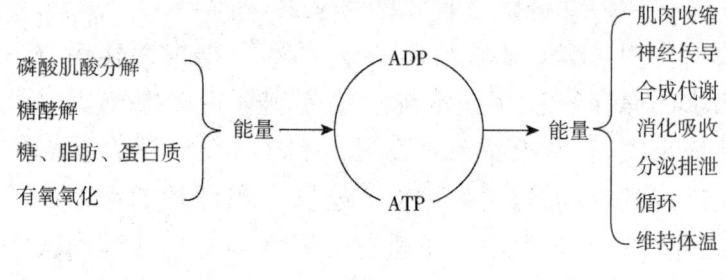

```
磷酸肌酸分解 ⎫           ┌ADP┐            ┌ 肌肉收缩
糖酵解      ⎬ 能量 →   │   │ → 能量      │ 神经传导
糖、脂肪、蛋白质⎬          │   │            │ 合成代谢
有氧氧化    ⎭           └ATP┘            │ 消化吸收
                                          │ 分泌排泄
                                          │ 循环
                                          └ 维持体温
```

图 3-1

（二）糖酵解系统

详细来说，糖酵解系统就是所谓的无氧糖酵解系统，人们也将其称为乳酸能系统。糖酵解系统的能量产生是靠肌糖原的无氧酵解，最后产生乳酸，而放出的能量被 ADP（二磷酸腺苷）接受，再合成 ATP。可以说，在机体处于缺氧的情况下，糖酵解系统是能量的主要来源。糖酵解能够系统地为人体进行能量供应，从某种程度上说，糖酵解系统的功能与磷酸原系统一样，能在暂时缺氧的情况下迅速供能。

运动员无氧代谢能力对其无氧耐力素质的实际水平有很大的影响，原因在于磷酸原供能时间短，所以糖酵解供能是无氧耐力的关键性依靠。

糖酵解系统供能过程是不需要消耗氧的无氧代谢过程，它是人体运动时的无氧代谢供能系统的重要组成部分，本身就具有非常重要的意义，具体来说，主要表现为：在缺氧情况下仍能产生能量，以供运动时体内能量的急需供应。

（三）有氧氧化系统

运动者在羽毛球运动教学过程中，还可以借助有氧氧化系统来供能，具体来说，就是在氧供应充足的情况下，运动所需的 ATP 主要由糖、脂肪的有氧氧化来提供大量的能量，从而使肌肉长时间的工作得到有效的维持。

有氧氧化系统供能是指糖和脂肪在供氧充分的情况下，分解成二氧化碳和水,同时产生大量的能量,使 ADP 再合成 ATP。有氧氧化系统生成丰富的 ATP,且不生成乳酸这类导致疲劳的副产品,它是人进行长时间耐力活动的主要供能系统。有氧氧化系统是人进行长时间耐力活动的主要耐力系统,羽毛球运动教学对运动者的有氧代谢能力有着较高的要求。有氧代谢能力是耐力素质的基础,与人体心肺功能有着一定的关系。

糖、脂肪和蛋白质都是有氧氧化系统的重要原料。其中,脂肪可以通过有氧氧化重新合成 ATP。其次,当运动者经过长时间大强度的训练,机体糖原消耗殆尽时,蛋白质常用作有氧氧化系统的原料来重新合成 ATP,但蛋白质提供的热量用于肌肉活动的则很少。

运动者在进行羽毛球运动教学的过程中,机体内部磷酸原系统和乳酸能系统都供应能量,但 ATP 和磷酸肌酸的最终合成以及糖酵解产物乳酸的消除却要通过有氧氧化来实现。因此,糖和脂肪的有氧氧化供能是运动者的肌肉活动所需能量的最终来源。磷酸原系统能在短时间内快速作用,是羽毛球运动者快速击球动作中肌肉运动的主要功能系统,要引起高度重视。

羽毛球运动教学对参与者的运动水平提出了很高要求,而参与者要想具备很高的运动水平就必须经历相对复杂的运动过程,参与者机体内部的各项供能系统应当协同完成相应的供能任务,运动机体内的所有供能系统均存在自身的特征以及供能能力,见表 3-1。羽毛球运动员想要在训练过程中获得巨大进步,就一定要合理利用机体的三大供能系统。

表 3-1 三大供能系统的特点

供能系统	能源物质	输出功率	供能时间
ATP-CP 系统	ATP、CP	最大	最大 6~8 秒
糖酵解系统	肌糖原、血糖	约为 ATP-CP 系统的 50%	30~60 秒达最大,可维持 2~3 分钟
有氧氧化系统	肌糖原、血糖	约为糖酵解系统的 50%	1~2 小时
	脂肪	约为糖酵解系统的 20%	理论上无限

第二节　羽毛球运动教学的运动心理学基础

一、羽毛球运动教学与动机

(一)动机的概念

具体来说,动机就是个体进行活动产生积极推动作用的心理动因或者内部动力。对于人体来说,动机不单单可以引起并保持人体不同类型的思维活动,还可以把这项活动导向特定目标。动机属于个体的内在过程,行动是终极结果。

(二)动机的条件

内部条件和外部条件是动机的主要条件,具体如下。

1. 内部条件

引起动机的内部条件是"需要",具体来说,就是指个体因对某种东西的缺乏而引起的内部紧张状态和不舒服感,它能产生强烈的愿望和推动行为的力量,从而引起人的活动。比如,很多人参与到羽毛球运动教学活动中的主要目的在于获得身心健康,以及扩大人际交往等。

2. 外部条件

引起动机的外部条件就是所谓的"环境",具体来说,就是指个体之外的各种刺激,其中,最主要的是各种生物性和社会性因素的刺激,这些刺激能够在不同程度上对人产生影响。比如,学生参与羽毛球运动教学活动往往就是为了与一定的舆论环境相适应。

(三)动机的作用

动机的作用主要包括始发作用、强化作用、指向或选择作用。具体来说,始发作用表现为动机可以有效引发个体活动,同时对个体产生相关行动有推动作用;强化作用表现为动机有助于个体对具体活动产生维持、增加、制止、减弱的作用,同时动机的这种"强度"刺激在很大程度上受到一个人激活的程度的影响,换句话说,就是为了达到某一目标个体正在付出多大努力;指向或选择作用表现为动机能够对个体活动方向产生引起与发动的作用,具体就是"方向"与个体目标的选择有关,即个体进行某项活动或者完成某件事情的具体原因。

(四)动机的常见类型

1. 把需要的性质当成分类依据

按照这一标准,可以将动机分为两种。一种是以生物性需要为基础的生物性动机;另一种是以社会性需要为基础的社会性动机。而人们参与到羽毛球运动教学活动中的目的则往往在于健身、扩大交际范围。

2. 把兴趣的特点当成分类依据

按照这一标准,可以将动机分为两种。一种是以直接兴趣为基础,指向活动过程本身的直接动机;另一种是以间接兴趣为基础,指向活动的结果的间接动机。一般地,参与到羽毛球运动教学活动的人们,其直接动机往往是挑战自身的潜能;间接动机则主要为战胜对手。

3. 把情感体验当成分类依据

按照这一标准,可以将动机分为两个方面。一是以排除缺乏、破坏、避免威胁、逃避危险等需要为特征,以生存和安全为目的的缺乏性动机；二是以经验享乐、获得满足、寻找新奇，有所成就和创造等欲望为特征的丰富性动机。比如，参与羽毛球运动教学活动的人们缺乏性动机主要为荣誉和地位、身体健康以及扩大交往等；而丰富性动机则主要涉及获得满足感，得到兴奋、愉快、赏识和威望等。

4. 把动机来源当成分类依据

根据该项标准，能够把动机划分成来源于主观内部原因的内部动机以及来源于客观外部原因的外部动机。举例来说，前者就是参加羽毛球运动教学活动的内部动机主要为对羽毛球发自内心的喜爱、内心的自尊；后者就是得到教练员以及其他队员的肯定，获得奖杯与奖金等。

二、羽毛球运动教学与运动情绪

所谓的情绪，就是指有机体受到生活环境中的刺激时，其生物需要是否获得满足而产生的暂时性的较剧烈的态度及体验。可以说，日常生活中多见到或者感受到的愉快、悲哀、愤怒、恐惧、忧愁、赞叹等都属于情绪的范畴。

通过羽毛球运动教学活动，能够对脑啡肽的产生起到积极的促进作用，并且对下丘脑产生一定的刺激，进而产生愉快的情绪体验，这是羽毛球运动在调节情绪方面的重要作用。另外，经常从事羽毛球运动锻炼，在运动中享受成功的喜悦，承受挫折的压力，能够使情绪的适应性得到较大程度的提高，同时，对于以更积极的态度迎接生活的挑战，适应各种生活环境也是较为有利的。

针对羽毛球运动中的情绪，为了保证理想的课程教学效果，需要有针对性地采取一定的措施对其进行适当的调节，具体可采用的方法主要有以下几种。

（一）表情调节

表情调节是指个体通过改变自身面部表情与姿态表情来合

理调节情绪。情绪状态与外部表情两者之间关系紧密,具体来说,情绪的变化会引起表情的变化,同时,表情的变化也会对情绪状态产生适当的调节,比如,通过手搓面部,可以使面部放松,这对于紧张焦虑情绪的改善有所助益;有意识地微笑,能够使心情沉重、情绪低落的情况得到有效的改善;等等。由此可以得出,表情的变化往往能够改善个体的不良情绪。

(二)表象调节

这种调节方法,实际上就是通过对表象的调节来达到控制情绪和行为的目的。一般地,对于羽毛球运动来说,比赛中或者上场前,在脑中清晰地重现自己过去获得成功时的最佳表现,体验当时的身体感觉和情绪状态,对于获胜信心的增强,理想成绩的取得都是非常有利的。表象重现是一种积极的意念,它能够对植物性神经系统活跃起来,进而促进心跳加快,呼吸加强,使新陈代谢过程的血流量加大,糖分解加速,热能供应充足,使全身增力感觉和增力情绪加强产生较为间接的影响。

(三)暗示调节

从本质上来说,暗示调节就是通过运用适当语言来实现调节情绪的目标,手势、表情、其他暗号都能够对情绪产生调节作用。仔细观察能够发现,暗示现象被应用在日常生活的方方面面。

(四)呼吸调节

这种调节方法主要是通过对呼吸的频率、深度和方式的调节来达到有效控制情绪的目的的。不同的呼吸对情绪的控制是有所不同的。比如,在情绪较为紧张的时候,往往就会导致呼吸即出,这时候,就需要通过深沉的腹式呼吸,能够有效稳定运动员的情绪波动。另外,当情绪较为低沉时,要想有效提高情绪的兴奋性,就可以通过深呼吸来达到这一目的。

(五)活动调节

这种调节方式主要是通过身体活动方式的调节来达到控制情绪的目的的。大脑与肌肉的信息是双向传导的,神经兴奋可以从大脑传至肌肉,也可以从肌肉传至大脑。积极的肌肉活动,就会使从肌肉向大脑传递的冲动增多,大脑的兴奋水平就高,情绪就会高涨,反之亦然。从全局展开分析,凭借速度、强度、幅度、方向、节奏存在差异的动机练习,往往可以从根本上调节与控制运动员临场情绪状态。

三、羽毛球运动教学与个性心理

羽毛球运动教学与个性心理主要体现在性格、气质以及能力三个方面,具体如下。

(一)性格

性格是个人对现实的稳定的态度和习惯化的行为方式,是个体个性的一个方面,是一种比较稳定的心理特点,但性格特征有其特殊的表现。详细来说,性格的特殊表现是:第一,性格可以将现实世界在人脑中充分反映出来,一定思想意识和行为习惯也能够从个人对现实的稳固态度和采取某种行为方式上得到有效的表现;第二,性格属于一种相对稳定但又存在变化的倾向,其集稳定性、一贯性、变化性于一身。

(二)气质

人的心理活动的稳定的动力特征,就是所谓的气质。不同气质类型的行为表现也会存在着一定的差异性。对于羽毛球运动教学来说,了解个体的气质类型具有重要意义。从某种程度上来说,气质类型是个体进行运动的心理依据之一。

不同人所具有的气质是有所差别的。比如,有些人精力充沛、生机勃勃；有些人则沉默寡言、比较冷静；有些人思维敏捷、善于适应；还有些人则反应迟钝、不善应变等。由此可知，羽毛球教练员应当结合每位羽毛球运动员的性格实施针对性指导，由此确保运动员气质和羽毛球运动教学之间产生促进作用。

(三)能力

详细来说，能力不单单是个体高质量完成某项活动所必须具备的心理特征，还对个体掌握运动技能、提高运动成绩发挥着基础性作用，其主要由观察力、记忆力、想象力和注意力等组成。

人与人之间的能力是存在一定的差异性的，这与人本身特点的不同有着根本上的联系。具体来说，主要表现为能力类型、能力发展水平、能力表现早晚等各个方面的差异。因此，在羽毛球运动教学的实践中，要求运动员一定要以自己的个人能力为主要依据，合理地进行训练，从而使运动技能水平得到有效的提升。

第三节 羽毛球运动教学的运动营养学基础

针对羽毛球运动教学的运动营养学基础，这里着重从羽毛球运动教学与糖类、蛋白质、脂肪、维生素、矿物质、水六大方面加以阐析，具体如下。

一、羽毛球运动教学与糖类

(一)糖类的营养功能

糖是由碳、氢、氧三种元素组成的一类化合物，又称碳水化合物。糖是运动中最重要的能量来源，根据分子结构的繁简，糖分为单糖、双糖和多糖。糖类的营养功能体现在以下三个层面。

(1)糖类在人体内转化的热能，具有数量多、速度快的特点。

（2）糖类对于其他营养素的代谢有积极的促进作用，与蛋白质、脂肪结合成糖蛋白、糖脂，组成抗体、酶、激素、细胞膜、神经组织、核糖核酸等具有重要功能的物质。

（3）糖类还具有保肝解毒作用，当肝糖原贮存充足时，肝脏对毒物有很强的解毒作用。

（二）羽毛球运动教学中糖类的消耗与补充

1. 糖类的消耗

通常情况下，羽毛球运动教学活动中，人的新陈代谢速度加快，能量的消耗也要大于不参与羽毛球运动锻炼的人。

糖类消耗的主要特点在于耗氧少、易消化，其主要代谢产物为水和二氧化碳。在羽毛球运动教学过程中，人体内的水和二氧化碳会随时排除，同时，还要不断地及时补充水和氧气。如果糖类消耗过多而不进行及时的补充，就会导致供需脱节，出现供需不平衡的情况，这对于羽毛球运动教学活动的进行是不利的，严重者还会对其身体健康产生不利的影响。

2. 糖类的补充

在羽毛球运动教学的各个阶段，运动员补充糖类的要求有所不同，羽毛球运动员应当在严格遵循区别对待原则的前提下补充糖类，具体见表3-2。

表3-2 羽毛球运动教学过程中补充糖类的方法及要求

	时间	数量	备注
运动前	在大运动负荷前一周或数日内，也可采用在赛前1~4小时	大运动量前数日内按10克/千克补糖；或在赛前1~4时补糖1~5克/小时	应补充低聚糖，主要以果糖和葡萄糖为宜
运动中	每隔20分钟补糖一次，少量多次饮用含糖饮料	一般不大于60克/小时1克/分钟	

续表

	时间	数量	备注
运动后	理想的是在运动后即刻、运动后2小时内以及每隔1～2小时连续补糖	0.75～1.0克/千克体重,24小时内补糖总量达到9～16克/千克	开始补糖时间越早,效果越好

二、羽毛球运动教学与蛋白质

(一)蛋白质的营养功能

蛋白质是一切生命的基础,是一种是由氨基酸组成的高分子化合物。主要由碳、氢、氧、氮四种元素构成。详细来说,蛋白质的营养功能体现在以下几个方面。

(1)蛋白质是构成和修补人体组织的主要原料。

(2)蛋白质对于人体的代谢、更新非常重要。

(3)蛋白质能够起到修补损伤组织的作用。

(4)不同种类的酶和激素能够有效调节人体内部的生化反应,从而使人类机体的免疫功能处于稳定状态。

(二)羽毛球运动教学中的蛋白质消耗与补充

1. 蛋白质的消耗

蛋白质过多可使机体代谢率增高,同时也会使水分的需要量增多,因此,这就要求在羽毛球运动教学活动进行之前,一定要保证摄入的蛋白质的量要适宜。

在羽毛球运动教学过程中,由于羽毛球运动使器官肥大、酶活性提高、激素调节活跃,就会导致运动者体内蛋白质的分解和合成代谢就会有所增加,这也就进一步增加的蛋白质的消耗量。

2. 蛋白质的补充

长时间进行羽毛球运动教学活动的人,当食糖和/或能量摄入充足时,每日蛋白质的正常需要量是 1.0～1.8 克/千克体重。随着运动水平的不断提高,机体对蛋白质的需求量也会有一定程度的增加。详细来说,运动员应当密切参照羽毛球运动教学的具体时长以及负荷量,在此基础上合理调整蛋白质摄入量,由此尽最大可能满足机体对蛋白质的需求。

三、羽毛球运动教学与脂肪

(一)脂肪的营养功能

脂肪是保持健康体魄的必需物质,是人体的"燃料库"。脂肪具有非常重要的营养功能,主要表现为:第一,脂肪是组成人体细胞的重要成分,有助于脂溶性维生素 A、D、E、K 的吸收,使人体正常的生理功能得到有效的维持;第二,能够起到隔热保温的作用,减少体热的散失;第三,能够使脏器得到有效的保护;第四,能够有效维持人的食欲和饱腹。

(二)羽毛球运动教学中的脂肪消耗与补充

1. 脂肪的消耗

脂肪是热能的一个重要来源。在羽毛球运动教学过程中,需要进行适量的脂肪补充,这样能够使机体内的糖类往往会无法满足运动对能量的需要的情况得到有效的缓解。因此,在进行羽毛球运动教学时,应相应地加大脂肪的摄入量,尤其是在冬天进行羽毛球运动教学活动时,更是如此。

2. 脂肪的补充

如果氧充足,对于长时间的运动来说,脂肪是主要的能源。

一般来说,运动强度小于最大耗氧量55%时,脂肪酸才能氧化供能。由于羽毛球运动教学活动有着较大的强度,如果进行长时间的运动或者比赛的话,就会对脂肪的供能有一定的依赖性。除此之外,长时间的羽毛球运动教学活动,在脂肪组织中的脂肪酸游离出来参与供能,以及运动造成的机体热量负平衡等方面,都能起到非常积极的推动作用。

四、羽毛球运动教学与维生素

(一)维生素的营养功能

维生素也称维他命,是一类维持机体健康的必需营养素,维生素由碳、氢、氧等元素所组成。当前,维生素的种类大致有14种之多,主要分为两大类,一类是水溶性维生素;另一类是脂溶性维生素。任何一种类型的维生素均存在区别于其他维生素的独特功能,任何一种维生素都是不可或缺的。人体所需主要维生素的来源和功能见表3-3。

表3-3 人体所需主要维生素的来源和功能

维生素	营养功能
A	维持眼底视网膜的正常功能 预防眼干燥症 促进钙化作用 维持表皮黏膜细胞的功能
B_1	促进发育 预防及治疗脚气病 促进食欲
B_2	促进细胞中的氧化还原作用 维持皮肤、神经系统和细胞的正常功能

续表

维生素	营养功能
C	预防及治疗坏血病 维持牙龈、皮肤和血管的正常功能 增强免疫系统能力 促进荷尔蒙分泌及伤口愈合 促进体内的氧化作用
D	增进钙化 维护骨骼和牙齿的正常机能 增强免疫力
E	预防心血管疾病有显著效果 维持血红蛋白及循环系统的正常功能抗氧化作用,延缓老化

(二)羽毛球运动教学中的维生素消耗与补充

1. 维生素的消耗

因为羽毛球运动教学活动往往相对剧烈,所以难免会加深羽毛球运动员缺乏维生素的程度,或者造成运动员过早消耗大量维生素,此外运动员对维生素缺乏的耐受力往往比正常人差,所以运动员一定要及时补充适量维生素,由此使其耐力素质获得大幅度提升。

2. 维生素的补充

维生素缺乏会对羽毛球运动者的耐受力产生不利的影响。进行羽毛球运动教学的运动者维生素的缺乏情况比一般人的耐受性差。运动负荷、机能状态和营养水平等都会对羽毛球运动教学运动者的维生素需求量产生重要的决定性影响,因此,这就要求以这些为依据进行适当的维生素补充。

五、羽毛球运动教学与矿物质

(一)矿物质的营养功能

矿物质对人体内部的很多生化过程都发挥着不可替代的作用。矿物质也被称为无机盐,主要包括两大类,即常量元素和微量元素。矿物质是机体组织的重要构成成分,能够保持机体内的酸碱平衡,有利于机体内其他营养物质的合成与利用。人体所需主要矿物质的来源和功能见表3-4。

表3-4 人体所需主要矿物质的营养功能

矿物质	营养功能
钙	促进体内钙化 节制心肌伸缩 调节其他矿物质的平衡 帮助血液凝固
铁	防止贫血 增进氧的运输
锌	维持再生器官的正常发育和前列腺的正常功能 加速伤口和骨折的愈合 保持皮肤健康 与角蛋白——一种存在于头发和指甲的物质的形成有关 支持免疫系统
镁	是与能量代谢有关的酶活性所需要的一种重要催化剂 在钙、维生素C、磷、钠、钾等的代谢上,镁是必需的物质,镁能帮助它们的吸收 在神经肌肉的机能正常运作、血糖转化过程中扮演着重要角色
磷	组成细胞核蛋白质 构成软组织 保持酸碱平衡

续表

矿物质	营养功能
硒	硒是天然抗氧化剂,维持组织弹性 支持免疫系统,防止癌症
铜	铜可促进铁的吸收,有助于血红蛋白和血细胞的形成,可保护机体、预防动脉粥样硬化的发生 胶原、某些激素和酶的合成也依赖于铜的水平

(二)羽毛球运动教学中的矿物质消耗与补充

1. 矿物质的消耗

运动状态下,运动者体内的微量元素与矿物质的代谢都会有一些相应的变化发生。对于羽毛球运动教学活动来说,运动者体内矿物质的消耗情况为:尿中钾、磷和氯化钠排出量减少,钙的排出量增加。由此可以看出,运动者对负荷的运动量适应程度,会对其体内矿物质的变动幅度产生直接的影响。

2. 矿物质的补充

综合分析矿物质消耗情况能够发现,羽毛球运动员补充矿物质时一定要达到针对性要求。具体到羽毛球教学活动中就是在羽毛球运动教学活动之后,运动员应多食用含矿物质丰富的植物和水果,从而使机体对各种矿物质的需求得到满足。矿物质有着较多的种类,其中,大部分都是机体必需的营养物质,而且它们之间是相互联系、相互影响的,因此,这就要求补充矿物质时应注意各种元素的平衡性。

六、羽毛球运动教学与水

(一)水的营养功能

水是人体最重要的营养素,是人体重要的组成部分和不可缺少的营养物质。水是人体数量最多的成分,约占体重的50%～60%。只有在水的介质中,人体新陈代谢的一切生物化学反应才能够得以进行。

水能够在一定程度上促进体内的一切化学反应,能够转运生命必需的各种物质及排除体内不需要的代谢产物,通过水分蒸发及汗液分泌散发热量达到调节体温的目的。除此之外,水能够对人体关节滑液、呼吸道黏液以及肠道黏液产生润滑作用。

(二)羽毛球运动教学中水的消耗与补充

1. 水的消耗

在羽毛球运动教学过程中,对水最大的消耗就是出汗,出汗能够达到有效平衡热量的目的。在参与羽毛球运动教学活动时,出汗量受到很多方面因素的影响,其中,最主要的有气压、温度、气温、热辐射强度、单位时间运动量及饮食中的含盐量等。

2. 水的补充

在羽毛球运动教学过程中,为了预防失水,可以采取少量多次补充的饮水方法,通常情况下,间隔15～20分钟喝200～300毫升饮料是最为科学的方式。另外,由于接近血浆渗透压的淡盐水或运动饮料是最好的补液,因此,在进行水分的补充时,最好将水温保持在8～14℃。开始运动前10～15分钟要适量饮水。除此之外,羽毛球教练员和运动员应当全面掌握表3-5提出的羽毛球运动教学过程中各个阶段的补水方法、补水要求、注意事项。

表3-5 羽毛球运动教学前、中、后的补水方法与注意事项

	方法	注意事项
运动前	运动前2小时可饮用400～600毫升含电解质和糖的运动饮料。也可在运动前15～20分钟补液400～700毫升,要少量多次摄入,每次100～200毫升	不能短时间内大量饮液

续表

	方法	注意事项
运动中	补液的总量不超过 800 毫升/小时。运动中补液必须少量多次地进行,可以每隔 15~20 分钟,补液 150~300 毫升	不要饮液过多
运动后	补充含糖 5%~10% 和含钠 30~40 毫克当量的运动饮料	不要用盐片补钠;防止暴饮白水

第四节 羽毛球运动教学的教育学基础

一、羽毛球运动教学与道德教育

道德教育是我国各级学校教育工作的一项关键组成部分,其不仅对学校办学方向有很大影响,还对学生可持续发展有很大影响。《中共中央关于进一步加强和改进学校德育工作的若干意见》中明确指出:要按照不同学科的特点,促进各类学科与课程同德育的有机结合,各门课程的建设应体现社会主义办学方向和全面发展的办学指导思想。

(一)羽毛球运动教学与道德教育的关系

1. 道德的实现要以羽毛球运动教学为主要途径

对于羽毛球运动教学来说,其主要目的在于增强学生体质,促进身心发展,培养德、智、体全面发展的社会主义建设者。因此可以说,道德教育是羽毛球运动教学的一个重要内容。另外,羽毛球运动的教学形式是多种多样的,是通过各种身体练习和活动来进行教学的,而在这一过程中,道德教育渗透在其中的各个方面,这对于理想的教学效果的取得也是非常有利的。

2. 羽毛球运动教学质量的提高与道德教育联系紧密

羽毛球运动教学是道德教育的有效途径,同时,道德教育是提高羽毛球运动教学质量的重要途径。究其原因,主要是由于只有使学生对羽毛球学习的结果产生一定的认识和理解,才能够达到使学生积极主动地参与体育课的目的。

(二)道德教育对羽毛球运动教学的影响

1. 道德教育对学生均衡发展有直接性作用

通过道德教育的理论与实践相结合的教学方式,能够有效地将学生身心活动、理论与实践、思维与动作统一起来,进而达到强化理想信念教育,使学生的知、学、行的统一性得到进一步增强和深化的目的。这对于使学生的羽毛球运动能力和思想意识等有机统一起来,成为全面的优秀人才是非常有帮助的。

2. 适度提升对学生综合素质的要求

道德教育适度提高对学生综合素质的要求,不单单是现阶段社会和经济持续发展以及文化多元化提出的要求,还是高校教育工作的实际需求。学生时期是一个学习系统的道德知识、树立理性的道德观念、拓展道德实践空间这样一个关键时期,在这一阶段在羽毛球运动教学中渗透道德教育,能够将我国优良的品德传授给学生,使学生对他人、对社会都能做出一定的贡献。

二、羽毛球运动教学与多元智能教学理论

(一)多元智能教学理论概述

多元智能理论是由美国哈佛大学心理学教授霍华德·加德

纳博士于1983年提出的。[①] 具体来说，多元智能主要包括八种智能，即语言智能、身体运动智能、空间智能、逻辑—数学智能、人际智能、音乐智能、自我认识智能等。体育多元智能教育的实施手段具备多元化特征，表3-6充分彰显了现代化体育教学的智能化以及教学设计与详细实施手段。

表3-6 体育多元智能教学的实施方法

多元智能	教学设计	具体实施方法
语言智能	1.创造语言学习环境，让学生学会有效地说话 2.帮助学生在倾听中学习 3.让学生撰写学习心得	1.教学中学生互评，锻炼语言表达能力 2.授课过程中鼓励学生勇于提问 3.课后撰写心得，培养写作语言能力 4.在学生与学生、教师与学生的教学形式中，有效的沟通，培养语言交流能力 5.在角色置换中，以老师的角色在教学实践中培养和发展学生的语言组织能力
逻辑—数学智能	1.采用不同的提问策略，提出问题让学生解答 2.要求学生判断他的陈述和观点	1.技战术教学，让学生发挥想象力，鼓励用开放式思维思考问题并判断正误 2.运用物理学、生物力学、解剖学等理论知识分析技术动作要领
音乐智能	1.让音乐成为学习的一部分 2.通过音乐进行学习 3.用音乐激发学生的创造力	1.准备活动采用伴随音乐的活动操，培养学生身体的协调性和节奏感 2.鼓励学生自选音乐创编活动操 3.利用角色置换法，带领大家进行活动操
身体运动智能	1.创造身体的学习环境 2.通过表演的方式进行教学 3.通过体育活动促进智能发展	1.教学中以学生实践为主，增加练习时间 2.通过效果展示和比赛，让学生展现自我 3.通过学习街球、球类操等促进智能发展
空间智能	1.为学生创造视觉化的学习环境 2.采用多媒体分解技术动作成因	1.采用直观教学方法，增强学生观察能力 2.鼓励学生多看体育教学、比赛录像

[①] 尚宝增，杨琰，王建华. 高校体育多元智能教学的实践与探索[J]. 内蒙古体育科技，2013，26(3).

续表

多元智能	教学设计	具体实施方法
人际智能	1.实现真正的合作学习 2.在与他人接触中学会成长 3.学会解决矛盾和冲突	1.教学中,培养团队精神,集体主义精神 2.学会处理学生与学生及老师间的关系 3.培养学生组织能力
自我认识智能	1.引导学生树立并实现自己目标 2.有效地运用各种积极的评价 3.注重情绪学习,促进学会反思	1.采用阶段性目标教学,鼓励学生自我树立学习目标,并逐步实现 2.学会自我评价,发现优势潜能和不足

(二)多元智能教学理论对羽毛球运动教学的影响

在羽毛球运动教学中运用多元智能理论,能够将多元智能理论与羽毛球运动教学有机结合起来并寻找最佳结合点,从而更好地为羽毛球运动教学提供新的理论依据和支持。深入分析能够发现,多元智能教学理论对羽毛球运动教学产生的实际影响反映在以下几个层面。

(1)多元智能教学模式的教学形式、内容、方法、评价等多元化构成因素,均可以全面反映在羽毛球运动教学中。

(2)在羽毛球运动教学中运用多元智能教学理论,不仅有助于学生熟练、牢固地掌握羽毛球运动的理论知识和实践技能,还有助于学生的语言表达能力与思维能力得到质的飞跃。

(3)在羽毛球运动教学中运用多元智能教学理论,不仅能够有效避免一些矛盾和弊端的产生,还能够使教学模式与智能培养的特点更加相符,这对学生的全面发展会起到积极的促进作用。

第四章 羽毛球运动教学的基本理论

在我国各级学校,羽毛球运动深受教师和学生的欢迎。研究羽毛球运动教学的基本理论,不仅能提高教师开展羽毛球运动教学的效率,还能提高学生的运动技术水平,也能为羽毛球运动在我国各级学校的推广进程和普及进程注入动力。本章着重对羽毛球运动教学的任务、内容、原则、方法、教学文件制定、教学创新以及实效性分析进行研究。

第一节 羽毛球运动教学的任务与内容

一、羽毛球教学的任务

具体来说,羽毛球教学任务是指开展相关的羽毛球教学活动后预期可以达到的教学任务。达成羽毛球教学任务是开展各项羽毛球教学活动的一项关键目标,具体任务包括以下几项。

(一)提高学生的身体素质和心理素质

除竞技体育外,其余领域的羽毛球教学的一个重要任务就是增强学生的身体素质。包括羽毛球教学在内的多种体育教学均要求学生应具备最基本的运动技能,如跑、跳等。羽毛球教学作为体育教学的一种具体形式,通过对于这项运动的学习,不仅能够促进学生身体的正常发育、增强体质,全面提高学生的力量、速度、耐力、灵敏性等身体素质的全面发展,而且还能促进学生的身心发展。只有具备了身心健康的良好素质后,才能谈得上对其他

第四章　羽毛球运动教学的基本理论

学习、生活等活动的付出。因此,增强学生的身体素质一直是羽毛球教学中的根本任务,它始终要被放在首要位置。

(二)完善学生的羽毛球知识体系,提高学生的羽毛球技能

既然参与了羽毛球教学活动,那么学习和掌握羽毛球运动理论知识与实践能力就是必然的事情。羽毛球运动的技术多样,战术复杂,需要经过系统地学习才能初步掌握。羽毛球课程教学主要包括羽毛球理论、羽毛球技术和羽毛球战术三方面的内容。因此,羽毛球教学的重要任务之一就是要使学生能很好地掌握羽毛球基础知识、羽毛球技术和羽毛球战术,提高运动技能。其中,羽毛球理论也是不能被忽视的内容,过往的羽毛球教学中经常出现对这部分内容的忽视,最终造成的结果就是学生在练习过程中只能简单地模仿教师的动作,而并不是真正明白这样做的目的是什么,这对日后学生在羽毛球运动方面的提高给予了很大的阻碍。羽毛球技能由羽毛球技术和羽毛球战术组成,对羽毛球技能的掌握是这项运动与其他运动相互区分的显著特征之一。

(三)培养学生的集体精神,提高学生的意志水平

羽毛球是一项隔网对抗性项目。由于羽毛球运动具有激烈的对抗性、竞争性,这就要求参与羽毛球运动的人要具有顽强的意志品质,并且在羽毛球双打比赛中还要具有良好的协作意识。而在教学中,教师也要有意识地培养学生这种协作能力,这也是羽毛球教学的任务之一。另外,加强对学生良好意志品质的培养也是羽毛球教学的重要任务。通过羽毛球教学培养学生的意志品质主要表现在以下两个方面:首先,通过羽毛球教学和竞赛过程能够较好地使学生形成自己的世界观、人生观以及价值观。其次,羽毛球课程教学的教育过程是一个能够较好地完成人才的培养的教育过程。因此,在羽毛球教学过程中,教师要重视对学生集体主义精神和良好的意志品质的培养。

(四)增强学生的创新意识,提高学生的创新水平

羽毛球是一项非常具有灵活和变化性的运动项目,每场比赛

都是不一样的,基本无章可循。因此,这就需要在教学中培养学生的创新意识和创造能力。羽毛球运动的创造力极强,如学生在运用羽毛球技战术时,必须具备一定的运动能力并做到能在运动实践中根据场上形势的变化灵活处理羽毛球技战术的运用。这就要求学生具有一定的创新意识和创新能力,能在复杂多变的羽毛球训练和比赛环境中合理运用已有的技战术水平,而不是不管在何种情况下依旧坚持赛前制订的方案。

二、羽毛球教学的内容

通过前面对羽毛球教学任务的分析,便可以制订羽毛球的教学内容。对羽毛球教学内容的选择主要应以教学对象的层次和教学目标为依据,主要包括羽毛球理论知识、羽毛球基本技术、羽毛球战术配合三个方面。具体如下。

(一)羽毛球理论知识

实践需要理论做指导。羽毛球理论知识的教学对学生而言具有重要的指导作用。通常羽毛球教学理论知识主要包括以下具体内容:羽毛球技战术分析,羽毛球教学训练理论、羽毛球竞赛的组织,羽毛球竞赛的规则、羽毛球竞赛的裁判法等。学生通过学习和掌握羽毛球教学的上述基本内容,能对羽毛球运动有一个基础的认识,能为下一步羽毛球技战术的学习和运用奠定良好的理论基础。教师要想提高向学生传授羽毛球理论知识的效率,就一定要深刻领会羽毛球理论知识的重要性,严格要求自己着重讲授相关的理论知识,为讲授羽毛球技战术的运用手段和运用时机预留充足的时间。从整体来说,教师在羽毛球教学活动中要积极提高自身讲授理论知识的效率和水平。

(二)羽毛球技术配合

羽毛球技术教学是羽毛球教学活动的最基本内容,因此也是耗时最长的教学内容。在羽毛球教学中,羽毛球技术规格、动作方法、动作要领以及技术的合理运用等都是重点内容。特别是在初学时期,教师要格外注重夯实学生的基本功,不可为了追求进度而违背教学规律盲目冒进。教师在进行羽毛球基本技术动作的教学时,应注意技术讲解的精确性和示范动作的规范性,以便于为学生树立正确的羽毛球技术动作定型打好基础。

(三)羽毛球战术配合

羽毛球战术是由羽毛球技术通过适当地、有针对性地组合起来,以此达到扬长避短的战术目的。羽毛球战术的种类非常丰富,而且千变万化,没有一种战术是完全的,更加新颖的战术也不断被创造出来。在羽毛球教学实践中,单打战术和双打战术以及混双战术是羽毛球基本战术教学的主要内容。在羽毛球基本战术的教学过程中,教师应注意以下两点:首先,教师应通过合理有效的教学方法使学生对人与球移动的路线、攻击点、运用时机及其变化等内容有正确的了解和认识;其次,教师还要重视对学生的战术配合与协作意识的培养,使学生在羽毛球比赛实践中能灵活运用各种战术配合。

第二节 羽毛球运动教学的原则与方法

一、羽毛球教学的原则

总结与概括教学规律以及所学内容本身规律的结果,即教学原则。具体到羽毛球运动,遵循羽毛球教学原则是指教师根据羽毛球教学规律来科学组织教学活动的表现形式之一。羽毛球教学的原则如下。

(一)一般教学原则

1. 直观性原则

直观性原则是指在教学过程中,教师通过学生观察所学事物或教师语言的形象描述,利用学生的感官和已有的知识或经验,通过各种简单的途径引导学生形成所学事物、过程的清晰表象,丰富他们的感性知识,使学生对羽毛球技术战术的动作表象和感觉进行了解和认识,并将这些内容与积极的思维相结合,使学生能够正确理解书本知识和发展认识能力,进而使学生更好地掌握羽毛球技术、战术和技能。

在羽毛球教学实践中,使用较为广泛的直观教学方式主要有动作示范、沙盘演示、图片、电影、录像等。教师在羽毛球教学中贯彻直观性原则时,应注意明确教学目的,选择合适的教学方法,最大限度地激发学生的学习积极性和创造性。

2. 渐进性原则

渐进性原则又称"系统性原则",它是指在教学过程中,教师按照学科的逻辑系统和学生的认知规律组织教学活动,即在由简单到复杂,由低级到高级,由单一向综合发展等规律的指导下,使学生循序渐进地掌握关于羽毛球的基本知识、基本技术和战术配合,从而形成严密的逻辑思维。

在羽毛球教学实践中,教师应系统地安排教学内容,科学合理地安排运动负荷,在进行羽毛球的知识、技能教学时,要由简入繁、由浅入深、由表及里地组织教学活动,以使学生逐步掌握理论知识和运动技能。

3. 主动性原则

主动性原则是指在教学过程中,教师通过采取各种有效措施和手段充分调动、启发学生的学习主动性,引导学生自主学习,刻苦练习,勇于探索,增强他们对羽毛球理论、技术、战术等内容的学习的主动性,以取得最佳的学习效果。

对于羽毛球教学的实践活动来说,学生扮演着学习主体的角色,教师扮演着教学引导者的角色,所以在教学实践中应当最大限度地激发学生的内部动力,自始至终都严格贯彻主动性原则,如此能够使学生发现问题、剖析问题、处理问题的水平获得质的提升。

4. 积极性原则

积极性原则是指学生在学习过程中通过自身兴趣和学习内容一致而达到的一种自觉积极完成学习目标的状态。积极的思维是启发性教学的关键,兴趣是学生学习动机的重要心理部分,因此培养学生对羽毛球运动的"情趣",是羽毛球教学中教师应特别重视的问题。

在羽毛球教学实践中,可以充分利用提问、对比、联想、回忆等方法启发和诱导学生的积极思维。教师在组织教学活动时应首先使学生明确学习目的,使学生正确认识羽毛球运动的学习而不是把羽毛球学习看成是一种被动的任务,从而调动起他们的学习主动性。同时,注重培养和谐的师生关系和良好的学习氛围,为增强学生的学习积极性创造良好条件。

(二)专项教学原则

1. 技术动作与实战对抗相结合的原则

羽毛球技术对抗性和开放性的特点决定了羽毛球教学中必须把实战对抗能力放在十分重要的地位。在羽毛球教学实践中,教师贯彻和实施技术动作与实战对抗相结合的教学原则,不仅有利于学生在学习羽毛球技能时首先建立起对抗的概念和技术实效的概念,还有利于学生将技术视为固定程序的身体操作,主要原因如下。

一方面,从认知策略的方角度上来说,羽毛球技术动作的学习与实战运用相结合发展,符合开放性运动技能教学。

另一方面,羽毛球技能形成与发展的普遍规律就是在不断适应和实战中进行学习,因此教师在教学过程中只有将学生羽毛球技术动作的学习与其实战能力的培养发展结合起来,才能为学生进一步的专项学习打好基础。

2. 技术个体化和区别对待的原则

作为羽毛球教学过程中的学习主体,学生的基本知识、行为习惯、身体素质、运动水平、理解能力、智力水平等都有所区别,即使是同一个学生在不同的学习阶段也会因各种因素的影响而导致学习能力的不同。因此,在具体的学习过程中,学生"技术的规范化"的个体表现的差异性较大。这就要求教师在羽毛球教学中,应在规范化的基础上遵循羽毛球技术的个体化原则,允许学生之间存在技术动作上的细微差别,使学生通过反复科学的练习,最终形成符合自身条件的动作。在羽毛球教学实践中,教师应当密切观察和分析学生的实际状况,并以此为依据有针对性地选择最适宜的教学方法以及教学进度,对待全体学生达到区别对待、因材施教的双重要求。

3. 专门性知觉优先发展的原则

羽毛球运动包括多种环境因素,如球、同伴、场地、器材等。学生在学习羽毛球过程中的专门性知觉发展的过程就是对羽毛球运动环境和器材的感知的过程。在羽毛球教学实践中,优先发展学生手指、手腕对球的控制能力具有非常重要的意义和作用,有利于学生在学习开始就对羽毛球有一个直观、全面的了解。为了确保技术动作的正确掌握,教师可在羽毛球教学过程中采用大量的熟悉"球性"的练习,以帮助学生优先发展其专门性知觉,为基本技术的学习奠定基础。

4. 多样性与综合性原则

多样性与综合性原则的存在主要是由羽毛球运动的特点及

其规律所决定的。羽毛球运动具有项目的集体性、技能的综合性、战术的应变性、比赛的对抗性、教材内容思想性强、竞争性、游戏性等特点。它涵盖的内容和学习羽毛球获得的运动效果都是非常广泛的,因此,在教学中要兼顾多方面的内容,将羽毛球的价值最大化地发挥出来。

5. 少而精与实效性原则

贯彻少而精与实效性原则是指教师在羽毛球教学中应该抓住主要矛盾的教学,组织教法尽量简单易行,不断提高教学的艺术性和实效性。在羽毛球教学实践中,教师遵循少而精与实效性原则应做到以下几点。首先,教师要抓好羽毛球基本功和主要技术的教学,突出教学重点,使学生在掌握好羽毛球运动基本技术的基础上提高运用羽毛球技术的能力。其次,教学过程中应以练为主,精讲多练。也就是说教师的讲解应尽量简明扼要,尽量让学生多进行实践练习。最后,设置教学目标,讲求教学效果。教学中要有明确的教学目标,且应将教学目标具体到每个学期、每个单元、每次课中。还需要补充的是,教师应当深刻认识到检查与评估教学效果的重要性和必要性,及时完善教学方法,促使羽毛球运动教学的效率得到大幅度提升。

二、羽毛球教学的方法

在教学过程中,教师向学生传授知识技能时采取的技术手段,即教学方法。这里着重对几种常见的羽毛球教学方法加以阐析。

(一)讲解法

1. 运动技术讲解的内涵及其外延

技术动作讲解是体育教师语言运用的方法之一。教科书中将讲解的概念定义为：教师向学生说明教学目标、动作名称、动作要领、动作方法、动作规则以及动作要求等，对学生学习运动技能进行科学指导，促使学生很好地掌握运动技能的方法。由此可知，运动技术讲解的本质是教师通过科学高效地讲解动作结构、原理、要领、方法，使学生正确认知运动技术的概念与表象。

划分标准不同，导致羽毛球运动课程教学中运动技术讲解外延也包含多方面的内容，主要有全面讲解、片段讲解；仔细讲解、重点讲解；集体讲解、个别讲解；口头讲解、结合图示讲解、结合教学模型讲解；快速讲解、中速讲解、慢速讲解等。体育教师应当紧密结合羽毛球课程教学的目的和要求，有针对性地选择讲解方式，进而达到运动技术讲解的最佳效果。

2. 运动技术讲解的基本要求

截至当前，还未形成关于运动技术讲解要求的统一标准，教师对此各持己见，所以这里只对运动技术讲解要求进行剖析，见表4-1。

表4-1　运动技术讲解的要求

运动技术讲解要点	技能形成的标准或基本要求
讲解内容	正确、生动、形象，具有启发性、逻辑性、层次性、条理性，重点突出
讲解难度	符合学生年龄的特点和各层次学生的知识水平
讲解语言	普通话准确、口齿清晰、文字精练、语言口诀化
讲解速度、频率	抑扬顿挫、语速适中、富有节奏感，注意讲解语言力度、声音大小
讲解形式	灵活运用各种讲解的形式：口头讲解、结合图示讲解、结合教学模型讲解，以及全面讲述、片段讲解、集中讲解、语言提示、个别辅导
讲解时机	灵活选择各种讲解的时机：练习前讲解、练习过程中讲解、练习后讲解

续表

运动技术讲解要点	技能形成的标准或基本要求
讲解的量	贯彻精讲多练原则,对新授课、复习课、考核课等不同类型的课进行区别对待
讲解的语气	和蔼可亲、循循善诱,严格而不过分、活泼而不放任、温和而不做作
讲解的场合	背风、背光、背干扰,注意学生的队形、师生空间距离等
讲解与其他形式的结合	将讲解与各种形式有机结合:与示范的结合——边示范边讲解,先讲解后示范,先示范后讲解等;与图示的结合——先看图示后讲解,边看图示边讲解,看完图示再讲解等;与模型的结合——先演示后讲解,边演示边讲解,先讲解后演示等

(二)动作示范法

1. 动作示范的种类与特点

教科书中将示范的概念界定为:"教师或教师指定的学生以具体的动作为范例,使学生了解动作的形象、结构、要领的方法"。由此可知,动作示范的实质是指教师通过对动作的准备演示,促使学生在其大脑中形成相对清楚的运动表象。在羽毛球课程教学中,对教师的具体要求是:示范目标明确、示范动作正确、合理选取动作示范的位置和方向,动作示范和语言讲解有机结合等。

2. 动作示范达到熟练程度的要求

体育教师要保证自身的动作示范熟练,需要达到以下几项要求。

(1)体育教师的动作示范应当做到准确、标准和优美。
(2)各个环节的动作示范均应达到稳定与熟练的要求。
(3)体育教师应当对完整示范、分解示范、重点示范以及正误示范等多种示范方式进行灵活运用。
(4)体育教师应对正面、侧面、背面、镜面等多种示范面进行灵活合理的运用，同时针对不同动作选择不同的示范速度。

（5）体育教师应对动作示范的不同时机进行恰到好处地运用。

3. 示范面与示范位置的选择方法

在示范面的选取上，体育教师应当依照运动技术的具体特点做出适宜的选择。倘若动作线路是左右方面，则体育教师应当选择正面示范或者镜面示范；倘若动作线路是前后方面，则体育教师应当选择侧面示范；倘若动作线路相对复杂，则体育教师应当选择综合性的示范面进行准确示范。

在示范位置的选取上，体育教师应当依照学生的排列队形做出正确的选择。倘若学生呈四列横队站立，则体育教师应指导前两对学生下蹲，在学生的前方进行示范；倘若学生呈圆形队列站立，则体育教师应当站在圆形队列的中间进行前后换位示范；倘若学生呈自由状态站立，则体育教师应当在学生中间进行动作示范。除此之外，体育教师在选取示范位置时，还应该充分考虑学生的背风和背光问题。

（三）运动竞赛法

运动竞赛法属于羽毛球运动课程教学中使用频率较高的一项教学方法，在体育课堂优质课的评选中表现得尤为明显，原因在于运动竞赛法能够对课堂气氛予以调节，将整节课的课堂气氛推向高潮。在课堂教学的具体过程中，运动竞赛法能够很好地调动学生的热情与积极性，与学生的身心发展特点较为贴切。然而，在羽毛球课程教学过程中，常常会出现运动竞赛活动与课程前半部分运动技术教学不相吻合的现象。羽毛球课程教学的教学设计要求，运动竞赛活动应当对课程前半部分的学习内容起到巩固作用，但在实际教学过程中由于学生将竞赛输赢作为运动重点，进而忽视了自身的运动技术，尽管最后调整了课堂气氛，但是并未对课程前半节运动技术的相关内容起到巩固和提高的作用。

针对这一问题,这里主要对课程教学中运动竞赛法的注意事项进行阐述。

在体育教科书中,对运动竞赛法的注意事项阐述是:第一,明确运用竞赛的目的。运用竞赛法时胜负并不是目的,而是为了更好地完成教学任务。因此无论是内容的确定、竞赛方式的选择、结果的证实都要服务服从于教学任务。第二,合理配对与分组。为了充分调动所有学生的积极性,在运用竞赛法时,无论个人与个人比赛还是组与组比赛,都要注意学生的实力应均衡或创造均衡的条件。第三,适时运用。由于采用竞赛法时,学生往往把注意力集中于竞赛的结果,而忽视动作过程与动作要求,进而可能导致错误动作的产生。通过阐述和分析运动竞赛法注意事项可以得出其关键性问题。对于羽毛球运动教学中产生的各项问题,这里从运动竞赛法具体特征的视角展开深层次剖析。

人与人之间的能力较量是运动竞赛法最为显著的特点,我们可以从人类的本质对该特点剖析。人类的本性中包含攻击性,运动竞赛能够对人类的攻击性起到很好的缓解作用。经过长时间的社会实践发现,竞技运动能够促使人类发泄情绪,对人类的攻击行为具有极好的缓解作用。在运动竞赛中,任何地域、性别、肤色的参与者均可以平等地享受运动竞赛带来的快乐,故而运动竞赛受到全世界武术人类的喜爱。由此可知,运动竞赛法与学生的身心特点十分吻合,彼此间的较量适宜所有时期的学生。从羽毛球课程教学的角度出发,运动竞赛法不但能够促使学生更加高效地完成教学目标,而且还能够推动课堂气氛达到高潮;不但可以作为增强运动强度、提高学生身体素质的重要途径,而且还能发挥减轻学习压力、改善学生心理环境的重要作用。

(四)完整法与分解法

羽毛球课程教学的一项本质特征与目标是运动技能,要想提高学生的运动技能,科学有效的教学方法是必不可少的,因此教学方法的准确性对运动技能的教学效果具有直接影响。

在羽毛球课程教学中,完整分解法是教师使用频率较高的一种教学方法。完整法与分解法的选择依据大多有赖于教师对动作难易程度的初步感受。然而,只停留在初步感受上是不够客观的,因为有些技术动作的难易程度教师难以准确判断,因此需要从其他角度进行全面分析。因此,深层次剖析羽毛球运动课程教学中的完整法与分解法对有效提高运动技能教学的教学效果具有一定的理论价值和实践价值。

对完整法与分解法的概念进行解析,完整法是指"从动作开始到结束,不分部分与段落、完整地传授某种运动动作的方法"。分解法是指"将一个完整的动作技术,合理地分解成几个部分与段落,逐个进行教授,最后完整教授运动技术的方法"。由此可知,运动技能的性质与特征是决定选用完整法与分解法的重要依据。依照运动技能的性质和特征,可将其划分为开放性运动技能、封闭性运动技能;复杂的运动技能、简单的运动技能;技术组织化程度高的运动技能、技术组织化程度低的运动技能;连贯性运动技能、间断性运动技能;精细的运动技能、粗大的运动技能等。需要说明的是,显然这种划分严谨度不足,每个分类之间依然有交叉现象。以上划分出的背景的运动技能更适宜完整法还是分解法,现阶段还没有一项实验研究能够提供理论支撑。

(五)预防与纠正错误动做法

羽毛球运动课程教学的具体过程,也是学生从不会到会的掌握运动技能的过程,也是学生不断避免和克服错误动作的过程。因此,学生出现错误动作属于正常现象,尤其对于具有一定难度的动作来说更是如此。教师的作用具体体现在以下方面:观察学生动作、发现错误动作、分析出错原因、实施最佳教学方法,进而减少学生走弯路的次数,使学生在最短时间内掌握教师教授的技术动作。然而,因为体育教学对学生运动技能的掌握情况至今仍未确立具有实质性的评价标准,所以对教师教学的实效性也仍未确立量化性要求,进而导致学校在教师运动技能教学成效方面的

第四章 羽毛球运动教学的基本理论

约束力相对不足,最终导致教师忽略了动作诊断与错误动作纠正的技能,教师只重点关注预设和实施的教学过程,对学生学习运动技能的效果方面关注力度不足。由此可知,深层次分析并探究体育教师的动作诊断以及错误动作纠正技能十分重要和必要。

观察发现、分析成因、反馈指导是组成预防与纠正错误动作法的三个组成部分。其中,观察发现是教师诊断和纠正错误的重要基础,分析成因是对学生存在的问题进行深层次剖析,反馈指导是在发现问题、找出成因的基础上进行寻找适宜的教学方法对学生存在的问题予以解决。供体育教师选择的教学方法众多,教学方法不同对学生产生的效果也不尽相同,教学方法相同对不同学生的教学效果也存在着一定的差异。因此,选择恰当的教学方法是纠正错误动作的重要环节。

在羽毛球运动的教学实践中,运用预防与纠正错误动作法的教师应当正确实施以下几项技巧。

1. 依照情况,预计可能

教学的一项基础性质是教学预设性,因此体育教学也同样具有教学预设性。在羽毛球运动课程教学开始之前,体育教师应当做好各方面的准备工作,备课就是众多工作中必不可少的一项工作。为了提高羽毛球运动课程的教学效果,体育教师在备课环节应当依照所教运动技能的具体特征,对学生可能出现的错误动作做好预计工作,从而为顺利解决问题提前做出预备方案。教材的性质和特点、学生的特点是预计学生出现错误动作的两个重要方面。

2. 采取手段,仔细诊断

由于体育教学具有特殊性,因此学生运动动作的外显性和直观性特征较为显著。针对该情况,第一,体育教师应当掌握观察技巧,做到对每个学生运动过程中的细节进行深入了解;第二,采取与学生深入沟通的方式,了解并掌握学生的实际状态,促使教师对问题的诊断更加客观全面;第三,紧密结合技术测量法、要素分析法等对学生实施综合诊断,进而提升运动技术诊断的准确性和综合性。

3. 抓住重点,追根溯源

学生出现错误动作的原因众多,其中包括教师动作示范不清晰、学生身体素质较差以及动作相对较难等,因此要求教师在羽毛球运动课程教学中应当做到全面分析,紧抓主要矛盾,把握主要原因,进而实现击中要害和"对症下药"的目的。发现学生出现错误动作的根本原因是衡量体育教师真实水平的重要标准。

4. 联系阶段,抓住时机

时机的选取对于纠正学生错误的最终效果具有十分重要的作用,所以体育教师应当依照学生掌握运动技能的具体阶段准确选取恰当的纠正时机。在运动学习的起始阶段,体验运动感觉是该阶段的重要目的,由于学生对其动作的了解程度和理解程度相对不足,因此出现错误动作和多余动作的频率相对较高,故而该阶段对学生运动技术的要求不应太高,该阶段对于集体出现的错误可以进行集中纠错,对于个别学生出现的错误可以进行个别指导。在运动技术的改进和提升阶段,由于学生的神经系统和肌肉系统开始呈现出协调状态,因此出现错误动作的频率有所降低,该阶段体育教师应逐步提高教学要求,在运动技术的关键环节应要求学生做到好、对、精。在运动技术的巩固阶段,关注学生运动技术的细节应作为教师的教学重点,进而不断提升学生运动技术的整体水平。

5. 巧用手法,实现实效最大化

教师示范法、语言提示法、正误对比法、声音刺激法、条件变换法、图表演示法、动作分解法、模仿练习法、助力阻力法、条件限制法等均属于纠正错误动作的方法,然而并非每种方法均适宜每个学生,所以教师在对纠正错误动作的方法进行选择时,应当以纠正错误动作的实效性为立足点,按照不同学生的实际情况和错误动作,选择不同的方法。

体育教师采取的纠正错误动作法不同,则最终得到的教学效果也会不尽相同。具体来说,教师示范法可以帮助学生建立正确的运动表象;语言提示法和声音刺激法等可以提示学生在运动练习过程中的注意点;正误对比法可以让学生通过对比的方式区分正确动作与错误动作;条件变换法可以在降低难度条件下改进运动技术;助力阻力法可以通过教师的"手把手"式指导让学生体会肌肉用力的时机与空间位置等。

第三节 羽毛球运动教学文件的制定

羽毛球教学文件是羽毛球教学的依据,制订教学文件是教学工作的重要环节。羽毛球教学文件主要包括羽毛球课程教学大纲、羽毛球课程教学进度(包括羽毛球理论课程和技术课程教学进度)和教案(包括理论课教案和技术课教案)三种。

一、教学大纲

教学大纲是教师进行教学的主要依据,也是编写各类羽毛球教材的依据。它规定了羽毛球课程基本内容和要求,羽毛球课程教学任务、课程教学时数和要求,是结合学校教学的实际情况制订的,是教师进行羽毛球教学工作的主要依据。羽毛球课程教学大纲的内容一般可分为以下几方面。

(一)教学大纲前言

前言是教学大纲的开头部分。在这一部分里简明扼要地对本课程的作用和地位、制订大纲的依据、教学指导思想、采用的教法、基本理论与基本技战术的要求加以说明，是对羽毛球课程教学大纲总体规划进行的说明。在前言中，首先要指出制订羽毛球教学大纲的理论依据，明确羽毛球课程教学的培养目标。羽毛球教学大纲同样是各级各类羽毛球教育者设计和计划教学活动的纲领性文件，教师在羽毛球运动教学的各个环节都应当认真贯彻与落实教学大纲中的指导思想以及教学任务。

(二)教学时数

羽毛球教学要根据大纲的要求合理地分配教学时数。学校羽毛球的教学时数的分配既要符合教育计划中所规定的羽毛球教学的总时数，又要将总时数合理地分配在理论课与技术课两大部分之中。羽毛球教师安排教学内容以及课时时数的注意事项如下。

(1)在分配理论课与技术课的课时时，要根据不同教学目标以及不同的教学对象对教学的不同要求来确定恰当的比例。一般情况下，在羽毛球运动学习的每个阶段，都应安排理论课和技术课的学习，但难度要随着学习的深入而层层递进。

(2)在安排理论课时，应重视理论知识本身的顺序性和系统性。要注意将羽毛球运动的基本理论知识和各种技术战术的理论部分统筹安排；技术课的安排除了要考虑到系统性和整体性外，还应考虑到不同技术之间的迁移作用，尽量避免运动技能的消极性迁移作用，避免形成错误的动作定型。另外，还要考虑到不同的技术教学对场地器材、气候以及其他具体情况的要求，也要考虑到教师的实际情况。

(3)在对技术课课时进行分配时，不一定每个技术动作都安排相同的课时，但要根据教学的具体情况、场地设施的条件和学生的掌握情况来灵活改变，可以根据技术的重要程度而有所不同。除此之外，教师要把学生学习一项技术动作的时间跨步控制在合理范围，但一项技术动作的迁移以及变异能够贯穿技术学习的各个环节。

（4）不同年龄阶段和不同性别的学生可以安排不同的教学内容，练习时也可以考虑不同学生所能承受的不同负荷，但课时总数应尽量保持一致。

（5）教学完成后，学校要明确规定每学期考试、考查的项目，并规定考试和考查的课时数。

（三）教学内容

1. 理论部分

列出在教学过程中所要学习的羽毛球理论细目，要求教师在不脱离基本内容的基础上，在教学的过程中应多引进国外最新科研成果的新进展和新成就讲授其新的发展动态、特征以及不同的学术观点，使理论课内容更具有广度和深度，启发学生的求知意识和求新意识，指出其发展的方向和途径。

2. 技术部分

首先要明确各种技术的教学目的，包括每种技术动作的特点和作用，以及未来的发展趋势，国内外不同的技术观点，技术动作与场地器材规格的关系，比赛规则、裁判方法对技术动作的制约，教学步骤和教学方法对技术动作学习的影响，产生错误动作的原因和纠正错误动作的方法及安全措施等。学校体育教学大纲中规定的羽毛球教材内容还应介绍学生学习的基本特征、教法重点、组织教学以及注意事项等。

（四）成绩考核

考核包括规定考试的内容、方法、标准、评分方法要求等。同时，针对动作技能，要制订专门的技能标准进行专门的技能考核。在学校羽毛球课程中，成绩考核要根据教育计划规定的各学期考试、考查要求进行，教学大纲中要明确规定考核的内容、方法，技术项目考核的技术评定的规格要求、技术达标的评分标准。在进行考核时,对于学生的学习态度、课外作业等情况,也要有相应的评分标准。考核内容要包括理论知识、运动技能、平时表现和完成课外作业等方面,合理分配每项考核内容所占的评分比例。技术评定既要注意科学性,又要注意可操作性;要采取多种评价方法相结合的方式对学生进行评价;技评的指标不宜过多、过细,尽量采取量化的指标。

二、教学进度

教学进度是将教学大纲规定的课程内容和教学时数落实到每一节课的教学文件。教师一般都会依据教学进度来书写教案,科学合理地安排教学进度是提高教学质量的一个重要途径。安排教学进度并不是将教学内容简单地罗列,而是要在保证羽毛球理论知识和技战术学习完整和系统的前提下,同时突出教学重点和教学难点,这就需要教师对所教授的内容认真分析,科学排列。制订教学进度的方法有阶段螺旋式和循序渐进式两种。

(一)阶段螺旋式

阶段螺旋式的进度是指把教学过程划分成存在密切联系的四个阶段,四个阶段大体上都包含基本技术、串联配合、全队战术、比赛等教学内容和过程。四个阶段不仅要具备独立性特征,同时应当为下个阶段奠定基础,将重要内容的教学凸显出来,进而确保学生在拥有特定知识与技战术水平的前提下循序渐进地掌握崭新的教学内容。四个阶段因为教学的目标和任务不同,教学时数分配比重也应有所侧重。一般第一阶段35%;第二阶段30%;第三阶段20%;第四阶段15%。

在选择以螺旋式的形式安排羽毛球教学进度时应注意:要由多到少地安排羽毛球技术教学内容,要首先进行重点技术内容的教学；而安排羽毛球战术教学内容时要由少到多，但是重点战术内容的教学也要首先进行；在选择教授技战术的教学方法时，必须要符合运动技能的形成原理；可以考虑在教学的第一阶段就选择比赛法进行教学，安排简单的比赛，为学生增加实战机会，以利于技战术能力培养。

(二)循序渐进式

循序渐进式教学进度是指将教材内容按照主次和难易程度科学地分配于全教学过程。在教学的最初阶段，首先进行重点技术的教学，并且将这一内容的教学一直持续到教学的最后阶段，在这个过程中以重点技术为基础逐步扩展教学内容，同时在过程中穿插战术的教学。重点技术和战术是整个教学活动的主线，理论知识的教学则根据其对重点技战术学习的影响而安排在教学过程中。在用这种方法安排羽毛球教学进度时，要将新授内容与复习内容相结合，将技术内容教学与战术内容教学相结合，将攻击技战术与防守技战术相结合，将提高技战术水平与培养各种能力相结合。可以在教学课中安排比赛，也可以在正常课时教学之外安排专门的比赛，并通过比赛尽可能地培养学生在实际比赛中灵活运用技术和战术的能力，提高技战术水平和培养战术意识。最后进行综合复习考试，构成一个系统的教学过程。羽毛球教师选用循序渐进式方法安排教学进度的注意事项如下。

(1)要将重点内容的教学安排在教学过程的最初阶段，这样可以让学生有充足的时间了解、学习和掌握重点技术，也为随后学习战术打下基础。

(2)要将基本理论知识、基本技术和基本战术的教学有机结合起来，并增强各项内容中的联系。

(3)由重点内容的学习带动一般内容的学习，通过基本理论知识的教学来指导技术、战术方面的教学。

(4)准确把握每个课时的重点与难点，每次课都应当制定清晰的教学内容,从而为教师备课提供便利。教学进度中,根据教学任务的需要,适当安排理论课、技战术综合课、考核课、教法课和能力培养等。课的不同类型可在备注中提示说明。

三、教案

教案是根据教学进度中所规定的具体教学内容和教学的实际情况而编写的每个课时的具体计划。它包括课程的目标任务和具体要求;教学内容的安排;教学步骤;练习方法与组织;课的各部分内容以及教学内容的重点和难点等;在技术课的教案中还包括每一项练习的次数和组数;时间的分配;预计达到的运动负荷和各项组织教法等。

(一)理论课教案

理论课教案是教师按照教学大纲的具体要求来撰写的。教师在理论课的教案中除了要体现教学大纲所规定的基本理论知识,还应增添与之相关的国内外的最新研究成果的新知识以及发展的新方向、新动态、新趋势等内容,也可在教学过程中穿插不同的学术观点和教师自己的观点。理论课教案需要达到的要求是结构分明、文字简单明了、运用生动案例阐析教学观点。

(二)技术课教案

技术课教案是根据该运动项目技术教学进度编写的。技术课教案中课的任务应包括对学生学习态度,认知情感、技能技术等几个方面的培养。各项任务要切合不同学生的实际情况,既具体又恰当。羽毛球技术课教案一般分为准备、基本和结束三个部分。

1. 准备部分

准备部分占用总课程 15%~25% 的时间。主要任务是首先将学生组织起来并告知本节课所要学习的内容,使学生在明确目标的情况下进入学习情境,并安排一些专门的练习将学生的注意力集中到羽毛球运动中来,调动他们神经系统的兴奋性并使身体的各系统机能开始进入运动状态,克服生理惰性,从身体和心理上准备好进入基本部分的练习。羽毛球课的准备活动形式很多,但是无论教师采取哪种方法或手段都要遵循负荷量由小到大逐渐递增的原则。准备活动的练习要与基本部分的主要内容相联系。准备活动中也可以包括发展学生羽毛球专项体能的练习。

2. 基本部分

基本部分占用总课程 50%～75% 的时间。主要内容是首先明确本节课程的教学重点和教学难点,在教学过程中进行重点教学。在羽毛球技术课中,在安排这一部分的教学内容时应注意技术动作之间的练习,在这一部分的前半部分,安排学习新的技术动作,后半部分则将新动作与已经学习过的技术动作结合起来进行练习。要尽可能地增加练习的密度,为学生多提供练习的机会。要重视课程的组织过程和步骤并选择适合学生特点的练习方法。选择并运用合理的组织教法还是羽毛球运动教学备课必须需要达到的一项要求,在羽毛球教学实践中应当有目的、有意识地提高学生各个方面的能力。

3. 结束部分

结束部分占用总课程 10%～15% 的时间。这一结束的过程应该是有组织的而不是随意的,安排的练习应使在练习中主要动员的肌群得到很好的放松,同时也使学生的神经从练习中的紧张中放松下来;必要时对学生本节课的纪律、学习质量和教学任务完成情况进行点评;布置课后的练习任务和下节课要进行的准备工作。

第四节　羽毛球运动教学创新及实效性分析

一、羽毛球运动教学方法的创新

(一)羽毛球教学方法创新的途径

在羽毛球教学实践过程中,进行教学方法的创新应考虑多方面的因素。只有对各方面的因素进行综合分析和运用,才能选择最佳的教学方法组合,使得教学效果最优化。一般而言,应注意以下几方面的问题。

1. 分析并参照羽毛球运动教学的目标

羽毛球运动教学的目标具有多层次性,它可分为身体发展目标、技能发展目标、知识发展目标、社会发展目标和情感发展目标等。为了实现不同的教学目标,应采用不同的教学方法。在羽毛球运动教学中教学目标并不是孤立的,它是多种目标的综合,而每一单元、每一堂课目标的侧重点是不同的。因此,在教学过程中,应根据具体的课堂教学目标选择重点发展某一方面的教学方法。课时教学目标是羽毛球运动教学总目标的具体化,这一目标具有很强的指导性。它既有相应的运动技能和运动理论方面的知识,也有心理和品质品格方面的内容,针对这些不同的教学目标,应选择与之相匹配的教学方法。

2. 分析并参照羽毛球运动教材内容的特征

羽毛球运动教学的内容与教学方法之间具有密切的关系,如对一些技术动作教学内容应采用主观的示范操作的方法,而对一些原理和知识结构方面的内容则应注重运用语言法进行讲解。

不同性质的羽毛球运动教学内容，应采取相应的教学方法。每一种教学方法为实现一定的目标而运用在某一教材内容时，其效果也会表现出一定的差异性。因此，在羽毛球运动教学过程中，应注重教学方法的灵活性。

3. 分析并参照学生的具体状况

在羽毛球运动教学过程中，教学方法的实施对象是学生，采用多种教学方法的最终目的是为了促进学生更好地学习。因此，在选择相应的羽毛球运动教学方法时，应与学生特点和其实际情况相符合。学生的实际情况为多方面的内容，包括学生的年龄特点、性别特征、身心发育状况以及相应的知识储备和学习能力等。

对于处在各个年龄阶段的学生来说，学生的身心发展往往也会呈现出阶段性特点，同时学生的性别差异也会使学生在体育方面的态度有所不同，所以羽毛球教师应当采取最适宜的手段来激发学生参与羽毛球教学的积极性和主动性。

学生的经验和知识储备及其相应的学习能力也是教师选择不同的教学方法的重要依据。对于知识储备量较为丰富，已经掌握了基础的知识技能，并且学习能力较强的学生，其在学习新的体育技能时能够更快、更好地掌握相应的技能。此时，教师可采用相应方法促进学生的技能水平向着更高的水平发展。

4. 参考教师自身的条件

体育教师是各种教学方法的实施者，其自身的素质对于教学活动的效果具有重要的影响。体育教师如果能力和素质有限，则其将不能发挥相应的教学方法的作用，从而对教学活动产生消极的影响。因此，教师在选择相应的教学活动时，应对自身的专业素养、能力水平以及教法特点有着客观的理解。

一般而言，体育教师所熟练掌握的教学方法越多，则越能够根据自身以及学生的实际情况选择出最佳的教学方法。面对同样的教学方法和学生实际状况，不同的教师会得到不同的教学效果,可见教师自身条件对教学活动的重要影响。因此,教师应加强对自身素质教学风格的认知,并通过积极的学习增强自身的素质,尝试和掌握更多的教学方法。

5. 参考教学环境

教学环境对教学方法的选择具有重要的影响。教学环境包括场地器材、班级人数、课时数等,同时,外界的社会文化环境也对教学环境具有重要的影响。教学环境必然会对教学方法产生制约作用。例如,一些直观教学方法需要借助一定的教学器材才能得到相应的教学目标,而羽毛球运动教学资源的状况决定了教师能够采取的教学方法。作为一名羽毛球教师,应当把尝试把教学环境的作用发挥到最大化,选择并应用最适宜的教学手段,此外要将已经具备的场地条件和器材条件的作用发挥至最大。

(二)羽毛球运动教学方法的优化组合

1. 羽毛球运动教学方法优化组合的原则

(1)启发性原则

不管是何种形式的羽毛球运动教学方法,其都应该能够更好地调动学生的积极性和自觉性,促进学生进行思维、探索,促进学生素质的全面提高。在羽毛球运动教学活动中,注重学生兴趣和动机的培养,发展其自主思维和学习的意识。

(2)统一性原则

统一性原则要求教师在选择相应的教学方法时,应注重"教"与"学"的统一,使得两者之间密切结合,相互促进。如果只强调其中的一方面,则教学活动并不会取得良好的效果。另外,统一性原则还要求,在羽毛球运动教学过程中,应将教学方法的多种功能充分发挥出来,促进学生素质的全面发展。

(3)最优性原则

不同的教学方法其特点、功能和应用范围都会有相应的差异性,各教学方法都有其优缺点。因此,在对教学方法进行组合运用时,会形成不同体系的综合教学方法,每一套教学方法也有其鲜明的特点。教师在进行教学方法的优化组合时,应根据实际情况,选择一套最符合实际情况的教学方法。在进行教学方法选择时,应从整体入手,将各种教学方法进行有机结合,充分发挥教学方法体系的整体功能。

(4)创造性和灵活性原则

在进行羽毛球运动教学方法创新时,应注重发挥教师和学生的创造性,应对教学方法进行积极的改进和创新,使其更加适用于自身的教学实践活动。只有这样,才能够使得教学方法的功能最大化,从而取得较好的教学效果。教师要对教学方法进行不断地发展和创新,如此,才能与教学水平的发展相适应。教学活动属于动态过程之一,教师在课前设计的教学方法难免会遇到各种各样的问题,所以羽毛球教师应当灵活应变,联系教学的实际状况来灵活、科学地应用与之对应的教学方法。

2. 羽毛球运动教学方法优化组合的程序

(1)将羽毛球运动教学的任务进一步明确。教学任务和教学目标是选择不同教学方法的重要依据。因此,应将一节课的具体教学任务进行分析和细化,制订出相应的详细任务规划。

(2)根据实际情况将总体设想提出来通过对教学任务、教学内容、学生的具体情况以及教学的外部情况等进行分析,对相应的教学方法进行评估和分析。在提出相应的总体设想时,应充分考虑教学方法的可行性和适用性。

(3)优化组合多种羽毛球运动教学方法。制订羽毛球运动教学方法和教学方法的具体方式和细节表,对于各种羽毛球运动教学方法进行分析,并对其不完善的地方进行相应的补充。在此基础上,将优化组合后的教学方法应用于具体教学实践过程中去。

(4)实施教学方法,并对其进行评价。在羽毛球运动教学过程中,应对教学方法产生的效果进行跟踪了解,可通过学生反馈的形式了解具体情况,进而做出相应的调整。参与羽毛球运动教学的教师,应当坚持不懈地总结和归纳相关的经验与教训,不断增加对教学方法的优化力度。

二、羽毛球运动教学模式的创新

(一)羽毛球运动教学模式创新的参考依据

1. 参考羽毛球教材性质

羽毛球运动教学以教材为基本工具,羽毛球教师教学、学生学习都要借助教材这一基本教学工具。羽毛球教材也是体育教师与学生共同完成羽毛球教学目标的内容载体。通常把羽毛球教材分为概括性教材与分析性教材两大类,这主要是以羽毛球教材内容的性质为依据划分的,具体分析如下。

(1)概括性教材

这类教材中没有较难的运动技术需要学生掌握,对概括性教材进行讲解的主要目的是使学生对羽毛球项目有简单的了解、培养学生体育学习的兴趣、促进学生的身心健康。学生在学习该类教材时主要是注重体验乐趣,获取快乐,所以要选择运用快乐式教学模式、情境式教学模式以及成功教学模式进行教学。

(2)分析性教材

这类教材传授的运动技术有一定难度,教师讲解这些教材应当把主要目标定位成提高学生的自主学习水平以及创新水平,为学生羽毛球理论知识的丰富、羽毛球运动技能的提高注入推动力,着重培养学生的学习能力与创造能力,为此建议羽毛球教师选用主动性教学模式、发现式教学模式以及领会式教学模式等进行教学。

2. 参考羽毛球教学目标

羽毛球运动教学模式构建与运用的关键是教学目标,羽毛球运动教学模式需要羽毛球运动教学思想与目标为其提供活力、指明方向。羽毛球运动教学思想与目标也是区分教学模式的一个标准。羽毛球运动教学目标在新课程改革之后有所变化,主要涵盖了四个方面:提高学生运动参与能力与积极性的目标;促进学生身心健康的目标;促进学生正确掌握羽毛球运动技能的目标;提高学生社会适应能力的目标。上述羽毛球教学目标要求在羽毛球运动教学中采用情景教学模式、探究教学模式以及成功式教学模式等进行教学。

3. 参考羽毛球运动教学对象

羽毛球运动教学活动离不开学生这一教学主体,在羽毛球运动教学活动中,学生也是其中非常重要的一个组成部分,所以要针对不同学生的具体情况与特点来对教学模式进行运用。不同学习时期,学生的身体与心理情况是有明显不同的,所以羽毛球运动教学模式的运用要考虑到不同时期的具体情况。

4. 参考羽毛球运动教学条件

羽毛球运动教学模式不同,其相应的教学条件也会有差异。不同地区或学校的体育教学条件具有明显的复杂性与差异性。以城市和农村地区为例,两个地区的经济水平差距很大,因此羽毛球教学场所、设施与器材也会有一定的差距。

对于上述情况,羽毛球教师应当遵循实事求是的原则,选择并应用最适宜的羽毛球教学模式,从而顺利实现羽毛球运动的教学目标与教学任务。对于教学水平和教学条件都存在局限性的农村学校来说,不建议采用要求外部教学条件十分良好的小群体教学模式。

(二)创新羽毛球运动教学模式的构建

1. 构建原则

(1)坚持教学目标、内容、形式、结构与功能的统一原则

从本质上讲,创新羽毛球运动教学模式的建构是处理好羽毛

球运动教学活动中形式与内容、结构与功能的关键问题。所以，羽毛球教师应该对各类羽毛球教学课堂结构和形式的功能与作用进行全面分析，并以教学目标和条件为根据对创新羽毛球运动教学模式做出比较合理的选择。

(2)坚持统一性与多样性的统一原则

一方面，创新羽毛球运动教学模式构建的统一性是指在构建和创造新的羽毛球运动教学模式时，要继承新中国成立以来我国体育教学思想和成功经验；另一方面，新型羽毛球运动教学模式构建的多样性是指在开发和构建羽毛球运动教学模式时应尽量实现多样化，避免单一化与程式化的不足。

(3)坚持借鉴与创新的统一原则

创新羽毛球运动教学模式，需要坚持创新与借鉴的统一性。具体来说，这里提及的借鉴包含两方面内容，即不仅要借鉴国外的先进教学模式理论，还要借鉴国内的先进教学模式理论与成功教学经验。

随着全球化趋势的加强，羽毛球运动教学也必然要受到教育全球化的影响，不对国外先进教学模式理论加以借鉴或借鉴之后缺乏创新都是故步自封的落后表现。因此要有机结合创新与借鉴，这样才能运用成功的经验，吸取失败的教训，不走或少走弯路。具体来说，统一借鉴与创新，就是要以正确的教学思想为指导，革新原有的落后的羽毛球运动教学模式，借鉴前人和他人的成功经验和理论，结合教学中的客观实际，提高羽毛球运动教学的效率。

2. 构建步骤

(1)明确指导思想

选择什么教学思想作为构建模式的依据，使教学模式更突出主题思想，并具有理论基础。

(2)确定构建模式的目的

在明确指导思想的基础上，确立建构羽毛球运动教学模式所达到的目的。

(3)寻找典型经验

在完成第一步的基础上,通过调查研究,寻找恰当的典型经验或原型作为教学案例,案例要符合模式构建思想与目的。

(4)抓住基本特征

运用模式方法分析教学案例,对教学案例的基本特征与教学的基本过程进行概括。

(5)确定关键词语

确定表述这一羽毛球运动教学模式的关键词。

(6)简要定性表述

对这一羽毛球运动教学模式进行简要的定性表述。

(7)对照模式实施

对照这一羽毛球运动教学模式具体实践教学,进行实践检验。

(8)总结评价反馈

在对羽毛球运动教学实施实践验证的基础上,总结和归纳实践检验的结果,在初步实践的前提下进一步优化和完善修正模式,在坚持不懈的实践活动中继续完善和优化。

(三)两种创新羽毛球运动教学模式的构建与运用

1. 启发式教学模式的构建与运用

"启发式教学模式指的是在羽毛球教学活动中,教师以羽毛球教学目标、教学规律以及学生的认知水平和年龄特点为主要依据,通过采取各种教学手段来引导学生独立思考、积极主动地获取知识、解决学习问题的过程。"解决教学中出现的问题、提高羽毛球运动教学的质量以及促进学生羽毛球运动学习积极性的发展是羽毛球教学模式的实质。

(1)构建启发式教学模式的着力点

第一,科学创设问题情境。体育教师在对问题情境进行创设时,要具体以羽毛球教材的重点和学生的客观实际为依据。在创设问题情境的过程中,体育教师不仅仅要解决学生在学习中出现的问题,更要采取一定的方法与措施来引起学生的好奇心,使其主动提出疑惑,并积极思考解决疑惑,这样有利于学生学习热情的充分调动,有利于提高学生逻辑思考与客观分析及解决问题的能力。

第二,积极选择并应用直观教学方式。羽毛球教师在对学生进行启发的过程中,要尽量采用直观的教学方法和手段,减少抽象概念的使用。直观手段具体是指多媒体、录像、图片等直观教具的使用,直观教学方法有利于学生学习兴趣的激发与提高,有利于学生以最为简单的方式清晰地掌握学习内容。

第三,灵活应用多元化练习方法。羽毛球教师在引导学生进行练习的过程中,要以羽毛球教学任务、目的和要求为主要依据,并要善于采取一些有助于启发教学的练习方式作为辅助学习的手段。除此之外,羽毛球教师还可以以教材内容为依据对多样化的练习手段加以运用,以此来促进学生学习兴趣的提高,同时也能够提高学生的学习效果。

(2)运用启发式教学模式的注意事项

第一,明确制定羽毛球运动教材的重点与难点。羽毛球教材重点是学生要掌握的关键内容,教材难点是学生不容易掌握的教材内容。教师运用启发式教学模式进行教学时要以教材重点为中心,通过口头叙述、动作示范等各种教学方式来引起学生对教材重点内容的思考。体育教师也可以针对重点动作做一些生动、逼真的模仿,这样学生也能比较容易地掌握教学内容。除此之外,教师也要把学生的身心特点、认知能力和学习基础重视起来,遵循因材施教的教学原则,使每个学生的学习效率都能得到保障。

第二,科学构建多元评价体系。评价学生的学习过程或结果主要是为了总结学生的学习效果,对学生学习羽毛球运动起到一种督促与激励的效果。合理的评价有利于提高学生学习的积极性和主动性。评价的实施步骤具体为：评价标准的确定—评价情境的创设—评价手段的选用—评价结果的利用。评价讲究合理，不要求过于死板地对标准答案有严格的限制，根据具体情况保留一定的评价空间。教师在对学生的学习技能做出评价的同时，也要引导学生进行自我评价或学生之间的互相评价。

2. 合作式教学模式的构建与运用

在羽毛球运动教学活动中，合作教学模式的运用有利于学生合作意识与能力的提高，有利于学生交往、实践及协调能力的增强，也有利于学生个性发展和终身体育意识的形成。

(1)构建合作教学模式的着力点

①构建程序

首先，要以羽毛球教学大纲规定的教学时间与教学内容为主要依据，对上课时间进行合理的分配与安排。通常，在羽毛球教学活动中，理论知识教学占总教学时间的25%；学生羽毛球能力培养占总教学时间的30%；羽毛球技战术教学占总教学时间的45%。其次，羽毛球运动课堂教学之前，教师要做好课堂教学计划，即教案。制订教学计划时教师要加强与学生的合作，与学生一起探讨教学方法的选用。

②具体实施

第一，明确教学目标，体育教学过程的第一环节就是要明确并呈现教学目标，这一环节中，羽毛球教师的口头讲解与动作示范要有机结合学生的观察体验与思考，加强师生之间的沟通与交流。

第二，对学生进行集体讲授，对学生进行集体授课时，体育教师要适当缩短授课时间，提高教学效率，从而留出更多的时间为下一环节(小组合作)做准备，教师要注意提高学生的学习积极性，善于运用一些新颖的问题来使学生的注意力集中到课堂中。

第三，加强小组合作学习，学生的学习主体性以及学生之间的沟通与交流是小组合作环节的重点，学生要在小组合作学习中积极发表自己的意见,提高自己的主动性、积极性以及创新性。

第四,实施阶段测验,羽毛球教师在学生学习一个阶段后,对各个学习小组进行阶段测验,从而对学生在这一阶段的学习情况与效果有一个初步了解。

第五,积极反馈,在反馈阶段,体育教师要综合评价学生在这一学习阶段的具体表现。学生在小组合作学习中获取的知识比较零散,系统性很差,所以教师要正确引导学生归纳所学知识,使之成为一个系统的知识体系,便于学生掌握与记忆。小组测试也是反馈的一个重要手段,通过测试反映出学生学习的不足,从而有针对性地对其进行纠正与完善。

(2)运用启发式教学模式的注意事项

第一,不断收集并更新教学观念。合作教学模式在羽毛球教学活动中的运用要求对传统的教学观念进行更新,对学生的重要性进行重新认识,重视学生的主体地位,引导学生充分发挥自身的主观能动性,尊重学生的人格,教师在教学中加强与学生的合作交流,以学生的具体情况为依据进行教学。

第二,大力培养学生的主体意识。首先,羽毛球教师在教学活动中要想法设法来激发学生的思维与学习热情,然后引导学生积极发现与探索新问题、新情况,在引导过程中,注重学生自主意识和独立能力的培养;其次,教师要注重自身的引导作用,通过提问、质疑等手段,引导学生把注意力集中到课堂教学中;最后,教师主导性的发挥要以实现羽毛球运动教学目标为出发点,倘若没有从教学目标出发,则谈不上学生主体性的培养。

三、羽毛球教学中课程目标的定位

教学的实效性往往由课程目标所决定,其实效性的高低取决于教学过程中对教学目标的完成程度。当前体育课程的目标愈发多元化,因此羽毛球的课程目标也应遵循这一趋势,其目标既要对运动参与和掌握运动技能的目标进行强调,同时也不能忽视强调学生在心理和社会适应能力等方面的发展。在羽毛球教学课程中,将这些心理和社会等隐性功能显性化是其突出实效性的一种深化进步,这能够使羽毛球教学课程从工具理性转而向人本主义发展,从而为羽毛球教学增添了更多的人文特质。但以这些方式增强其时效性的同时也必须清楚地认识到,实际上这些隐性目标要想实现,那么学生体质和羽毛球运动技能必须得到提高,因为在这一过程中是一个基本的载体,否则在羽毛球教学课程当中这些内容也就无从谈起。

由此可知,羽毛球运动的教学目标不可能兼顾方方面面,一节课中的教学设计往往无法保证全部教学目标都顺利达成。所以说羽毛球教师设置多项目标中的核心目标存在很大的必要性。因此,羽毛球教师面对学生体质持续下降的实际情况,一定要提高学生参与羽毛球运动的积极性,从根本上增强学生体质,牢牢掌握羽毛球基本知识技能也成为教学课程当中首要的任务,教学过程中要注重学生身体的锻炼,教学活动设计思路的核心应当强调身体素质与运动能力的发展,以此作为教学活动的主线。

四、提高羽毛球运动教学实效性的具体策略

(一)加强思想教育

明确羽毛球教学目的。为了使学生在体育选课当中摆正选课的动机,学校要在开课前对羽毛球运动大力宣传,使选择羽毛球运动的学生对其教学目标和任务有所明确。在羽毛球教学过程中,教师的要求必须严格,记录学生在教学过程中的表现,在成绩的总体考核中平时成绩所占比重应当进一步加大,通过对学生在教学过程中的表现来提高其在教学中的参与度,从而达到提高教学实效性的目的。

(二)尊重学生的个体差异性

实施分层教学。每个学生在自身身体素质以及在参与羽毛

球课程之前的技术水平等方面的差异都很大。在教学中若是对这种差异进行无视,如果用统一的教学目标来对学生进行教学,那么身体素质和技术水平良好的学生则得不到更好的提高,身体素质和技术水平较差的学生则会在基本功的练习上就落后于其他同学。倘若在羽毛球教学中采用分层次分组别的教学方法,学期开始的时候就要通过相关身体素质和专项技能等多种测试,将班中学生分为不同层次进行教学,各层次在教学的目标、内容和手段等方面进行区别对待,而且对不同层次的学生提出相应的要求,通过这样不同的教学方法以及手段能确保教学的针对性,同时根据学生在学习过程中进步的大小调整其所在的层次,无形中能够形成学生相互间的竞争激励,使学生能够积极主动地进行学习,从而使所有学生能够全面得到提高。与此同时,对学生的学习进行评价时,应尽力对甄别、选拔等功能进行淡化,同时更加注重激励、发展的功能,对学生学习评价应要更注重最后的实效性,其过程表现也应纳入,同时对其进步幅度加以考虑。

(三)把羽毛球运动理论教学摆在重要位置

在绝大多数情况下,学生进一步掌握羽毛球运动专项知识、获得羽毛球运动的相关知识并构建技术表象,往往是在学习理论课的过程中达成这项目标的。学生学习理论可能够牢固掌握羽毛球的相关规则以及裁判法,从而对羽毛球运动的特点和规律有着更深入的认识,使学生在课余时间也能够很好地组织羽毛球比赛。教师在进行理论课教学过程中在课件的制作上要多下工夫,让学生观看优秀运动员代表性的技术动作的相关视频,优秀运动员的精彩的表演配以教师的详细讲解能够使羽毛球运动教学的实效性大增。

(四)进一步增加对课外体育的组织力度和管理力度

构建课内外一体化模式。鉴于当前羽毛球运动在课外开展的情况,促使学校必须对学生在课外的羽毛球活动的组织管理予以加强,各类学校要以开展多样的课外体育活动来吸引学生参加,学校要通过对学生羽毛球俱乐部和相关社团的扶持作为突破口,对这一部分的运行进行管理指导,使得社团具有更高的专业化水平,积极开展社团和俱乐部内部的羽毛球赛事,使比赛得到普及,爱好羽毛球运动的学生都能积极参与其中,这样羽毛球教学的实效性就能够得到有效提高。

(五)加大对羽毛球基础设施建设的力度

调查和分析我国很多学校的羽毛球运动教学活动发现,很多学校都存在羽毛球教师业务水平有限、体育场馆设施相对短缺的问题,这两项问题对学校和教师开展羽毛球教学活动有一定程度的影响。针对这种情况,学校党政领导要重视和支持相关羽毛球场馆的建设,对现有的场馆和设施进行改进,提高场馆设施的数量,并保证其质量。同时负责羽毛球运动教学的教师的思路应不仅仅限于校内,面临校内羽毛球场馆不足的情况,要把视野扩展到校外去,来积极开展羽毛球运动,从而使羽毛球运动开展符合教学意图,达到应有的效果。教师在课程当中是最为基本的负责人,因此要根据相应的课程对羽毛球教师进行合理的培训。从而通过更多渠道和途径来达到羽毛球教学的目的。在提高教师各方面能力的同时,对于中青年教师更是要加强培养,使其得到深造。

羽毛球课程在学生当中广受喜爱,但学生并没有通过羽毛球教学在身体素质和技术水平方面得到很大的提高,这说明目前教学的实效性并不能令人满意。其中包含上述多种多样的因素。基于这些原因,在羽毛球运动课程教学中应加强学生思想教育,明确羽毛球教学目的、尊重个体差异,实施分层教学、重视理论教学,增进对专项的认识和了解、加强课外体育组织与管理,构建课内外一体化模式,加大体育基础设施建设,提高体育教师业务水平等,从而切实提高羽毛球教学的实效性。

第五章 羽毛球运动教学方法体系的构建与创新

在羽毛球运动教学中,教师采取合理有效的教学方法,不仅能充分调动学生参与羽毛球运动的热情,还能从根本上提高羽毛球运动教学的效果,有助于教师和学生尽快完成教学目标和学习目标。因此,本章以羽毛球运动教学方法为研究对象,对常见羽毛球运动教学法、羽毛球运动教学方法的科学选择与应用、羽毛球运动教学方法的创新加以阐析。

第一节 常见的羽毛球运动教学法

一、语言教学法

语言教学法是在教学中最为常用的一种教学方法。在教学过程中,教师需要通过语言来对学生进行指导。羽毛球教学时,教师使用语言法时,应注重语言的简明性、生动性、形象性,能够使得学生充分理解所讲述的相关知识。在运用语言教学法时,应注重语言的技巧。一般学校羽毛球教学中语言法的形式有:讲授法、谈话法、口头评价法以及口令和指示等。

(一)讲授法

讲授法是通过语言系统讲授体育相关知识的教学方法,这一方法能够使学生在短时间内获得较为全面系统的理论知识和认

第五章 羽毛球运动教学方法体系的构建与创新

识。根据教学目标和教学内容的不同,可将讲授法分为讲解、讲述和讲演等几种形式。讲授法是一种被羽毛球教师广泛应用的体育教学方法,教师在应用时应当达到"精、准、新、熟"四个方面的要求。

1."精"

"精"是指要在教学中做到少而精,使得讲授主体明确,语言简明。应根据教学目标、教学内容和教学特点来进行讲授,教学要具有一定的针对性,使得学生能够抓住教学的重点和难点。

2."准"

"准"是指教师讲授的内容要有科学性,要做到正确、清楚。在讲授时,不管是原理还是相应的技能,都要做到准确无误。另外,讲授的方式还应与学生的学习能力相适应,使得学生容易接受所讲授的内容。

3."新"

"新"是指教师应当时刻关注有关羽毛球运动的新知识、新理论,及时掌握最新的信息和内容,保证讲授的所有内容都紧跟时代发展节奏。羽毛球教师应积极启发学生的创新性思维,使得其能够学以致用。另外,教师还应注重自身语言的生动性和形象性,使得讲授充满启发性和趣味性,促进学生的学习兴趣的发展。

4."熟"

"熟"是指羽毛球教师在讲授相应的内容时,应注意做好充分的准备工作,注重将所讲授的知识和技术与学生已经熟悉的内容联系起来,使得内容更加通俗易懂、深入浅出。

(二)谈话法

谈话法又被称为"问答法",其也是教学过程中常用的方法。

在羽毛球教学时,通过进行问答的方式进行教学,能够激发学生积极进行思考,使得学生保持注意力。另外,教师通过问答也能够了解学生学习的情况,获得相应的反馈信息,以此为根据来对教学活动做出相应的调整。可将谈话法分为以下三类。其一,传授知识和技术的谈话法,教师针对将要讲授的内容提出相应的问题,学生结合所学进行思考和回答;其二,巩固与检查的谈话法,教师根据学生已经掌握的内容,提出相应的问题让学生进行回答;其三,指导或总结谈话,在课程结束或一部分内容结束之后,教师进行概括和总结,引导学生提出问题并解答。

羽毛球教师应用谈话法的注意事项是:首先,教师应当全面掌握学生的基础水平,即教师必须考虑学生的认知水平,其在理解和掌握一定的知识基础后,运用这一方法才能够取得良好的效果;其次,教师要把问题设计当成一项重要工作,设计的问题难度不宜过大,应根据教学内容、教学目的提出,问题应激发学生的兴趣;再次,教师要有目的、有意识地引导和启发学生的思维;最后,羽毛球教师要保证解答的充分性,即授课应提前做好准备,圆满解答问题。

(三)口令、指示法

在羽毛球教学过程中,口令、指示法也是重要的语言教学法。在采用这一教学法时,语言简短有力,将一些关键知识和技术总结为简短的口令,在学生进行练习时发出相应的口令和指示,指导学生进行练习,便于学生记忆。

二、直观教学法

直观教学法是体育教学的重要方法,在进行羽毛球教学时,直观教学法运用也较多。直观教学法即为通过直观的方式作用于学生的感觉器官,使得其充分感知相应的技术动作,实现教学的目的。直观教学法有动作示范法以及录像、教具、模型演示法等。

第五章 羽毛球运动教学方法体系的构建与创新

(一)动作示范法

动作示范法即为教师采用的一些示范动作使得学生了解动作的要领、结构、路线等的方法。在采用动作示范法时,教师可以自己进行动作示范,也可由学生进行示范。在羽毛球教学中,采用动作示范法应注意以下几方面。

1. 示范动作具有目的性

羽毛球教师在示范一些新的技术动作时,为了使学生了解动作的结构,引导学生进行学习,动作应稍慢。如果是为了使学生了解基本动作形象,示范动作可快一些。对于一些复杂和难度动作,可多做几次示范。

2. 示范动作达到准确性要求

在进行羽毛球动作示范时,应保证示范动作的准确性,避免对学生产生误导。可进行动作示范时,可配合一些语言教学法,加深学生对于技术动作的理解。

3. 示范动作要确保全体学生都能看到

羽毛球教师在进行羽毛球动作示范时,教师所示范的各种动作其目的就是为了让学生观看。因此,在进行动作示范时,应注重示范位置的选择,对学生进行相应的站位组织,使得所有的学生都能够清楚地观察到示范动作。

(二)录像、教具、模型演示法

在羽毛球教学中,除了进行动作示范之外,教师也经常运用一些录像、教具、模型等来演示相应的技术动作,以辅助教学。这些工具的运用能够增加教学的趣味性,并使得学生能够更好地理解相应的技术动作结构和形象。

多媒体技术是一种现代教学的重要手段,运用电影和电视、录像等来进行羽毛球技术动作的学习。通过运用多媒体技术,还能够使得学生观赏著名运动员的技术动作,具有良好的教学效果。

三、完整与分解教学法

完整教学法和分解教学法是羽毛球教学中经常使用的教学方法,两者往往结合在一起使用,具有良好的效果。

(一)完整教学法

完整教学法是重要的教学方法,是对技术动作完整教学的方法。这一教学方法一般应用于相对较为简单,或是不宜进行分解的技术动作。另外,在初次进行相应的羽毛球技术动作教学时,为了保证学生对相应的技术动作更好地理解和认识,可采用完整教学法使得学生对其全面了解。

完整教学法能够使得学生对于技术动作形成完整的认识,但是如果在对一些相对较为复杂的技术动作进行教学时,这一教学方法就显得不适用了。

羽毛球教师应用完整教学法的注意事项是:第一,教师在开展羽毛球教学活动时,应当先完成完整动作示范,从而为学生直接参与完整动作练习提供便利;第二,对于一些无法分解的技术动作,进行完整动作练习时,羽毛球教师应注意将各动作要素进行分析,以使得学生能够了解用力的大小、动作的程度等方面;第三,羽毛球教师在采用完整教学法时,对于一些难度动作,可先降低动作的难度,在此基础上逐渐增加难度。但是,应保证技术动作的准确性。

(二)分解教学法

分解教学法是与完整教学法相对应的一种教学方法。这一教学法将完整的技术动作进行分解,通过注意掌握分解动作,最后将其连接起来,最终掌握整个动作。这一教学法适用于难度较高,并能够进行分解的动作。

在羽毛球教学中,通过采用这一教学法,能够将复杂的动作简单化,降低技术动作的难度,便于开展教学。但是,这一教学法也有相应的缺点,即为其注重局部动作的分解和把握,容易忽视技术动作的整体性。因此,在教学过程中,应将分解教学法与完整教学法结合在一起使用。

在运用分解法进行教学时,应注意以下两方面的问题。

一方面,采用分解法进行羽毛球技术教学时,应注重采用合理的方式对其进行分解,保证动作技术的有序性和统一性。将完整的技术动作分为多个环节时,应注重它们之间的联系。

另一方面,在进行分解练习之后,应将各部分动作连接在一起进行练习,保证各部分动作能够良好的衔接,从而使得动作能够成为有机统一的整体。

四、游戏和竞赛教学方法

(一)游戏教学法

游戏教学法是体育教学中的常用教学方法,这一教学方法将体育教学的内容以游戏的形式开展,促进学生积极参与其中,从而达到相应的教学目的。但是,在游戏教学法过程中,所开展的各项游戏应与羽毛球教学的内容相适应,有明确的教学目的,在相应的规则允许范围内实施。

游戏教学法的显著优势是趣味性特征显著、能有效激发学生参与羽毛球教学活动的主动性、有助于学生形成参与羽毛球运动的浓厚兴趣。与此同时,开展游戏教学还够激发学生的创造性思维,促进学生之间的交流,使得学生之间保持良好的关系。羽毛球技术动作较多,通过采用游戏教学法,能够起到良好的教学效果。但是,在采用游戏教学法时,应当充分发挥体育课的教育功能,使得学生在游戏过程中实现身心的发展。而如果游戏教学法使用不当,就会使得羽毛球教学变为羽毛球游戏课,学生难以得到发展和提高。

在运用游戏教学法进行羽毛球教学时应注意以下几点。

(1)在进行游戏教学时,应制定相应的规则,避免放任不管。教师可选取相应的教学内容将其游戏化。

(2)在进行教学时,师生应遵守相应的规则,并进行一定的监督,避免学生破坏规则。在游戏时,如果学生破坏规则,就应该接受相应的"惩罚"。

(3)对于选用游戏教学法的羽毛球教师来说,应当科学安排运动负荷,从而确保教学负荷和学生实际状况相吻合。

(二)竞赛教学法

竞赛教学法也是体育教学中经常采用的教学方法,这一教学方法使学生之间展开竞争和对抗,促进相应的技战术的巩固和提高。另外,在竞赛过程中,还能够对学生的学习情况进行了解,方便对教学进行改进。

竞赛教学法竞争性和对抗性相对较强,学生所承受的运动负荷较大。在运动比赛过程中,能够充分促进学生比赛应变能力的提升,促进其各方面能力得到最大限度的发挥,推动其进一步发展。羽毛球教学中,竞赛教学法通常在学生熟练掌握相应的运动技战术后使用,有利于技战术的巩固和提高。如果技术动作不熟练,在比赛过程中容易造成技术动作变形。

竞赛教学法的形式具有多元化特征,各项竞赛教学法的形式和特征见表5-1。

表5-1 不同竞赛教学法的形式与特点

	尝试性比赛法	限制性比赛法	总结性比赛法
目的意义	在学习相应的技术之前,体验比赛的特征,激发学生对于技术动作学习的欲望,为进一步教学做好准备	学习相应的技术动作之后,通过设置一些比赛条件,如只能用相应的技术,使得比赛具有针对性	学习完成之后,开展总结性比赛,使得学会发现自身的不足。在比赛中,使得学生充分体会羽毛球的乐趣,并加深对项目的理解

续表

	尝试性比赛法	限制性比赛法	总结性比赛法
形式与要求	(1)按照正规的规则进行 (2)教师不要进行干预,但是应发现其在比赛过程中的问题 (3)对学生出现的技战术问题进行记录	(1)必须进行规则上的修正 (2)比赛以学生的学习为目的,不要过于注重比赛的结果 (3)限制是为了降低比赛的难度,但是难度也不应太低	(1)按照标准的规则进行 (2)比赛以总结学习为目的,在注重胜负的同时,也要注重其技战术的运用 (3)比赛的胜负要有不确定性
适用场合	安排在教学单元的前半部分	安排在战术学习阶段	安排在教学单元的结束部分

对于选择并应用竞赛教学法的羽毛球教师来说,应用过程中需要注意以下几项问题。

(1)竞赛教学法应当有清晰的目标,开展的竞赛活动应当对教师实现教学目标有积极作用。

(2)在开展教学竞赛时,应进行合理分组,避免让实力悬殊的学生展开竞赛。教师应对学生的实力进行分析,使得实力均衡的学生两两对决。

(3)在利用竞赛教学法时,教师还应对学生在比赛过程中所运用的技术动作进行评价和分析,对其错误动作应进行及时纠正,对其表现进行评价和分析。

五、学生常用的学习方法

(一)观察学习法

观察学习法即为借助视觉观察来进行学习的方法。通过对学习对象进行观察,在此基础上获得相应的信息资料。在羽毛球教学过程中,学生通过观察获得技术动作的整体印象,在大脑皮层中建立神经联系形成动作技能的表象。在学习羽毛球运动的过程中,学生运用观察学习法往往能够直观了解并认识各项学习内容。观察学习法不仅是学生参与体育学习的首要方法,还是学生形成羽毛球技能的首要方法。

(二)模仿学习法

模拟学习法是羽毛球学习者进行学习的重要方法,在学习过程中具有不可替代的作用。人们认为,基本动作技能的学习和掌握都是通过模仿学习而来的。在进行羽毛球技术动作的学习时,以直观为主的模仿性学习方法,易使学生理解体育动作的学习过程和要领。

在羽毛球教学中,应让学生理解和掌握动作技能的要领与特征,这是模仿性学习方法能否成功实施的关键。在刚开始进行学习时,应明确基本动作要领,而精细动作要领以后再进行讲解。模仿性学习法是体育学习的基本方法,其能够有效推动学生技能的掌握。但是,这一方法也具有一定的不足之处,这一学习法注重模仿,长期运用会使得学生探求和迁移学习的能力降低。

在羽毛球教学过程中,模仿性学习方法的教学安排,有以下方面可供参考。

(1)在相应的羽毛球技术动作学习初期,进行技术动作的示范时,先讲解粗大的动作要领后讲解精细的动作要领。各个阶段的动作示范应有所侧重。学生初步掌握相应的技能之后,再对动作技术要点进行详细分析。

(2)在开展羽毛球教学时,因根据技术动作的难度和结构对其采用不同的教学方法,分解教学与完整教学结合使用,便于学生对技术动作进行模仿。

(三)解决问题学习法

交流与探究重要的学习方法,解决问题的学习主要是学生依靠内部信息的反馈来进行学习、学生依靠教师和同伴的信息反馈来进行学习。对于羽毛球教学实践而言,教师解决问题学习方法的教学安排,存在以下几项可以参考的实施手段。

(1)分析学习策略法。为了提高学习的成效,教师应让学生了解学习的具体步骤,使得学生根据羽毛球教学的内容来制定相应的学习策略。

(2)同伴合作辅导法。传播学理论认为,他人的思想和行为对自身的行为和思想具有重要的影响,尤其是在群体中,这一影响更为明显。在羽毛球教学中,应促进同伴之间的合作与学习,促进学习效果的提高。

(四)逻辑推理学习法

逻辑推理学习法是一种重要的学习方法,通过进行逻辑推理,学生能够发现已知和未知之间的差异或矛盾,引申从抽象思维上升到具体思维活动获得新知识。

对于开展羽毛球教学活动的教师来说,需要注意两方面因素:一方面,教师要重点关注和培养学生归纳和整合运动技能学习的能力,促使学生积极参与逻辑推理学习;另一方面,在上羽毛球课时,教师应注重确立切合的教学目标,并应注重促进学生理解技能和领会要领知识,在此基础上开展教学。

(五)抽象概括学习法

抽象概括学习法是一种重要的学习方法。在进行学习时,应遵循从形象思维逐步过渡到抽象思维的认知规律。学生理解和掌握体育知识和技能,是概念认知、感觉认知、思维加工的运动形式。在进行羽毛球教学时,教师应努力使学生明确动作之间的相似之处,及时纠正学习中的错误。对于抽象概括学习方法的教学安排,倘若羽毛球教师关注到以下两方面因素,则会大大提高学生获得理想学习成效的可能性,具体如下。

(1)在完成相应的动作时,已受到以往经验的影响。为了促进学生的学习,应帮助学生对现在的学习状况和过去的学习经历加以分析总结,使得学生自我实施抽象概括学习方法。

(2)羽毛球教师应注重动作之间的迁移,从而激发学生的抽象概括思维。

(六)总结领会学习法

总结领会学习法在羽毛球教学中的应用表现在如下两个方面:其一,促使初步理解的羽毛球知识和技能不断扩大加深,使不大熟练的技能趋于纯熟,促进知识结构化;其二,回顾学习了一个阶段之后,所取得的经验,思考今后如何开展学习。

在羽毛球学习时,这一学习方法能够使得学生形成"正确"的思维,可使羽毛球学习活动从低级思维过渡到高级思维,学会如何去学习。在羽毛球教学中,应从以下几个方面对学生的学习进行指导。

第一,应促使学生养成良好的学习状态,应促进学生良好的学习习惯的培养,促进其在学习时集中注意力。

第二,促进学生积极进行自主学习和课前预习,使学生掌握相应的学习规律,提高学习的效率。

第三,积极指导学生采取最有效、最适宜的学习方法和学习策略,促使学生的学习效率得到大幅度提升,推动学生逐步掌握学习主动权。

第二节 羽毛球运动教学方法的科学选择与应用

一、羽毛球教学中教法的选择与运用

在开展羽毛球教学时,应注重教学方法的选择与运用,促进教学效率的提高。在教学方法选择与运用时,教师的思想和认识对其具有重要的影响。不同的教师其教学理念和教学思想不同,

所采用的教学方法也会不同。

(一)教师思想行为对体育教学方法选择与运用的影响

教学方法能够对学生施加相应的影响,引导学生掌握相应的羽毛球相关的知识和技能,促进其认知能力的发展。在开展羽毛球教学中,师生之间需要进行相应的互动,教师的行为是相应的教学方法得以运转的推动力,教师也是相应的教学方法的采用者,其对学生的学法施加相应的影响。

教学方法是由教师的教学思想决定的,如果教师没有形成正确的教学思想行为标准,则其教学方法的选择和采用就会显得刻板、机械、没有创新可言,难以符合羽毛球教学的现实要求。因此,在羽毛球教学中,要想使得学生积极投入学习,教师肩负着很大的责任,其应树立良好的思想意识,不断促进自身水平的发展。从整体来看,教师的教学思想能够对其选择和应用教学方法产生最为直接的影响。

教师应具备良好的职业特征和教学思想,积极促进教学方法的科学事实。具体而言,教师应具备良好的职业思想品质和业务水平。职业道德品质即为教师要具有良好的职业道德,肩负起作为一个教师的重大责任,对学生积极负责,保持良好的态度,对教学保持较高的热情。同时,教师还应具备良好的业务水平,教师应具备扎实深厚的专业知识水平,具备良好的教学能力。职业思想品质是指教师的教育价值取向、知识结构状况等;业务水平主要是指教师的教育理论水平和教学技能。

在羽毛球教学中,教师应建构起有利于学生进行学习的教法,明确教法、学法和学习过程之间基本结构。在教学过程中,教师的思想行为可转化为十种具体的行为类别,即陈述、指导、展示、提问、反馈、管理、观察、倾听、反思以及评价(表 5-2)。[①] 在羽毛球教学中,教师应建立相应的教法体系,在进行教学时,根据实

---

① 张振华.体育教学理论与方法[M].北京:北京师范大学出版社,2016.

际情况灵活采用各种教学方法。

表 5-2　教师课堂教学行为与教法选用

教学类别	教学特点	教学指向	教学方法	行为要求
理论陈述	教师为中心	传递信息	讲解法 问答法 讨论法	清晰语言表示
学习组织	学生为中心	技能学习	分解练习 完整练习 循环练习	恰当、有效
技能展示	教师为中心	加强感知	示范法 演示法 模仿法 保护与帮助法	多感官支持
讨论提问	师生互动	启发思维	发案法 问题探究法 合作法	恰当设计问题
合作学习	学生为中心	提供信息	个人成果展示法 分组成果展示法	合作、共享、共进
品德教养	教师为中心	促进发展	说服法 榜样法 评比法 表扬法 批评法 奖惩法	讲究方式技巧
观察指导	教师为中心	促进学习	反馈法 保护与帮助法 榜样法 评比法 表扬法	准确、客观、鼓励

第五章　羽毛球运动教学方法体系的构建与创新

续表

教学类别	教学特点	教学指向	教学方法	行为要求
教学组织	学生为中心	激发渲染	游戏法 比赛法 情景法	多样化、多层次
反思行为	教师为中心	改进教学	评价法	及时、客观
评价行为	学生为中心	促进学习	评价法 榜样法 考核法 表扬法	全面、客观

由此可知,教法能够将羽毛球教师的思想与行为体现得淋漓尽致,而教学行为是教法的详细反映。对教法实践能否成功有重要影响的因素分别是教师自身素质、教师储备的学科理论以及思想。

羽毛球教师是各种教法的实施者,其自身的素质对于教学活动的效果具有重要的影响。羽毛球教师如果能力和素质有限,则其将不能发挥相应的教法的作用,从而对教学活动产生消极的影响。羽毛球教师应对自身的专业素养、能力水平以及教法特点有着客观的理解。在教学过程中,教师应掌握多种教法,根据实际情况采用不同的教法。教师应加强对自身素质教学风格的认知,并通过积极的学习增强自身的素质,尝试和掌握更多的教学方法。在教学过程中,教师应注重教学方法的科学性、艺术性和综合性的结合,形成良好的教学方法模式,并且要灵活进行变通。

(二)体育教学方法的运用与组织

在羽毛球教学中,教师的教学行为要符合学生的认知科学规律,教学认知量要与学生的短时记忆、中时记忆和长时记忆的编码科学相结合。应建立开展教学课堂氛围,使得学生充分参与其中,乐于去学习,促进学生思考能力、解决问题的能力等方面得到有效的发展。

作为一名羽毛球教师,其教学行为的注意事项是:一方面,积极、灵活地变化羽毛球教学环境,推动各项教学活动充分适应学生的能力以及学习技能;另一方面,积极、灵活地变化羽毛球教学策略,在此基础上合理认知学生现有的学习技能。

通过对羽毛球教学研究发现,传统的教学方法组织与运用注重教师的"教",而往往忽视与之相配套的学生的学习方法。因此,在教学方法的选择与运用过程中,要注重学生的学习和理解。有效的教学应为不同水平的学生设计相应的变量,积极促进不同的学生的学习参与。在教学中应充分衔接"以理解为中心"教学流程与"为会学而设计"的有效教学策略。有学者认为,衡量教师教学思想行为的准绳,是教育研究者们借助科学理论研究在抽象实践中制定出来的标准(表 5-3)。

表 5-3 不同体育教学方法情境的取向

方法	语言性教学法	感知性教学法	练习性教学法	情景活动性教学法	探究活动性教学法	品德教育与发展个性法
解决哪些任务效果最好	引起学习注意,唤起兴趣和动机,聚焦学习任务,激活记忆联结	调动多种感官的识记,促进形象思维表象与抽象思维表象结合	组块学习编码,促进表象加工,强化动作技能形成,提高技能质量	复现知识多维面孔,贯穿学习的体验。检验知识技能,促进学习迁移与应用	推动直觉思维的低级记忆,生长发散性思维的高级记忆	运用榜样力量,采用激励技巧,营造积极情境,渗透品德教育与个性发展于各环节
适用学生类型	中高年级	低中高年级	低中高年级	低中高年级	中高年级	低中高年级
教学服务指向	教学初期过程	教学初中期过程	全部教学过程	全部教学过程	教学初中后期过程	全部教学过程
局限性	过多运用影响动作技能的练习密度和次数	物体特征的刺激,制约信息的唤醒度	频繁的练习易产生枯燥性,丢失学习兴趣	只有符合学习目标的运用才是有效的	过多运用影响动作技能的形成与掌握	过多运用,容易让学生反感

第五章 羽毛球运动教学方法体系的构建与创新

相应的羽毛球教学实践指出,上述的这些标准总是应用于相应的教学情境,只有把握了相应的情境特征,才能够更好地利用这些标准。另外,在进行教学方法的选择与运用时,应紧跟时代潮流,注重教学方法的创新,推动羽毛球教学的不断发展。在教学中,教师要做到"教学有法,但无定法"。既然"有法",那也就意味着"法"掌握的多少决定着量变到质变的飞跃,要求教师高质量掌握这些方法;而"无定法",要求教师能对教学方法充分理解,在"有法"的基础上实现创新发展(表5-4)。倘若羽毛球教师未能充分掌握教法全貌,则娴熟支配自身教学行为的难度会大大增加。

表 5-4 运动技能形成四个阶段教学方法运用的分析

教学阶段	初步学习阶段	改进提高阶段	掌握与完善阶段	运动技能阶段
教师教学主导性	强——以教为主	辅助——指导质疑	弱——学习总结	很弱——点拨领悟
学生学习主体性	接受	主体学习生发	意义学习构建	自学自悟
教学方式	感性描述与形象描绘,使学生理解学习内容	组合归纳利用已有经验新旧知识感知产生意义学习建构	学习经验交流 内外反馈结合 自我总结	点评感悟 经验总结
教学方法	讲解与直观教学法 分解与完整教学法 情境教学法 口诀强化法	正误比较法 重复练习法 增大与降低条件法 游戏法 竞赛法	迁移法 个别指导法 成果展示法 扩展变式练习法	情境应用法 竞赛法 自主学习法

通过上述的剖析和探究,我们认识到羽毛球教师在运用体育教学方法时,应当准确把握以下几项关系。

(1)在教学过程中,如果教师所设计的教学情境或提出的相应学习材料符合学生的认知性,则学生能够产生相应的学习动机;反之,如果其与学生的认知性不符,则学生的学习状态就会不良。学习不是突然发生的,而是通过一系列细小的步骤按顺序达到的。学生学习过程存在由低级到高级的认知水平状态,在学生的学习方式上,表现出不同的特征制约着学习的质量和效果。教学方法的选择与运用过程中,应以学生的认知水平状态为依据。

(2)学生学习的过程可以被视为信息和知识建构的过程,在这一过程中,学生信息接收的通道是由低级记忆向高级记忆建构的。因此,羽毛球教学方法的运用存在以下序列递进关系:输入、编码、储存、提取、输出。羽毛球学习时,这一理论为教学方法的选择与运用提供了科学的依据。

(3)技能迁移规律认为,当两种技能具有相同因素时,一种机能的变化可增进另一种机能的变化。在羽毛球教学中,教学方法选用的策略上,应注意知识之间内在个性特征相互迁移的关系。

(4)羽毛球教学方法的运用,存有上下过渡连接的关系。在羽毛球教学中教学目标并不是孤立的,它是多种目标的综合,而每一单元、每一堂课目标的侧重点是不同的。应注重教学目标之间的联系。教师在知识讲解策略上,必须注重知识与知识之间上下建构的联系,在教学过程中,教师应帮助学生把新旧知识联系起来。

(5)站在全局展开分析,教学方法具备多样化特征,同时教学体系会随着教学理论的完善而逐步完善。各项教学方法的特征存在着或多或少的差异,适宜选用的教学环境也有所不同。任何教学方法都不是放之四海而皆准的,都有其相应的使用范围。一种教学方法可能在某一情境下是最优的,但是其在另一个情境下效率可能较为低下。因此,在开展羽毛球教学中,应注重教学的整体观:一方面,应明确各种教学方法的优势和局限性;另一方面,应明确与教法相对应的学法,使得教法与学法相适应。在羽毛球教学中,应以一种教法为主导,同时结合其他教学方法,促进教学的科学化发展。

(6)现代教学方法不仅注重引导学生知识的学习和积累,更加注重学习而设计教法。在开展教学过程中,任何教学方法的选择都注重将学生学习的积极性充分调动起来。如果忽视了这一方面,则教学行为是不可取的。

学生处于不同的年龄阶段,则其身心发展过程也有其阶段性的特点。对于大学生而言,大一学生和大四学生其身心发展特点会表现出鲜明的差异性。另外,男女性别上的差异性也会导致其对于体育的态度的不同,因此,应采取合适的方法,充分调动学生学习的积极性。学生的经验和知识储备以及其相应的学习能力也是教师选择不同的教学方法的重要依据。对于知识储备量较为丰富,已经掌握基础知识技能,并且学习能力较强的学生,其在学习新的体育技能时能够更快、更好地掌握相应的技能。此时,教师可采用相应的方法促进学生的技能水平向着更高的水平发展。

二、羽毛球教学中学法的选择与运用

在羽毛球学法的选择与运用时,可从学习过程的指导、学习方法的指导两部分着手建构。羽毛球教学实践表明,通过这一方式能够突出教学的目的性,使得学生能够掌握羽毛球知识和技能;另外,还能够体现教学的主体性,使得学生能够领悟学会学习的方法。

从心理学来看,学生学习的主动性主要受到学习环境的情境适配与知识意义的建构这两方面的影响。在学习过程中,学生学习内容策略设计和环境策略设计应相互匹配。建构主义学习理论认为,情境、协作、对话和意义建构这四方面是学习的重要支柱。由此能够得出,学生学习羽毛球运动时,智商和情商都发挥着重要作用。学生在进行羽毛球学习时,教师的学法设计应当注意以下几项问题。

(一)把学习内容的设计设定为着手点

(1)学习内容的深度、难度与学习活动适配性的安排。指向完成什么学习任务,达成什么教学目标。

(2)学习活动内容的顺序性和进度性的安排。场地、时间、器材等能否符合学生的学习要求,达成有效学习的展开。

(3)学习活动的差异性的设计安排。是否具有多元性、多样性、多层性等知识意义建构的发生,是否符合不同学生的能力、条件、性格,达成有效学习的展开。

(4)学习活动的行动和效果的设计安排。要能够引起学生之间、师生之间的互动,促进合作学习的开展;还应促进注重学生成绩的考察和奖励,即达成懂、会、乐。通过这种方式来感染、引发、激励学生的学习情感,从而使其产生良好的自主学习行为,保障学习活动持续深入。

(二)把学习内容的方式设定为着手点

个性化是学习活动的一项特征。对于羽毛球教学实践来说,当教学内容与教学活动存在差异时,学习方式也会有所不同。由此可见,好学法都是适应学生实际状况的学习方法。在羽毛球教学中,有参考价值的学习方法包括以下几种。

1. 从求知需要的满足中求乐

在教学过程中,学生如果对所学材料保持良好的兴趣,则其学习效果就会更好。因此,应增强羽毛球教学内容的趣味性,满足学生的多方面需求,促进学生在学习过程中产生快乐的情绪,推动学习效率的提高。

2. 从成功需要的满足中求乐

很多学者认为,成功所带来的欢乐是一种重要的情绪力量,其能够有效激励人们去学习。因此,在教学中,应注重让学生充分体会成功带来的快乐。在羽毛球教学中,教师应采取多种措施使得学生尽可能创设获得成功体验的机会,改变传统教学方法,把学习与创设成功相联系。

3. 从建树需要的满足中求乐

所谓建树需要,就是学生把所学习的体育知识和技能灵活运用到实际环境中去。在羽毛球教学中,教师应通过开展各种活动来为学生创造相应的条件,促进学生积极参与羽毛球学习,充分体会羽毛球运动的乐趣,获得运动的满足感。在开展羽毛球教学中,教师应注重学生的情感体验,积极挖掘学习内容的快乐性,以及方法和手段的艺术性,促进知识本身对于学生的吸引力。

4. 从活动的形式中求乐

游戏法和竞赛法等有着丰富的内容,形式灵活多样,具有情节性、趣味性和竞赛性等方面的特点,是体育教学的重要手段、方法和形式。在开展羽毛球教学中,应注重科学运用体育游戏、竞赛法等扩展练习变式来提高学生的兴奋性,使得学生在良好的心理状态下进行学习,促进学生学习的主动性、积极性,促进学生积极自愿地参加体育游戏活动,掌握自己所喜爱的运动项目的技术技能。

(三)把学习过程的指导设定为着手点

随着经济社会的发展,对于人们的能力要求在不断提高,并且需要人们不断学习新的知识和技能,促进自身的不断发展进步。因此,现代社会,人们要学会学习,掌握独立学习的方法,这比单纯掌握知识重要得多。在羽毛球教学中,教学策略制定应注重形成学生学会学习的方法。

1. 学习的阶段

事物发展过程中,都会有一定的发展阶段。指导学生学会学习,需经由自身的习得和后天的教化两个阶段,实现的基本条件分别是外显学习与内隐学习,这两项基本条件又被称为形成经验和养成学习习惯,具体如下:

(1)外显学习

外显学习即为通过不同学习条件的习得与运用,完成知识的实践—认识—再实践—再认识,促进认识的不断深化发展。教师要遵循由量变到质变的规律完成这一循环和认识。分阶段设计各种类型的环境与条件,循序渐进地策划学生实践学习中运用知识、经验和智慧,形成学会学习的方法。

(2)内隐学习

对于人类来说,模仿属性、抽象反思自我能动改造世界的属性都是其基本属性。因而,可通过意向性学习的能动建构,缩短自然学习的时间,进入飞跃阶段。学生通过自我意向性学习的总结与领会,可促进其掌握学会学习的方法,步入内隐学习阶段。内隐学习阶段,学生的学习较少受到外界环境的干扰,养成了良好的学习习惯,可自主自觉地监控自己的学习。在羽毛球教学中,指导学习过程的学法组织与运用,有以下学法供选择(表5-5)。[①]

表5-5 体育学法的教学设计

方法/活动	全班	小组	个人
教学方式	接受式教学/活动式教学相结合 发现式教学/能力式教学相结合	统一指导法/多元指导法相结合 统一学习法/合作学习法相结合	统一任务学习/学习策略相结合 统一作业教学/个别化作业相结合
学习活动	统一进度学习/分层学习相结合	教为中心/学为中心相结合	统一技能练习/差异练习辅导相结合 集体练习过程/个性练习过程相结合

2.羽毛球教学的学法教学方式的设计特点

(1)交往性

在教学过程中,师生互动、生生互动等多向交往教学方式的

[①] 张振华.体育教学理论与方法[M].北京:北京师范大学出版社,2016.

学习效果最好。在进行学法的方式设计时,既要重视学生自身学习信息的获得,也要考虑学生之间的沟通与交往,促进自身学习的不断优化。

(2) 多层性

学生的学习能力具有一定的差异性,因此在教学中应坚持因材施教。学生的学习类型和认知风格不同,在教学中应根据学生的特点来开展教学,促进有意义学习的发生。因此,学法的方式设计必须面向学生的差别,施以多层的个性化学习选择。让不同质的学生都能得到学习的收获和满足。

(3) 信息性

学法的方式组成既要有间接的接受式学习方式,也要有直接的发现式学习方式,还要有独立的自主发现式学习方式才是可为的。因而,学习的过程不仅有教师教学生学的过程,也要有学生之间的合作学习过程,还要有学生自主学习的领会过程才是可为的。学校面临的主要任务,首先是教会孩子学习。羽毛球教师促使学生掌握学习方法,有助于学生将其转化成特定的学习能力,这不但能使学生参与羽毛球学习的主动性与科学性得到大幅度提升,而且能增强学生举一反三的能力。

3. 指导学习过程的学法运用与安排

学习需要、动机、兴趣、毅力、情绪等非智力因素的指导,主要是解决学习目的和学习动力问题;学习过程各环节及其方法的指导,主要解决学习方法问题;学习能力的指导,主要解决学习习惯的问题。因而,我们认为指导羽毛球学习过程的学法运用与安排应注意以下几个方面。

(1) 解决学习目的和学习动力的方式

在开展羽毛球教学中,应注重提高学习的元认识。教师和学生应明确学会学习的意义、特点与策略,这样才能够建立学会学习的认知与方法。从心理学来看,人的行为受到意识的影响。在羽毛球学习时,学习策略可以被认为是一种学习技巧、学习习惯和学习情感体验的养成,它是内化学生学会学习的基础。

(2)解决学习方法选择与运用的方式

①在开展羽毛球教学中,应注重建立相应的学习策略

在羽毛球学习时,根据学习内容的特点正确选择和使用学习方法,建立学习策略至关重要。如果学习方法与学生的心理特点和学习内容不匹配,则学习目的就难以实现。

②在开展羽毛球教学中,应学会评价学习策略

相关研究指出,建立学习策略是低水平的认知策略,只有学会对自己学习的活动进行评价和监控,主动调节影响与制约自我学习活动的相关因素,才是真正地学会学习。学生能够学会评价和监控自己的学习进程,才能够促进自身更好地发展。

(3)解决学习能力的运用方式

羽毛球学习过程中,学生应学会进行比较总结。学生通过对自己学习经验进行总结,就能了解自身学习的优点和不足之处,逐步提高自己学习能力和水平,养成学会学习,形成学习策略。学生在进行羽毛球运动学习的过程中,应当积极与其他同学交流学习方法,进而对自身运用学习方法的实际情况形成清晰认识,促使自身自主学习的自觉性得到大幅度提升,最终探索出最适合自己的学习特点。

第三节 羽毛球运动教学方法的创新研究

一、创新羽毛球教学方法的理论基础

羽毛球教学方法不是固定不变的。发展至今,羽毛球教学活动对教学方法提出了越来越高的要求,发展和创新羽毛球教学方法已经成为一项需要尽快解决的任务。创新羽毛球教学方法的理论基础如下。

第五章 羽毛球运动教学方法体系的构建与创新

(1)随着社会的发展,对人才质量的要求越来越高,由片面地掌握书本知识到掌握理论与实践统一的全面知识,由掌握知识到发展智能,由限于学习到创造性的培养等。这种对人才培养任务的变化,势必要求教学方法做出相应的变革。

(2)在现代科学技术迅速发展的条件下,人类积累的知识量越来越大,知识更新的速度越来越快,科学内容出现高度分化和高度综合的趋势,因此使教学时间与教学内容的矛盾越来越尖锐。要解决这一矛盾,除了进行教学内容的精选和改革,还必须不断提高教学方法的效率。为了与时代的发展相适应,促进学生不断增长的体育需求的满足,羽毛球教学的内容也在不断改革与发展,这也直接促进了羽毛球教学方法的变革。例如,随着定向运动和野外生存运动引入到羽毛球教学之中,使得羽毛球教学活动的野外组织和教学方法得到了更加深入的开发。

(3)科学技术手段的发展,必然促进教学手段的更新,这就不仅为教学方法的改革提出了新的要求,而且为教学方法的改革提供了新的可能,包括电教手段、电子计算机和新的仪器设备等。随着科学技术的迅速发展,人们的生活水平不断提高,生活质量得到了很大程度的优化。而且,科技的进步在羽毛球教学领域也发挥了积极的影响,具体表现在其对羽毛球教学方法产生的深远影响。随着计算机技术的快速发展,其在羽毛球教学中的普及性也在逐步提高,这就促进了羽毛球教学中动作示范标准程度与科学程度的提高。而且,科技的进步使得资料的搜集、整合更加便捷,学生在学习空间和时间方面受到的限制逐渐降低,实时的信息沟通逐步实现。借助计算机完成动作示范,有助于师生分析并探究不同侧面、不同速度、不同部位的动作,进而把传统讲解示范等教学方法的作用发挥得淋漓尽致。

(4)教育与教学理论上的发展与突破,必然推动教学方法的发展,一方面它为教学方法的发展和变革提供了新的理论基础,另一方面它又总是力图通过创立某种新的教学方法具体体现出来。羽毛球教学理论的发展对于羽毛球教学方法的创新与进步具有积极的影响。在新的羽毛球教学理论的科学指导下,羽毛球教学方法的发展和创新速度逐步提高。传统羽毛球教学过程中,对于运动技能的分析还不是很深入,并且针对项目的教学所采用的教学方法较为固定,甚至不同运动项目的教学中都采用同样的教学方法。

综合分析能够发现,改革教学方法必须有相关理论发挥指导作用。指导教学方法改革的理论主要有两个方面:一方面是指教学理论及其相关学科的理论,包括教学方法的理论。一定的教学方法总是在一定的教学理论的指导下经过实践而形成的,不论是历史上的还是现行的教学方法,都有其教学理论或教学思想的背景。另一方面是有关教学改革的策略的理论,包括改革的目标、途径、方法、步骤、组织、控制等方面。教学理论,尤其是有关教学方法的理论,是决定教学方法改革的方向及实质性内容的理论依据,而采取正确的改革策略,是保证改革健康发展的重要条件。我国多次教学改革的实践经验表明,两者是不可替代的。

二、创新羽毛球教学方法的大体走向

(一)现代化走向

在羽毛球教学发展的过程中,羽毛球教学的现代化趋势非常明显,其重要的表现之一就是教学设备的现代化,通过采用先进的技术手段,使得教师能够更容易开展教学活动,学生能够更好地学习。通过先进的现代化设备,教师能充分了解学生身体发展的状况,能根据其发展特点和实际情况合理制定运动训练的负荷量。在教学管理方面,能够结合当前实际为学生提供更加便捷的服务。随着现代社会的发展,羽毛球教学的各项技术也在逐渐发展着,教学方法也必然呈现出现代化的发展趋势。

(二)心理学化走向

体育学习是一项复杂的心理过程,学生进行体育学习既要涉及相应知识的记忆,同时还有动作技术的记忆。随着现代心理学研究的不断发展,学习过程的各个方面被人们所认识,心理学中的相关理论逐渐受到人们的重视。在羽毛球教学方法发展的过程中,很多心理学的研究成果被地应用其中,这极大地促进了教学质量的提高。另外,羽毛球教学的一个重要的目的是培养和发展学生的良好意志品质、促进其心理健康,而通过心理学理论的运用,能很好地实现这一目的,由此可见,羽毛球教学方法也呈现出心理学化的趋势。

三、羽毛球教学的方法创新

(一)探究教学法

在羽毛球教学过程中,引导学生发现问题、分析问题,最终解决问题,使学生在探索、研究的过程中对知识和技能进行掌握的教学方法就是所谓的探究教学法。探究教学法与现代教学教育理论对学生的要求更相符,也是新体育课程强调学生主体性理念的重要表现,因此在羽毛球教学中日益受到教师与学生的高度重视。羽毛球教师应用探究教学法的注意事项如下。

1. 制定清晰的目标

教师在教学时应预先对研究计划进行确立,以便促进羽毛球教学目标的顺利实现。目的不明确、与教学实际不符的探究活动不仅会造成时间的浪费,还会对课程目标的实现造成妨碍。

2. 充分符合学生的知识水平

教师的教学必须以学生实际的知识能力水平为前提,教学内容太简单对于学生学习兴趣的激发是无益的;教学内容太难会使学生失去学习兴趣与信心。因此体育教师在教学前很有必要对学生的基础知识的掌握能力以及技能水平进行了解,引导学生进行力所能及的探究。

3. 适当引导、启发、激励学生

在羽毛球教学过程中,针对学生通过努力仍然有一定解决难度的探究性问题,教师应加强对学生的引导、启发与鼓励,但不能代替学生进行探究活动。

(二)发现式教学法

发现法亦称"发现教学"或"发现学习",是学生运用教师提供的按发现过程编制的教材或材料进行"再发现",以掌握知识并发展创造性思维与发现能力的一种教学模式或教学方法。具有通过发现过程进行学习和在学习过程中进行发现方法的双重含义。实质上是一种具有较高程度的独立学习的方法。有学者将其定义为:从"青少年学生的好奇、好动等心理特点出发,以发展学生的创造性思维为目标,以解决问题为中心,以机构化的教材为内容,使学生通过再发现进行学习的方法。"

在羽毛球教学过程中,运用发现式教学方法要遵循以下几方面的步骤。首先,提出相应的问题,或是设立相应的学习情境,使得学生面临相应的问题和困难,在教师的引导下去进行相应的探索;其次,通过进行相应的练习,初步掌握技术动作的原理和方法;再次,通过分组讨论,提出相应的假设,并进行相应的实践验证,并对提出的问题进行讨论;最后,得到共同的结论。

作为一名羽毛球教师,运用发现式教学法的注意事项是:第一,教师要善于提出相应的问题和创设相应的情景,要充分调动和激发学生的积极性,激发学生学习的兴趣;第二,教师提出的问题应适应学生的能力水平,使学生能够根据已有的知识和经验,并通过一定的探索得到相应的答案;第三,要注重抓住教学的重点,引导学生对于重点问题进行积极的思考,并找出解决问题的方法,启迪学生的创造性思维;第四,采用这种方法时,应注重由浅入深、由抽象到具体,使得学习过程符合人们的认知规律。

(三)念动训练教学法

1. 念动训练教学法概述

念动训练教学法又称表象训练教学法、想象训练教学法和意象演习。实际上也是模拟练习的一种形式。通过词语唤起对一种动作过程的紧张想象,并借助表象进行动作演练的方法。

念动训练教学法对改进动作过程和加速学习过程所起的作用已被试验证明效果很好。学生有意识地、系统地在头脑中重复再现原已形成的运动动作(表象),这种内部重复演练动作的训练过程,能唤起神经生理反应,使表象过程中相应动作部位产生肌电活动。这些效应有利于建立和巩固正确动作的动力定型,从而有助于加快动作的熟练和加深对动作的记忆。念动训练教学可细分为以下三种形式。

(1)自我暗示

自言自语地训练自己说出有关动作的过程。它适用于简单动作的教学和复杂动作教学的初学阶段。如原地掷手榴弹、原地推铅球、立定三级跳和分解技术练习等,可作为念动训练教学的启蒙练习,以此提高学生的想象能力。

(2)用念动法加深感觉训练

观察他人练习时的想象动作过程,适合于完整技术教学。当技能学习进入分化阶段时,头脑中基本能建立比较清晰的正确动作的运动表象,并能较好地与实际动作过程结合。通过对他人动作的观察之后,能想象出具体的动作要素和要求,在练习中能有效地控制自己技术动作的某些环节。

(3)用意念法去意识运动训练

自己能独立想象,常用于巩固阶段的教学。这种意念训练教学对改进和巩固技术动作,提高运动技术的稳定性、综合性,建立正确动作的定型有明显的作用。

从整体来说,这三种形式存在区别于其他形式的特征和功能,但三者共同组成了存在联系的统一整体,念动训练教学法也由此产生。

2. 运用念动训练教学法的注意事项

(1)唤起运动表象可以由自我暗示(念),也可由别人暗示(念)

这种关键动作信号的词语,能代替各种具体事物,可以唤起某个具体事物作为条件刺激物时建立的条件反射(动)。因此,教学中的暗示要注意发挥学生(自我)和教师的(双方)作用。

(2)使动作过程口语化

把动作过程及要求简化为简单的词语,有助于学生默念(自我暗示),并唤起动作的运动表象。

(3)注意与训练紧密结合

想象的运动表象只有同实际动作练习紧密结合、反复练习,才能使正确的运动表象转变成正确的运动技能。因此,在念动训练教学中:一要注意想象后要立即转入实际练习,即在头脑中运动表象清晰的状态下进行练习,有利于对动作过程的控制和建立;二要注意想象与动作练习的重复性,只有不断地重复强化,才能逐步减小理想模式与实际水平的差距。

(4)培养学生的想象能力

不管采用念动训练教学的哪种方式,重要的是学生能否在头脑里清晰地重现和感觉自己做出要做的技术动作或反应,只有具备生动的想象力的学生才能有效地进行念动训练。因为学生的想象,如果已经达到能集中描述动作的程度时,参与想象的有关肌群才会产生微弱的神经冲动,加之不断强化,则可使学生的学习产生效果。

(5)念动训练教学的效果与动作体验和年龄有关

据试验分析,12岁以前的少年儿童采用念动训练教学方法很少有效果,而对有一定水平的高年级学生,特别是高中生和大学生却有一定的效果。由此可见,念动训练教学的实际效果受两大前提的影响,即技能的熟练程度和想象能力,所以说羽毛球教师应用念动训练教学时一定要全面分析和考量教学对象的具体状况,一定要有目的、有意识地应用。

(四)成功教学法

所谓成功教学法就是要在教学过程中使得学生产生成功的体验,从而激发其学习的积极性,树立良好的自信心,对其健康成长具有积极的意义。

在传统的教学理念中,只有得到最高的分,才算是成功。这就使得只有少数人能够体会到成功,大部分学生的学习积极性受到影响。成功教学法认为,在羽毛球教学过程中,应保证学生具有更多的时间去体验和学习,教师应创造更多的机会来让学生去体验成功。

在教学目标的创设方面,应更加合理,学生通过努力学习就能够达成目标,为学生提供更多的展现自身个性的机会,使学生有更多的机会来体验快乐。例如,在教学过程中,完成动作最为标准的学生提出表扬,也可以对学习态度良好,提出疑问的学生提出表扬,还可以对意志品质良好的学生进行肯定,还可以对成长进步较快的学生进行肯定,使得学生能够获得成就感,更加积极努力地学习。

需要注意的是,在羽毛球教学中,成功教学法虽然要求对学生进行积极的表扬,但是如果只表扬不批评,则也不利于学生的学习和成长。由此可知,体育教师应当奖罚分明,在恰当时机表扬和批评学生,借助适宜的奖罚手段实现教学目标。

(五)自主学习法

为了实现相应的教学目标,在教师的引导下,学生依据自身的需要和条件制定相应的目标,选择相应的教学内容,并通过独立地分析、探索、实践、质疑、创造等方法来进行学习。自主学习能够充分发挥学生的主观能动性。

在羽毛球教学中，自主学习法指的是为了实现羽毛球教学目标，学生在体育教师的指导下，依据自身的需要和条件制定目标、选择内容等学习步骤，完成学习目标的一种体育学习模式。自主有独立性、能动性和创造性等特点，有利于激发学生学习体育的积极性，培养学生的体育自主学习能力，确立学生在体育学习中的主体地位，提高羽毛球教学的学习效果。

对于选择并应用自主学习法的学生来说，应当注意两方面的问题：一方面，学生应根据自身的知识储备和能力水平，选择相应的目标和学习内容，并在教师的引导下进行；另一方面，学生应根据自身情况，对照学习目标，积极进行自我调控，并及时改进教学方法和教学策略。

（六）合作学习法

合作学习法指"在教学过程中，对学生进行相应的分组，学生为了完成共同的学习任务，而有明确的责任分工的互助性学习形式。"各小组成员根据自身的特点承担相应的责任，各成员之间是相互依赖的关系，在相互协作中，完成相应的任务。

在羽毛球教学中，应用该方法应遵循的步骤是：第一，在教师的引导下，学生结成相应的小组；第二，全体成员在教师的指导下，根据教学内容确定相应的教学目标；第三，确定各学习小组的研究课题，并对各小组成员之间的分工进行明确；第四，小组成员合作学习，围绕相应的主体完成自身的任务，从而实现小组任务目标；第五，各小组进行一定的学习和交流，分享相应的成果，并纠正自身的不足；第六，对学习的过程进行评价，总结经验和得失，促进下次学习得以更好地开展。

第六章 羽毛球运动教学设计体系的构建与创新

羽毛球运动教学是学校体育课程教学的一项关键内容,其教学设计应当符合体育课程教学设计的基本原理和知识,从而为我国羽毛球运动教学的持续发展发挥积极作用。本章在详细阐析羽毛球运动教学设计基本理论的基础上,对羽毛球教学目标、教学策略、教学环境、教学评价的设计进行全面阐析,最后分析和研究羽毛球教学设计的创新趋势,力求夯实我国羽毛球运动教学设计的理论基础,推动羽毛球运动教学设计的创新进程。

第一节 羽毛球运动教学设计的基本理论

针对羽毛球运动教学设计,本节仅从概念和特征两个层面加以阐析,力求夯实羽毛球教学设计的理论基础。

一、羽毛球课程教学设计的概念

根据体育教学设计概念可知,羽毛球课程教学设计的概念就是以羽毛球专业理论以及体育传播理论、学习理论、教学媒体理论等相关理论和技术作为基础,采用系统方法来对羽毛球课程教学问题进行分析,来对羽毛球课程教学的目标进行确定,并针对问题设计相关的解决策略、试行方案、评价结果以及对方案进行修改的一系列系统化计划过程。

二、羽毛球课程教学设计的特点

（一）科学性

羽毛球课程教学设计是一门科学，其学科基础包括人体生理学、人体解剖学、体育心理学、运动生物化学、体育保健学、体育教学论等体育专业中的众多学科理论，在教学媒体理论、传播理论和评价理论的科学指导下，对教与学中的客观规律予以遵循，对学生的兴趣和爱好进行充分考虑，对学生的个性进行培养，构建一个科学、合理的羽毛球课程教学目标、教学方法、教学内容的策略体系，通过对系统方法的科学运用，来更好地分析各个羽毛球课程教学要素及其关系。

（二）具体性

羽毛球课程教学设计的目的就是为了更好地将当前羽毛球课程教学过程中存在的问题进行解决，所以羽毛球课程教学设计的任何一步安排都要做到具体问题具体分析。具体说明，羽毛球教师在分析某学期对羽毛球运动技术的学习时，一定要认真分析羽毛球运动项目的概念、规则以及特征等内容，同时以此为基础科学设计教学方法与教学步骤。

（三）艺术性

羽毛球课程教学设计是一门艺术，而艺术来源于创造，体育教师在开展羽毛球课程教学设计的过程中，要根据羽毛球相关教材，学校具体的体育环境、学生的个性特征等，发动脑筋，进行创造性思维。一份优秀的羽毛球课程教学设计方案，其艺术价值应具有独特性，要使人感受到独具匠心，感受到作者的良苦用心。

第二节 羽毛球教学目标的设计

一、羽毛球教学目标的价值

(一)指导学生学习

学生的学习也是建立在教学目标基础之上的。在一个学期的第一节羽毛球课上,体育教师通常会告诉学生本学期羽毛球课所要学习哪些东西以及最终要达到什么样的目标,这就会引起学生的注意,使学生从一开始就能了解本学期羽毛球课的目的是什么,从而更好地激发出学生对新内容学习的期待和达成羽毛球教学目标的欲望。在羽毛球课程教学过程中,目标导向的教学测量和评价也会进一步指导学生如何更好地学习,掌握更好的学习方法与策略,促使自己不断进步,最终达到教学目标。

(二)引导羽毛球教学方向

对于羽毛球教学活动来说,羽毛球教学目标便是其所要最终实现的预期结果,在整个羽毛球教学过程中,它发挥着重要的指导作用,能够使体育教师和学生参与所有的体育活动都有一个具体的方向。羽毛球教学目标导向功能的充分发挥,可以帮助体育教师更好地督促学生做正确的事情,做更加具有意义的事情,将其他的干扰排除。

(三)指导羽毛球教学方法

设计好羽毛球教学目标后,根据总的教学目标,体育教师来选择合适的羽毛球教学方法,制定出合理的羽毛球教学策略,进而更好地开展体育教学活动。羽毛球教学目标有着较强的指导性,根据教学目标,体育教师可以对相应的教学方法加以合理选择。

(四)指导羽毛球教学评价

一般羽毛球课程教学结束后,要进行相应的形成性评价和考核性评价,并形成最终的终结性评价,这对应着平常所说的"平时成绩""考核成绩"和"最终成绩"。

羽毛球教学评价的标准是将羽毛球教学目标作为依据的,根据羽毛球教学目标来对相应的考核标准、考核内容进行确定,并对测试材料进行编制。对某一节课的教学效果进行评价,其最基础的标准就是要看是否能够促使羽毛球教学目标的实现,根据羽毛球教学目标的达成情况来对羽毛球教学的质量进行评价。羽毛球教学目标是羽毛球教学效果得以测量和评价的重要尺度。

二、羽毛球教学目标设计的要求

(一)系统把握,注意整体协调与衔接

通常情况下,羽毛球运动的教学目标往往都是一学期的目标,所以其具备整体性特征。教师在设计羽毛球教学目标时,既要设立各类各层具体的羽毛球教学目标,而且还有使这些具体的教学目标相互之前具有关联性,以使其能够呈现出层次性、系统性、联系性和递进性等特点。

(二)表述明确具体,避免模糊

羽毛球教学目标的设计是为了解决羽毛球教学要"实现什么"的问题,羽毛球教学目标如果含糊不清,就很容易产生歧义,这对于羽毛球教学内容、教学方法、教学策略和教学评价的实施、选择和制定都会产生各方面的影响,从而限制羽毛球教学目标作用的充分发挥,对整个的羽毛球教学效果产生影响。

(三)将大目标分解成细致的操作目标

体育教学目标必须将总体目标分解成细致的操作目标,才能让教学过程实现价值。具体的体育教学目标包括学习目标和依据学习目标界定和编写行为目标。行为目标是根据实现学习目标的分解,分解成一个又一个的行为目标。体育教学目标的细分往往决定着体育教学效果的优化和体育教学质量的提高,每个体育教师在设计目标时都要考虑到这方面的内容。

(四)设计要有弹性

很多因素都能够对羽毛球教学目标形成制约,而且这些影响因素具有变化性,并不是固定不变的。保持羽毛球教学目标的稳定性是相对的,而羽毛球教学目标的发展、变化是绝对的。教师设计的羽毛球教学目标应当尽可能保持特定弹性,从而为日后调整预留空间。

三、羽毛球教学目标设计的原则

(一)科学性原则

科学性原则要求羽毛球教师设计教学目标时达到以下几项要求。

第一,要将羽毛球运动项目的特点予以体现出来。

第二,要将各个领域的学习全部、全面包含其中,包括身体、心理等方面。

第三,使各体育教材得以充分结合,并将羽毛球教材的重点和难点予以突出出来。

第四,目标要具体、明确,易于操作。

第五,难度适中,通过付出一定的努力保证大多数学生都能够达到。

(二)发展性原则

体育教学目标的效果最终要落实并体现到学生的身上。因此体育教学目标的设计既要着眼于现有的发展水平,又要放眼未来,使学生在未来走向社会时能成为社会的栋梁,获得美好健康生活,形成终身体育的意识。

(三)系统性原则

众所周知,羽毛球教学目标是由很多的具体目标共同组成的一个完整系统,它是一个层次分明的有机系统。羽毛球教学目标从纵向来看要将不同学段、不同学年、不同单元以及不同内容之间的衔接与联系予以体现出来;从横向对比,不同学习领域的目标之间要充分配合、彼此补充。只有纵横相结合对羽毛球教学目标进行连贯的设计,才能更好地保证羽毛球教学目标得以最终实现。

(四)可测性原则

在羽毛球教学过程中,羽毛球教学目标是对学生身心发展状况的明确、具体、恰当的描述,而学生的身心状况通过体检等手段是可以测量出数值的,这样能客观反映出羽毛球教学目标是否能够真正有助于学生身心发展。

(五)灵活性原则

羽毛球教学目标的设计要具有灵活性,目标不能太好高骛远,要留有余地,只有这样才能获得更好的效果。羽毛球教学目标的灵活性主要取决于其复杂性,这使得体育教师的创造力得以更好地发挥出来。羽毛球教学目标的灵活性,能够使其与学生的个人特点相适合,从而使学生身心获得均衡、全面的发展。

四、羽毛球教学目标的编写

(一)羽毛球教学目标的表述

不同层级的羽毛球教学目标,有着不同的表述方式。通常来讲,在表述形式上,整个大学的羽毛球教学目标和每一学年的羽毛球教学目标都是比较抽象的,在内容方面也都是比较宽泛的,但它们都是单元目标和课时目标所制定的重要依据。单元羽毛球教学目标要稍微具体一些,它是羽毛球教材中的某个单元的学习范围,依据学生个人具体的发展状况,用行为目标的形式把总的羽毛球教学目标划分成一个个小目标。具体的目标要分解到什么样的程度则要与具体的情境联系在一起,最终给予明确界定。

在对羽毛球教学目标进行设计时,对课时羽毛球教学目标如何进行准确、清晰、具体的表述是一个需要进行研究的问题。羽毛球教师在表述教学目标时应当避免以下几项错误:第一,把羽毛球课时教学目标作为体育教师要做的工作来进行陈述,对于期望学生发生怎样的改变并没有进行说明;第二,列举羽毛球教学中涉及的各因素,但没有说明学生怎么处理这些因素;第三,对目标陈述的方式过于概括,没有具体指出行为所能适应的领域。

(二)羽毛球教学目标的表述方法

羽毛球教学目标有很多表述方式,体育教师应根据自身需求来选择适合的羽毛球教学内容、教学目标以及不同的表述方式。

1. ABCD 法

对于一个明确、规范的羽毛球教学目标来说,其表述应包含四个要素:行为主体(Audience)、行为动词(Behavior)、情境或条件(Condition)、表现程度(Degree),简称 ABCD 形式。

(1)行为主体

在羽毛球教学中,学生就是行为主体。羽毛球教学目标的预期结果和描述对象都是针对学生的行为。所以,羽毛球教学目标书写的开头应该是"学生……"。在对羽毛球教学目标进行表述时,有些教师一般会略去教学主体,但根据表述仍很明显地体现出学生是行为完成的主体,如"(学生)能掌握三步上篮的动作要领"。如写成"教会学生……"或"培养学生……"那就是教师的行为了。

(2)行为动词

行为动词用来描述学生在做相关动作时发生的可观察、可测量的具体行为。它主要可以分为两种类型,即模糊的和明确的。模糊的动词包括了解、指导、清楚、相信、喜欢、察觉等。明确的动词有跟随、报告、模仿、陈述、听从、接受、拒绝等。在对羽毛球教学目标进行表述时,所选择的动词应意义明确,便于观察。

(3)行为情境

行为情境是指对学生产生学习结果形成影响的特定限制或者范围,具体就是学生在哪些情境下完成指定操作。教师表述行为条件的常见案例如下。

①环境因素

这种因素主要是对空间和时间的限制进行具体说明,如"在单杠区进行引体练习"。

②作业条件因素

这种因素主要包括对器材的高度和重量的规定,以及允许或不允许使用器材与辅助手段等。

③提供信息或提示

提供信息或提示,如"通过借助图书馆查阅相关的书籍资料,来完成羽毛球理论试题"。

第六章 羽毛球运动教学设计体系的构建与创新

④完成行为的情境

完成行为的情境,如"两人一组,进行羽毛球高远球技术的练习"。

(4)表现程度

表现程度是指针对目标,学生所能达到的最低表现水准,能够对学生的学习结构和学习表现所达到的程度进行评价。表现程度所采用的指标或标准一般都是定量的,如以下所说。

第一,从时间上对完成行为进行限制,如"5分钟内,跑完1 000米"。

第二,准确性,如投篮练习的"50%命中率"。

第三,成功的特征,如1分钟仰卧起坐"至少完成35次"。

羽毛球教学目标表述的正误对比见表6-1。

表6-1 羽毛球教学目标表述的正误对比

错误类型	错误举例	正确表述举例
以教育目的代替教学目标	促使学生德智体得到全面发展陶冶学生情操,对学生进行审美教育	1. 对于羽毛球发球的要领,学生能够进行正确掌握。
含糊其辞、难以评价	进一步发展肌肉力量,培养日常锻炼习惯	2. 在2~3组引体向上动作中,男生应完成15次以上。
行为主体错位	培养学生不屈不挠的品质,发展学生的爆发力和速度	3. 学生能够轻松愉快地和同伴合作完成羽毛球接发球技术练习。

2. 内外结合

ABCD法虽然能对羽毛球教学目标进行具体描述但也有不足,比如只看行为变化,不关注内在能力和情感上的变化;过分强调结果而不注意学生内在的心理过程。真实情况是,羽毛球课程教学中的一些心理过程确实无法行为化。因此,必须要使用一些对心理过程进行描述的术语。为此,可以采取格伦兰提出的内外结合的方法,先用诸如理解、创造、记忆、知觉、热爱、欣赏、尊重等描述内部心理过程的动词去陈述,再用能看到的行为作为例子使这个目标具体化,将内部心理过程和外显行为结合起来描述教学目标,既避免了描述心理活动的抽象性,又防止了行为目标的呆板与局限。

3. 羽毛球教学目标的表述模型

这里在具体阐述羽毛球教学目标表述方法的基础上,参照相应原理,编制了简洁可行的羽毛球教学目标模型,以期能够对羽毛球教师产生参考价值,具体见表 6-2、表 6-3 和表 6-4。

表 6-2 羽毛球教学目标的表述模型参考一

课题	知识点	教学内容 构成					学习水平						教学目标
		知识			能力		识记	理解	应用	分析	综合	评价	
|| 事实	概念	原理	观察	推理							

表 6-3 羽毛球教学目标的表述模型参考二

课 题	教学内容	学习水平					教学目标
			识记	理解	应用	接受	反应	
	1							
	2							
	3							
	4							

表 6-4 羽毛球教学目标的表述模型参考三

课题	知识				观察实验操作		学习目标
	知识点	学习水平			项目	学习水平	
		识记	理解	应用		初步学会	学会	

第三节　羽毛球教学策略的设计

一、羽毛球教学策略的概念

羽毛球教学策略就是指为了实现羽毛球教学目标,体育教师所采用的羽毛球教学活动准备、羽毛球教学行为和羽毛球教学组织形式选择、羽毛球教学媒体选择等因素的综合考虑。在羽毛球教学设计中,羽毛球教学策略设计是其中非常重要的环节,能够有效地帮助体育教师解决"如何教"以及学生"如何学"的问题。羽毛球教师要想高效达成事先设定的羽毛球教学目标,就一定要选用适应各方面情况的羽毛球教材策略。

二、羽毛球教学策略设计的原则

(一)可以为学习做充足准备

保证学习任务得以顺利完成是学习的目的,要做到这一点,就必须对一些必备的知识技能进行掌握,要具备一定的学习能力。促使学生通过学习能够收获成功,同时还能够帮助学生在精力和实践上的安排更加合理。学生也能够在这一准备状态的基础上,对新的学习获得适当的"心理定向",明白主观条件的利弊。

(二)可以形成学习动机

对于教学内容,如果学生能够产生兴趣,具有学习的意愿,那么他们就会产生积极进取的态度。在这种欲望的带动下,能够对学生产生更好的激励作用,增加学生学习的欲望。提供的学习内容和活动方式,应当有一定的刺激性和挑战性,并且让学生树立成功的信念。良好的羽毛球教学策略能够帮助学生产生积极的学习动机。

（三）达到目标有示范的要求

在羽毛球教学中，体育教师在教学目标阐明之后，首先要对所要产生或完成的行为表现加以示范，以帮助学生在对知识技能进行掌握时有固定的方向。例如，在对羽毛球一些难度较高的技术进行学习时，体育教师可以进行亲自示范，或通过播放视频来对优秀运动员的技术动作进行观看，这些都能够很好地促进学习参与羽毛球学习的积极性。

（四）内容组织达到合理性要求

对于羽毛球课中的某些内容，根据一定的逻辑和程序来进行有效组织，就能帮助学生对知识进行循序渐进地理解并记忆。每节课中呈现动作内容的多少要根据羽毛球教学内容的复杂和困难程度，结合学生的运动能力和理解能力而定。如果所组织的内容太过简单，那么学生在学习的过程中会感到没有挑战性，失去兴趣；如果组织的内容太过于困难，那么学生很容易失去信心。

（五）教师在恰当时机对学生予以指导

在学生对于羽毛球技术动作的尝试与练习时，体育教师要给予及时的指导和提示。随着羽毛球教学进程的实施，这种指导或提示的次数会随着学生对羽毛球技术动作的掌握越来越少，在学生完全掌握后，没有体育教师指导或提示的情况下也能完成学习任务。

（六）学生时刻关注自身的学习状况

在羽毛球课程教学的过程中，对于自己的学习情况，学生应该及时地进行了解，知道自己对相关技术动作的感知与把握达到了什么样的水平。为了督促学生的练习，体育教师必须让学生知道成功后能带来什么样的好处。体育教师要制定出一种效果标准,来对学生的正确性进行评定。

(七)全面兼顾学生的个性差异

羽毛球教学策略的设计要对学生的个性差异予以尊重并考虑。学生的个性差异主要从能力、兴趣、性格、气质等方面表现出来。在对羽毛球教学策略进行设计时,要多从学生的角度设身处地地进行考虑,针对每一个学生使用不同的策略。比如,对于能力较强的学生,体育老师要提出更高的要求;对于基础相对较弱的学生,体育教师要多给予鼓励,对于学生的进步要多给予肯定和表扬。羽毛球教学策略的设计要把促使每一个学生在各自原有基础上得以不断提高作为根本目的。

三、羽毛球教学策略的结构

(一)指导思想

羽毛球教学指导思想可以对羽毛球教学策略做出相应的理论解释,为体育教学策略的方法给予相应的支撑。在羽毛球教学策略的设计和实施过程中,体育教师教学指导思想的不同,所采用的羽毛球教学策略也是千差万别。

(二)教学目标

任何一种羽毛球教学策略都指向了一个羽毛球教学目标,羽毛球教学目标是羽毛球教学策略的核心要素,对其他羽毛球教学要素起制约作用。当羽毛球教师运用教学策略时,活动内容、活动细节、活动方式或者活动程序的指向对象都是羽毛球教学目标,这些要素的存在价值都是为了尽快实现羽毛球教学目标。

在羽毛球教学中,不同的羽毛球教学目标,所采用的羽毛球教学策略也不同。设计羽毛球教学策略时,体育教师要知道通过内容的学习,能让学生在本单元、本课时应达成什么目标,同时要想怎么去实现这个目标。对羽毛球教学目标的分析,是制定和选择有效羽毛球教学策略的关键。

（三）实施程序

羽毛球教学策略的实施就是一种组织起来的程序,因此有其自身的操作序列,即羽毛球教学策略按时间展开的逻辑活动步骤。由于羽毛球教学活动具有复杂性和特殊性,羽毛球教学策略的实施程序只能是基本的和相对稳定的,不能过于僵化和固定,也就是说羽毛球教学策略的实施程序有一定的前后顺序,但没有定式,可以随着教学条件的变化以及教学的进程及时调整和变换。

（四）操作技术

操作技术是指羽毛球教师运用教学策略的手段与技巧。羽毛球教师要想顺利实施具体的教学策略,就一定要提出清晰可行的操作要领,具体的操作要领如下。

（1）体育教师方面,羽毛球教学策略中,体育教师的角色、作用或对教师的要求。

（2）羽毛球教学内容方面,包括羽毛球教学策略的依据和对羽毛球教学内容的处理。

（3）羽毛球教学手段方面,除羽毛球教学通常所运用的手段外,还包括运用本策略所需的特殊教学手段。

（4）使用范围方面,包括本策略适用的问题、性质或学生的年龄特点等。

第四节　羽毛球教学环境的设计

一、羽毛球教学情境创设的方法

羽毛球教学情境的创设有很多种方法,主要从学生的活动、教学内容、教师的讲解、教学媒体的运动等角度进行创设,并且以

第六章 羽毛球运动教学设计体系的构建与创新

上这些角度对羽毛球教学情境的创设又包含了很多具体的方法，具体如下。

（一）立足于学生活动的视角进行创设

从学生活动的角度来对羽毛球教学情境进行创设，其方法主要有游戏法、表演法、任务法、讨论法。

（二）立足于教学内容的视角进行创设

从教学内容的角度出发来对羽毛球教学情境进行创设，其方法主要多介绍反面材料法、分析错误法、有意错误法、提问法。

（三）立足于教师生动讲解的视角进行创设

从体育教师生动讲解的角度出发对羽毛球教学情境进行创设，其方法主要包括生动讲述法、故事法、比喻法。

（四）立足于教学媒体运用的视角进行创设

从教学媒体运用的角度来对羽毛球教学情境进行创设，其方法主要包括多媒体法、教育演示法。

二、羽毛球课堂教学管理模式

任何一种羽毛球课堂教学管理模式，都能够从不同的角度来为体育教师进行课堂问题行为管理提供有益的启示，体育教师可以结合自己的优势和管理风格进行有选择地使用，通过相应的课堂管理模式以获得所想要达到的效果。下面主要就羽毛球教学中五种具有代表性的课堂管理模式展开论述。

（一）权威模式

这种模式强调体育教师采取主动控制的方式来对羽毛球课堂教学秩序进行维持，对学生的问题行为通过采用严谨、周密的课堂规则加以约束。权威模式的实施程序如下。

第一,对具体的课堂规则进行建立,并向学生说明规则是对学生课堂行为的期望。

第二,通过清楚、简明的要求和指令,体育教师要告诉学生应该做什么、怎样做。

第三,针对学生违反规则的行为要进行一定的适度惩罚,并告诫学生行为的错误,使学生在形成正确认识的基础上纠正错误行为。

第四,采取走近控制的方式警告学生,并显示教师的权威和责任,及时控制学生的不良行为。

第五,针对存在严重问题行为的学生,羽毛球教师应当实施严肃批评与教育,某些情况下可以采取隔离措施,向学生提供单独反思的机会,帮助学生及时认识到自身问题。

(二)教导模式

教导模式强调体育教师面对课堂行为问题通过有效的教学来预防和解决。具体步骤如下。

(1)提供的课程要相关和适宜。
(2)实施的教学要适宜而有趣。
(3)对活动管理进行有效运用。
(4)建立课堂活动的基本程序。
(5)提供关于课堂活动的明确指导。
(6)让学生的课堂活动充满兴趣,吸引学生的注意。
(7)对良好的课堂环境加以创设。
(8)对课堂环境进行不断改变。
(9)构建课堂活动的良好气氛。
(10)对活动方式进行不断改变,转换学生的注意重心。

(三)过程模式

过程模式强调课堂是一种社会组织,具有所有社会组织的特征。教师的任务是建立积极的、有效的、有凝聚力的课堂群体,保证学习活动的顺利进行。过程模式的基本做法如下。

(1)教师应当帮助学生构建群体规范以及行为标准,同时确保构建的各个环节达到相应要求。

(2)创造开放的交流渠道,让学生能自由地表达观点与情感。

(3)培养学生对群体的依恋与满足,发展群体内聚力。

(4)帮助学生发展交流、领导和群体问题解决的技能。

(5)鼓励学生相互交流、相互影响。

(6)帮助学生明确其人际期望。

(7)培养学生的相互理解与相互接受。

(8)运用问题解决的集体讨论解决管理问题。

(9)创立非判断性的、非评价性的、和谐与民主的课堂气氛,预防问题行为。

(10)组织问题解决班会,处理群体问题和行为问题。

(四)行为矫正模式

这种模式强调教师通过强化、榜样、咨询等方法对学生进行行为矫正,强化学生的正确行为,削弱不良的行为,促进教学目标的实现。行为矫正模式提出的要求如下。

(1)学生的行为是习得的,这一过程便是进行行为选择的过程。

(2)通过积极强化的方法的运用,对学生的良好行为进行鼓励和增强。

(3)对于学生的正当行为,不能惩罚和削弱。

(4)对于学生的不正当行为,不要奖励和强化。

(5)在课堂活动中,对强化物要进行正确选择和有效使用。

(6)对持续时间长的问题行为保持适宜的耐心,制订适宜的矫正日程表。

(7)对奖励机制进行合理使用。

(8)掌握行为强化的时间和频率,增强强化的有效性。

(9)对于惩罚带来的负面效果及消极影响要进行及时处理。

(10)羽毛球教师应当密切关注学生或者主动和学生交谈,从而准确掌握学生潜在问题行为的具体线索。

(五)人际关系模式

人际关系模式强调教师通过创设健康的课堂气氛,帮助学生形成良好的人际关系,促进学生的主动学习,减少问题行为的出现。该模式的主要观点如下。

(1)帮助学生分析和了解其行为问题。
(2)对学生的观点与情感进行鼓励和接受。
(3)促进有效交流,对建设性的人际关系进行发展。
(4)从学生的角度理解学生,对学生表现出设身处地的宽容、理解和信任。
(5)发展和利用有助于合作的行为,避免不利于合作的行为。
(6)为有行为问题的学生创造一种非惩罚性的气氛。
(7)注重解决而不是指责学生的问题行为。
(8)注重自身的行为,以免引起学生的厌倦和敌视。
(9)不要讽刺挖苦学生,以免造成学生的自卑。
(10)羽毛球教师应当帮助学生深刻领会不良行为和不良行为具体后果之间的关系,在保证学生安全的基础上,想方设法使学生理解自身行为的具体后果。

第五节　羽毛球教学评价的设计

羽毛球教学评价活动是伴随着羽毛球教学活动同步向前推进的。体育教师应当在提出羽毛球教学实施方案的同时,也应该提出羽毛球课堂教学过程的评价方案。

一、羽毛球教学评价内容

评价设计首先要解决的是"评价什么"的问题。体育教师在

第六章　羽毛球运动教学设计体系的构建与创新

教学过程中实施形成性评价应该认真考虑这样一个问题：三维教学目标究竟以什么形式体现在教学活动之中。体育教师在课堂上看到的是"完整人"的综合行为，我们把这些行为统称为"学生表现"，所设定的羽毛球教学目标应当反映在学生的羽毛球课堂表现之中。具体到羽毛球运动教学中，学生的真实表现往往包含以下几种类型。

(一)学生话语

在羽毛球语言教学评价中，学生话语是一项重要的指标。体育教师应当采取有效措施收集学生的活动表现证据，其中包括话语量、话语真实水平、话语连贯流畅程度、话语的随机建构水平等。

(二)学生动作

伴随着学生话语，还有相应的行动发生。需要重点评价学生动作的正确性、认真性、主动性，还应评价学生动作练习的实效性。

(三)学生认知水平

教师应当采取有效手段得知学生的思维进程与线索、学生对教学信息的领悟程度、学生对教学资源的感受深度以及学生接受新动作项目学习的敏锐程度。

(四)学生临场发挥

课堂过程是体育教师与学生随机构建教与学关系的过程。由此能够得出，学生在动作练习方面反映出的临场灵活性、创造性、对动作练习的适应性都应当是羽毛球教师的评价内容。

二、评价主体

评价主体主要指的是"谁来评价"的问题。形成性评价设计应当注意评价主体的多元性,体育教师、学生以及身居课堂之外的家长都可以是评价的主体。

(一)教师评价

体育教师评价的常见形式包括以下几种。

1. 体育教师对全班的评价

体育教师首先要对全班的整体表现进行估量,发现全班练习的优势和存在的问题,明确群体体育活动的总体趋势。

2. 体育教师对部分学生的评价

体育教师应当评价不同水平的学生的实际表现,看优秀学生是否有突出的表现,看后进生是否正在进步等,这些均属于对部分学生的评价。

3. 体育教师对学生小组的评价

小组活动应当成为体育教师评价的重点项目。体育教师应当观察不同练习小组的内部活动情况、小组长领导力的强弱情况、小组内同学之间的信息沟通情况、小组成员完成任务的过程、小组内同学之间解决问题的成效等。

4. 体育教师对学生个人的评价

体育教师对学生个人的评价需要以个案的形式观察探寻那些可以说明他们学业进展情况的具体表现。面对一个群体的众多学生,我们要分层次、有重点地进行形成性评价。因为学生个体表现存在代表性特征,所以羽毛球教师有必要对某些个案进行全面剖析,从而更加清晰、更加全面地掌握学生的学习状况。

(二)学生评价

学生以评价的主体身份参与形成性评价,是评价改革的一个

第六章　羽毛球运动教学设计体系的构建与创新

重点课题。学生评价可以采取以下几种形式。

1. 学生自评

体育教师应当在羽毛球教学过程中有计划地培养学生进行自我反思的能力。体育教师有必要逐步培育和构建学生的有效评价行为，如及时采集个人表现的信息、记录自己的学习过程、学会进行自我监控、学会描述自己的学习行为等。

2. 两人互评

两人互评是一种常见的自主评价形式。两人互评在所有的两人一组的活动之中和之后都应当发生。

3. 小组互评

小组内部的合作评价是课堂形成性评价的难点。学生在课堂上是不太善于进行合作评价的，所以体育教师应当有计划地培养学生良好的合作评价行为，这需要一定的时间，需要在每一节体育课上引导学生自主管理小组活动，自主实施小组评价任务，自主积累过程评价信息和实证材料，而所有这些"自主"都需要在教师有计划的行为中进行训练。

4. 全班合作评价

全班参与合作评价，因参与的人员增多变得难度加大，但这样的评价对学生合作能力的培养则更有意义。体育教师在进行全班合作评价时应进行周密的规划，应准备更加完备的评价工具，应提供更为详细的具体指导，同时还应做好组织工作。从根本上说，全班合作评价和教学活动是一体的，评价活动原本就包括教学内容。

（三）家长评价

在体育教师与学生分别作为评价主体的基础上，我们要逐渐引入家长评价。现在很多地区的学校已引入了家长评价。如学生在家里完成体育练习作业,家长给予必要的评语;学生在校的一些体育练习成果拿回家里做展示汇报,家长对此给予评价等。此外,学校举办大型活动或教师在班上组织各种学习汇报、文艺表演等活动时,也可以邀请家长参加,并让他们对学生在活动中的表现做出评价。家长参与评价,需要学校和教师及时指导。要不断地改变家长的评价态度,改善家长的评价行为,改进家长的评价方法,以更好地发挥家长参与评价的积极作用。

三、评价方法

改进评价方法的指导理念是测试性评价和质性评价兼顾,同时大力开展质性评价方法。这里着重对以下几种评价方法展开全面分析。

(一)测试

测试主要考查人的知识、技能。在提供质性评价的同时,我们还必须认识到,测试仍然是日常教学一种常见的评价方法。羽毛球教师应用这项评价方法时,需要重点注意以下几项问题。

(1)对测试内容进行改革。
(2)对测试标准加以改造。
(3)有效发挥测试的诊断、调整、激励和甄别的功能。
(4)审时度势,准确把握测试时机。
(5)提高测试设计与实施的专业化水平。

(二)测量

测量是对非量化实物的量化过程。虽然教师重视测试的评价作用,但是,他们往往没有重视测量的特定作用。实际上,即使在语言教学中,态度测量、情绪测量、一般智商的测量,都对教学改进有明显的效应。同时,测量方法还能够使学生更加了解自己。

(三)调查

观察是在活动过程中同步采集信息,调查则是在活动之后采集信息。行之有效的调查方法有问卷和访谈两种。问卷和访谈都需要掌握一定的专业技术,体育教师实施此类调查是很有必要的。

(四)观察

调查严密组织的系统观察方法、生态学观察方法、人种学观察方法、同步等级界定观察方法、非正式观察法,是羽毛球教师课堂教学观察的主要方法。一般来说,人种学观察方法是绝大多数教师都选用的方法,应用这项方法的要点是详细记录所见所闻,此外录音与录像也能够收集来自各个方面的原始信息。

(五)档案袋

档案袋也可以称为"成长记录袋",鲍尔森和麦耶指出,档案袋的概念是"收集、选择和反思。"即从收集的所有作业中,学生自己选择存入档案中的材料,可以是他们认为特别有价值的东西,然后学生对自己的成品和相关表现进行反思。

(六)轶事记录

轶事记录就是对某一时间、地点和环境下发生的行为进行持续的客观描述。此种方法可以用于学生执行解决问题的任务或项目时的质性评价。这项评价活动当然可以由教师来做,但我们认为更重要的是让学生来进行轶事记录,长期做这件事可以有效地促进学生的反思能力。

四、评价工具

在中小学羽毛球课堂教学过程中,特别是在学段较低的羽毛球教学中使用评价工具能对学生的积极性进行有效的激励,提高教学效果。下面我们介绍一些评价工具。

(一)实物

实物就是指真实的物品,羽毛球教师可以结合具体的教学内容选取与之对应的实物,将这些实物当成对学生予以评价的评价工具,如文具、玩具、交通工具等。

(二)数字

数字是指通过数字反映实际的学习水平,并进行评价。

(三)标志

在课堂教学中,教师们经常使用一些标志,如笑脸、平脸、哭脸、五星、花朵、彩旗、奖章、胸章等作为评价工具。

(四)图片

使用图片也要根据所教的内容选择,如运动员图片、人体部位图片、颜色图片、交通工具图片、运动项目图片、食品图片和水果图片等都可作为评价工具。

(五)贴片

贴片是较低学段教学过程中使用最多的一种评价工具,如运动员贴片、人体部位贴片、颜色贴片、饮料贴片、食品贴片、水果贴片、玩具贴片、文具贴片、交通工具贴片等。这些评价工具均需根据教学内容来选择使用。

(六)简笔画

教师在开展羽毛球教学活动的过程中,也经常把简笔画当成一种评价工具,如画文具、动物、人体部位、食品、交通工具等。

(七)核查表

教师将他(她)期待的具体行为以列表方式提供给学生,学生个人、两人小组或多人小组依据自己的表现细节在检查表中进行勾画。

(八)图示评定量表

图示评定量表是用一条水平线或垂直线组成量表,表示在一个连续体上对学生行为的客观等级描述。

(九)教学评定量表

教学评定量表是用数字表示学生课堂行为(已发生的)的等级。如我们可以用5、4、3、2、1来确定期待行为的活跃程度,5表示特别活跃;4表示比较活跃;3表示中等活跃;2表示不够活跃;1表示很不活跃。

五、课堂评价语言

作为一名羽毛球教师,要想提高自身应用课堂评价语言的效率,增强对学生产生的作用,从根本上提高羽毛球运动的教学质量,在运用课堂评价语言时应当严格遵循的原则是:第一,选择正确的评价语言;第二,评价语言也尽量多样化;第三,选用有效的评价语言。

第六节 羽毛球教学设计的创新趋势

从20世纪60年代后期开始,逐步发展起来的教学设计理论绝大部分都是以"教"为中心,即面向教师的教。其基本内容是研究如何帮助教师把课备好、教好,而很少考虑学生"如何学"的问题。早期的教学设计在学习理论方面基本上是基于斯金纳（B. F. Skinner）的操作性条件反射。美国著名教育心理学家罗伯特·M. 加涅（Robert Gagne）提出"联结—认知"学习理论，成为目前流行的以"教"为中心的教学设计模型的理论基础。1990年美里尔（M. David Merril）等人提出了构建新一代教学设计模型的设想，但没有得到教育技术界的承认和支持，这当然也由于这种模型没有实现在本质上的飞跃。

1990年以来，国际教学设计领域有两个最引人注目的变化，其一是认识论、学习心理学和教学设计的整合；其二是由于所有类型信息的数字化、凭借互联网的远程指导以及计算机运算速度的提高和存储容量的增加使得技术有可能以新的方法应用于教育。教学设计的理论和实践发展到今天，已经和现代教育技术、学习理论的最新进展紧密地联系在一起。

从整体来说，教学设计的发展历程充分反映了世界各国教育教学的各项改革内容。具体到羽毛球运动教学，其教学设计的创新趋势体现在以下几个方面。

一、跨学科研究和跨领域应用被置于重要位置

教育学的研究越来越多地出现跨学科的趋势，教学设计的研究也越来越多地需要在一个更大的知识共同体中进行。目前的关注点可能在于，当代的学习理论本体论和认识论基础完全不同于传统教学设计的客观主义基础。在对"以学生为中心"的学习环境的研究中，我们主要关注的是基于问题的、基于项目的、探究式的和开放的学习环境，还有认知学徒方式、建构主义学习环境、基于目标的情境、抛锚教学等。

另外，教学设计的研究和应用不是教育领域的专利。教学设计是一种有效设计和制造学习环境的方法。为了加强学习环境的形成，教学设计应该运用当代学习、测量、技术和管理等方面的理论来改进学习状况。教学设计从一开始就被广泛应用于

工业、军事、政府部门、高等教育与职业教育以及商业课件的开发。这种持续发展是教学设计领域内外一系列推动和发展的结果。

二、信息技术与教育理念的整合被置于重要位置

教学设计的一个主要变化来自技术对教学内容和方法的影响。如果没有一定程度的教学设计，技术不会在本质上自动改进教育。一些最有魅力的技术应用拓展了可以呈现的问题本质和可以被评估的知识和认知进程。通过利用多媒体、交互性和对刺激呈现的控制而丰富任务环境，进而对认知能力的很大范围进行研究比以往任何时候都切实可行。技术提供的新能力包括直接跟踪和支撑问题解决技能、把学生解决难题的行动过程可视化、建模和模拟复杂推理任务等。技术也使得对概念组织和学生知识结构的其他方面进行数据收集，使得他们参与讨论和小组项目的表征成为可能。

三、各类因素整合下学习环境的建构被置于重要位置

从根本上说，学习并非是传输过程和接受过程。学习实践包括互动的意图—行动—反思活动。知识和技能通常是在个体运用知识和技能的"情境"中获得的，以至于必须创设一个为学习而设的特殊环境来代替"真实"的情况。

四、新评估理念和方法获得越来越多的关注和重视

教学设计越来越呈现出把课程、教学、实施和评估进行总体规划的趋势。需求分析、信息和方法的结构分析、个体差异的分析、社会文化差异的分析成为评估的重要内容；信息技术成为评估的主要工具。认知、观察和解释，这三个元素必须清晰地联系

在一起并被设计成一个相关的整体。评估需要超越对局部技能和离散的知识点的关注,而要把推动学生进步的更复杂的方面包含进来,具体包括对元认知的评估、对实践和反馈的评估、对"情境"与迁移的评估以及对社会文化大环境的评估。

第七章 羽毛球运动技术教学体系的构建与创新

对于参与羽毛球运动的学生而言,全面掌握羽毛球运动的技术,不仅有助于提高自身的羽毛球运动技能和运动成绩,还有助于提高自身参与运动的科学性。因此,本章依次对羽毛球运动无球技术教学、羽毛球运动单打技术教学、羽毛球运动双打技术教学进行全面阐析,在此基础上对羽毛球技术的发展回顾和创新趋势加以剖析,以期构建科学、完善的羽毛球运动技术教学体系,从根本上加快羽毛球运动技术的创新速度。

第一节 羽毛球运动无球技术教学

一、握拍技术教学

羽毛球拍是两面均可使用的羽毛球击球器材,于是球拍拿在手上手就可以分为正握拍和反握拍,也就是俗称的正手和反手。然而在实际的比赛中,为更好地控制击球的力量和落点,握拍的方法会做出因时、因地细微的调整和改变。

(一)正手握拍

1. 技术解析

正手握拍一般应用在来球位于身体右侧的正手位,以及中路偏反手位的后场头顶位(图 7-1)。

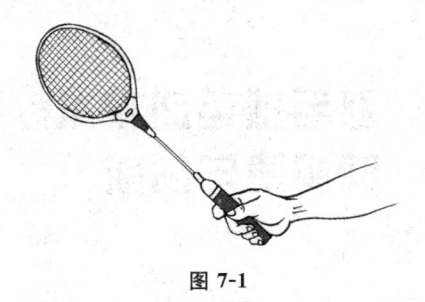

图 7-1

2. 动作方法

(1)左手握住球拍的中杆,拍框与地面垂直。
(2)右手虎口对准拍柄斜棱上的第二条棱线。
(3)用与握手相似的方法握住拍柄,拇指和食指与拍柄两侧的宽面紧贴,其余的三指自然地将拍柄握住,五指与拍柄呈斜形。

3. 注意事项

为便于实战中发力,拍柄与掌心间要留有一定的空隙。由于每个人手掌的大小不同,因此握拍的位置可视各人具体情况而定。一般情况下,以球拍柄端靠近手掌的小鱼肌为宜。

(二)反手握拍

1. 技术解析

反手握拍一般应用在来球位于身体左侧的反手位(图 7-2)。

2. 动作方法

(1)反手握拍时将球拍柄稍微向外旋动,稍向上提拇指,拇指内侧与拍柄第一斜棱旁的宽面紧贴。
(2)拇指与食指除外的其他三指将拍柄紧握住,同时向前顶拇指发力击球。

第七章　羽毛球运动技术教学体系的构建与创新

图 7-2

3. 注意事项

为便于在实战中的发力,拍柄与掌心之间要保持一定的空隙。由于每个人手掌的大小不同,因此握拍的位置可视各人具体情况而定。

双打比赛与单打比赛相比,具有短、平、快的特点,这些特点决定了双打的握拍具有一些相应的改变,即为了加快挥臂速度和控制击球的拍面,在处理双打前场平、快球时,应将握拍位置适当前移,用这种方式起到缩短球拍长度,加快摆臂速度及更好地控制击球拍面和角度的作用。

对于双打比赛,网前球员的封网技术运用较多,再加上双打比赛对于运动员的发球技巧要求得更加严格,所以针对这两项技巧就有了一些相应的握拍方式,这里着重对双打正手封网和发球握拍、双打反手封网和发球握拍进行分析。具体来说,前者是指将虎口对在拍柄的第二至第三条斜棱之间的宽面上,持拍手与拍柄接触位置在拍柄与拍杆接触处,平握球拍;后者是指将虎口对在拍柄的第一条和第二条斜棱之间的宽面上,手指第一指关节与拍柄接触,掌心空出。

一般来说,握拍技术的训练方法包括:第一,持拍做相互交换变换握拍动作,反复练习,体会握拍技术动作;第二,对照镜子做挥拍动作,要求挥拍动作连贯,动作要放松,击球点尽量高;第三,徒手做正手击球或反手击球的挥拍动作,做好相应的正手握拍动作与反手握拍动作的转换;第四,两人一组,相互合作做后场击高球正手挥拍动作、发球挥拍动作、挥网球拍动作;第五,将羽毛球固定在击球者左肩上方,做正手挥拍动作练习;第六,将击球点放在左侧上方,做侧身反手挥拍动作练习;第七,学生用正手或反手握拍法持拍于身前,拍面对准球托底部,反复练习向上击球。

二、基本步法教学

在羽毛球运动中,步法可以根据运动员的移动场区方向大致分为上网步法、后退步法和中场两侧移动步法。

(一)上网步法

上网步法中的移动方法有很多种,可以将上网步法分为跨步上网、垫步上网和蹬跳步上网。

1. 跨步上网

跨步上网也称"交叉步上网"。运动员站位于球场中心稍靠后,两脚左右开立。右脚略前,上体稍前倾,目视对方击球。当球吊到网前时,迅速调整重心至后脚以协助快速起动,左脚用脚掌内侧起蹬,右脚向前跨大步,以脚跟和脚掌外侧着地滑步缓冲,脚尖外斜,右脚屈膝成弓箭步。击球后用并步或交叉步退回中心位置(图7-3)。

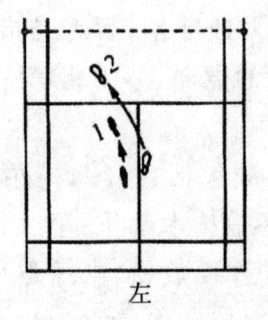

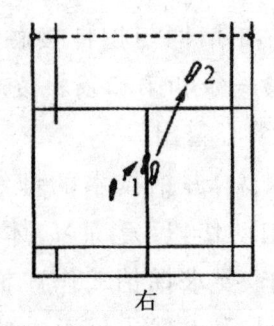

图 7-3

第七章 羽毛球运动技术教学体系的构建与创新

2. 垫步上网

右脚迈一小步,左脚随即垫一小步靠近右脚跟,接着右脚迅速向前跨大步上网,脚落地后与跨步上网相似。击球后用并步或交叉步退回中心位置。垫步上网蹬力强,速度快,在被动时有利于迅速调整重心,快速接应来球(图 7-4)。

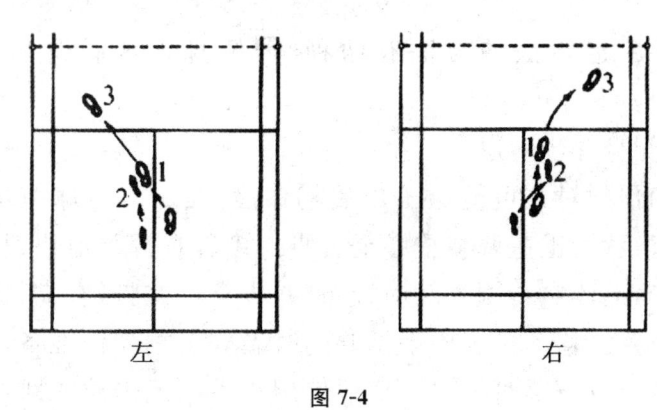

左　　　　　　　　　右

图 7-4

3. 蹬跳步上网

蹬跳步上网的目的在于尽快抢到最高点击球(击球点在球网上空为佳),可以起到突击压迫的作用,一般常用于上网扑球。首先应预判好对方发或放网前球的意图,然后右脚稍向前点地起蹬,侧身扑向网前,当球飞至网顶便快速进行扑击,在触球的同时右脚先着地,左脚随身体惯性在右脚后着地,并立即退回中心位置(图 7-5)。

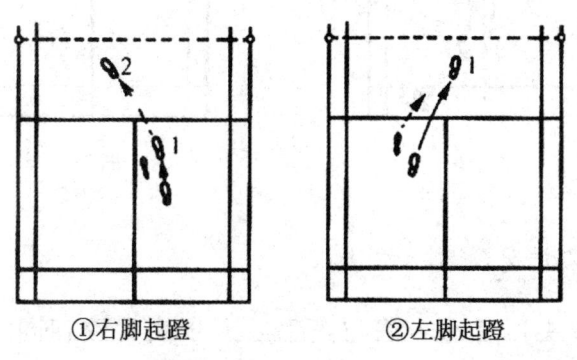

①右脚起蹬　　　　　　②左脚起蹬

图 7-5

(二)后退步法

后退步法有向右后场区后退和向左后场区后退两种。后退步法移动前的准备动作和站位与上网步法相同。

1. 正手后退步法

正手后退步法的方法有两种,即侧身并步后退和交叉步后退。

(1)侧身并步后退

准确预判对方可能会击出后场球后,在对方击球前刹那间,脚跟提起轻跳,迅速调整重心至右脚。接着右脚蹬地快速向右后撤一小步,上体右转侧身对网,左脚并步靠近右脚,右脚再向后移至来球位置。移动过程中手上要同时做好引拍动作准备,以便来球在右肩上方下落时可以顺畅地使用正手原地击球或跳起击球。击球后还原中心位置(图7-6)。

(2)交叉步后退

站位与准备姿势同侧身并步后退步法。右脚撤后一小步后,左脚从体后交叉后退一步,击球后右脚后移至来球位置(图7-7)。

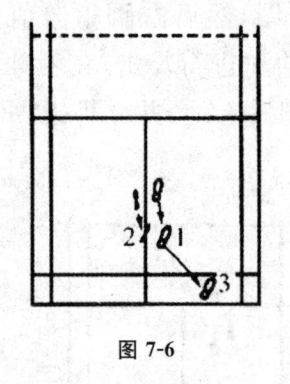

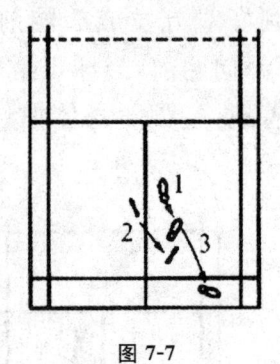

图7-6   图7-7

2. 交叉步头顶后退步法

交叉步头顶后退步法与正手后退步法大致相同。不同之处则在于后撤方向相反,上体转动幅度更大,且稍有后仰并倒向左后场区。左脚向左侧后交叉后退一步,右脚移至来球位置作头顶原地击球或跳起击球(图 7-8)。

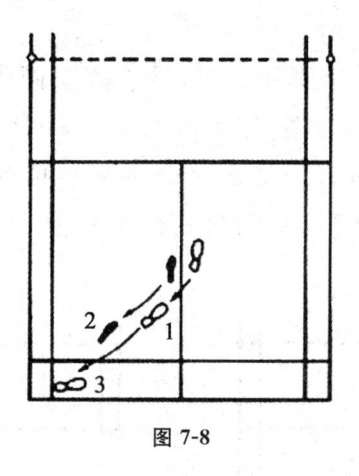

图 7-8

3. 反手后退步法

调整重心后,为保持移动平衡,右脚先后撤一小步,接着上体左转,左脚随即向左后撤步,右脚再跨出一步,此时身体背对球网做反手击球。来球较近,可采用两步后退步法;来球较远,则采用三步或五步后退步法。无论采取几步后退,反手击球后退步法最后一步应右脚在后,重心在右脚上(图 7-9)。

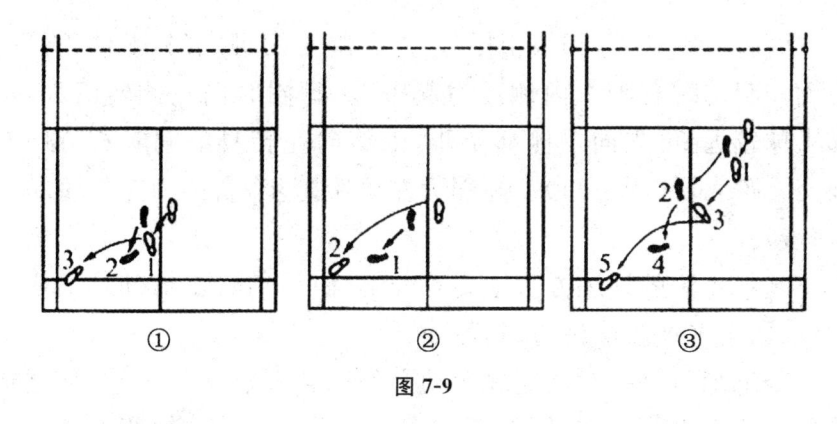

① ② ③

图 7-9

(三)中场两侧移动步法

通常情况下,中场两侧移动步法适用于防守对方劈杀球或半场低平球时使用,具体站位和准备姿势与上网步法基本相同。

1. 向右侧移动步法

两脚左右开立,脚跟稍提起,重心落于两脚之间,上体稍偏向左侧。起动时左脚掌内侧用力起蹬,右脚同时向右侧转跨大步。如来球较远,可先向右侧加入一个小垫步再起蹬,右脚同时向右侧转跨大步(图7-10)。左图为右侧蹬跨步,右图为右侧垫步(两步)。

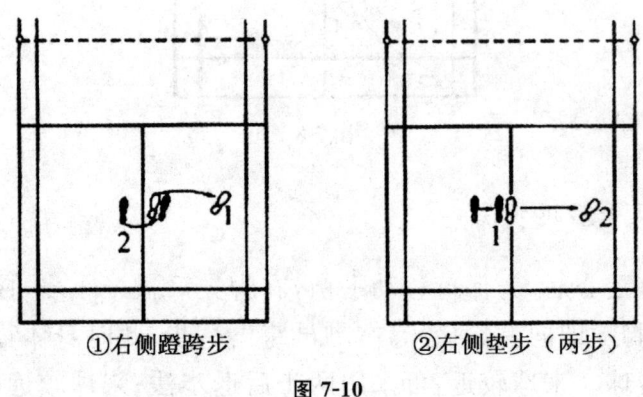

①右侧蹬跨步　②右侧垫步(两步)

图 7-10

2. 向左侧移动步法

两脚左右开立,脚跟稍提起,重心落于两脚之间,上体稍倒向右侧。起动时右脚掌内侧用力起蹬,左脚同时向左侧转跨大步。如来球较远,可先向左侧移半步,上体向左转身的同时右脚向左前交叉跨大步(图7-11)。左图为左侧蹬跨步,右图为左侧蹬跨步(两步)。

基本步法的训练方法主要有分解练习、结合击球动作的步法训练、回击多球步法练习,具体如下。

分解练习是指对羽毛球运动中的综合步法进行分解,使之成为单一运动方向的步法,然后进行练习,这就是分解练习法。主要包括正手与反手上网步法练习,正手与反手接杀步法练习,正手后退击球步法练习,头顶后退击球步法练习,杀上前(前后场连

第七章 羽毛球运动技术教学体系的构建与创新

贯步法）练习和后场反拍击球步法练习。

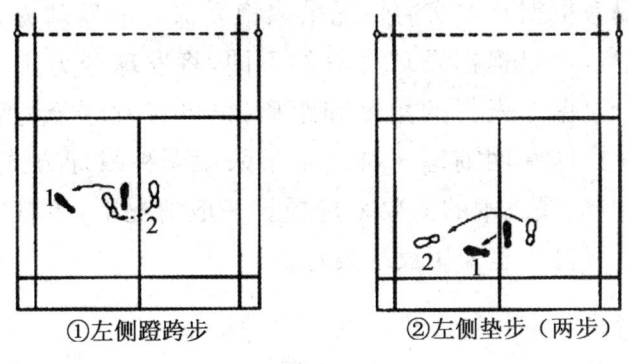

①左侧蹬跨步　　②左侧垫步（两步）

图 7-11

结合击球动作的步法训练可以采取两种方法。第一，采取固定移动路线的步法练习。具体是指在固定的移动路线上对每个步法的跑动路线进行熟悉与掌握。比如，先在中心位置保持不动，先后向正手底线退步，然后移到中心，再向右网前移动，再回到起始位置，循环往复进行练习。第二，采取不固定移动路线的步法练习。练习者熟悉向不同的固定方向移动后，就可以在全场进行不固定方向的移动练习了。一个人通过做手势负责指挥，练习者以指挥者的手势为信号进行全场综合步法练习。在进行不固定移动路线法练习时应注意：不论是自练还是按场外指导指示练习，都不要机械地按照习惯移动步子，在移动中要多变，不需要按固定的规律练习，这样才有利于提高练习效果。

回击多球步法练习是指一个人负责把许多羽毛球发到练习者的不同方位的场区，使练习者通过快速地移动步法来迎击。这一方法对练习步法与手法都是有益的。

第二节　羽毛球运动单打技术教学

一、发球技术教学

一回合比赛的开始是以发球为标志的，发球是羽毛球运动中唯一一项不受对手控制的技术环节。往往发球就可以立刻带有攻击性,或者根据双方实力情况采取稳妥保守的发球方式。对于发球的分类,可以根据发球姿势的不同,将发球分为正手发球和反手发球;根据球飞行的角度和距离,也可将发球分为后场高远球、后场平快球和网前球三种。至于采用哪种发球方式,可以依据自己的习惯或战术的需要来选择。一般情况下,单打中多采用正手发球,双打中多采用反手发球。

(一)正手发球

正手发球的站位是正手发球时,运动员通常站距离中线不远的位置,与前发球线保持 1 米左右的距离。双打发球站位与单打类似,或站位更加靠近前发球线。

正手发球的准备姿势是运动员左肩膀与球网侧对,两脚前后开立,左脚在前,右脚在后,右脚支撑身体重心。右手将球拍举到右后侧方向,肘部放松稍微弯曲,用左手的拇指、食指和中指将球夹住,举在胸腹间的高度。发球时,左脚支撑身体重心。此发球站位和准备姿势适用于各种正手发球动作。

从整体来看,正手发球可以用来发任何一种飞行弧线的球,在单、双打中都普遍采用,尤其在单打比赛中效果更加明显。

1. 正手发后场高远球

(1)技术解析

正手发后场高远球是以正拍面将球以高弧线和最大位移,球到达对方的端线上空后移动方向瞬间发生改变,垂直下落到端线(底线)附近的一种发球。正手发后场高远球的作用是,球到达对方的端线后,它能够使对方措手不及,使对方的进攻威力减弱。这一发球技术在单打中经常会被采用。

(2)动作方法

发球时,左手持球,自然弯曲置于胸前,右手持拍向右后上方摆起,身体重心前移,右脚跟提起。左手放球使其下落,在右臂向前上方挥动的同时,右脚蹬地,腰腹向正前方转动。使下落的球与拍面在身体右侧前下方的交叉点碰触,球触拍面的中上部。击球时,握紧球拍,闪动手腕,向前上方鞭打击球,手臂随击球后的惯性自然往左肩上方挥起,身体重心也由右脚移至左脚。击球后,双膝微屈,重心下沉,做好回击对方来球的准备(图7-12)。

图 7-12

2. 正手发后场平快球

(1)技术解析

正手发后场平快球是以正拍面击球,球被击出后的飞行弧度要比后场平高球低。这种发球的飞行弧度略高于球网且需高于对方球员跳起挥拍的高度,直奔对方后场底线附近,球速快,有较强的突击性,羽毛球单、双打发球抢攻战术中经常会对这一发球方法进行运用。在比赛中,如果发球的一方做好了充分的准备,而对方没有做好准备,或是对手接发球的站位比较靠前时,这种发球能以其快速、突变性使接发球方处于被动地位。

(2)动作方法

站位略微靠后,要充分利用前臂带动手腕的爆发力快速击球,使球从对方肩稍高处越过,迅速插入对方反手后场或空当处。击球后,收拍到胸前,回至中心位置并做好回击对方来球的准备。

3. 正手发网前球

(1)技术解析

正手发网前球是用正拍面击球,球轻轻地与网摩擦,而后落在距离对方前发球线不远位置的一种发球。因为通过这一方法发出的球以较低的弧度飞行,而且飞行的距离短,所以能够有效地限制对方接发球即可进攻的战术意图和接发球抢网、突击、扣杀等技术的应用。

(2)动作方法

正手发网前球时站位稍靠前。握拍尽量放松,上臂动作要小,重心在左脚上,右脚跟提起。击球时,由前臂带动手腕使拍面从右向左斜切击球,用力的大小要控制好,使球与网轻轻摩擦而过,落在对方前发球线附近(注意力度的掌握要适中,避免因过短而没有使球进入发球有效区的情况发生)。击球后,还原成准备姿势,做好回击对方来球的准备(图7-13)。

图 7-13

4. 正手发后场平高球

(1)技术解析

正手发后场平高球是以正拍面击出球,球的飞行弧度低于发后场高远球。运用这一方法发球要尽量使发出的球保持较高的飞行高度,使对方即使跳起也难以接到。这一发球能够对对方造成很大的威胁,对方难以接到这一发球。这主要是由较低的飞行弧度和较快的球速引起的。

(2)动作方法

发球时,站位、准备姿势和引拍动作轨迹基本上与发高远球相同,只是在发平高球的刹那要加快前臂动作的速度,使手腕在前臂的带动下快速发力,拍面稍微推向前上方,动作幅度要比发高远球小。发球后,做好回击的准备。

(二)反手发球

反手发球主要靠挥动前臂和手腕闪动发力,因此它具有动作小、出球快、迷惑性强等特点,反手发球可以发除高远球之外的其他各种飞行弧线的球,主要用于双打比赛中。

反手发球的站位是运动员站在前发球线后,保持与发球线10~50厘米的距离,注意离发球区中线的距离也不要太远,也可以站在距离前发球线和场地边线较近的位置。

反手发球的准备姿势是运动员面向球网,两脚前后站立,上体稍前倾。右手反握拍,左手拇指和食指将球的两三根羽毛捏住,保持球托向下,球体平行于拍面,或将球托与拍面对准,在拍面前方放置球托。

1. 反手发平球

反手发平球时,小臂带动手腕发力。击球时,手腕抖动,突然发力,拍面要有"反压"动作。

2. 反手发网前球

反手发网前球时,球拍的挥动方向与反手发平球一致。击球时,只需球拍从后向前推送,拍面以切削的方式击球,使球过网后迅速落到距离对方场区的前发球线不远的位置(图7-14)。

图 7-14

二、接发球技术教学

接发球是回击对方发来的球。发球和接发球都是一个回合的初始阶段,这两个环节处理的如何将直接决定这一分的归属。发球与接发球是一对矛盾,发球方一直努力想办法使自己能够发出多种弧线不同的球,以此将对方控制住;而接发球方则以后发制人来达到反控制的目的。

(一)接发球站位

单打接发球站位应距前发球线约 1.5 米。在左发球区接发球,一般选择有效发球区域的中心位置站位,以便能照顾到各种线路和高度的来球;在右发球区接发球,则为了能最大限度地使用最具威胁的正手接发球而选择有效发球区域中心稍靠近中线的位置站位。

(二)准备姿势

左脚在前,右脚在后,双膝微屈,重心在左脚。右手持拍自然举放在胸前,左手自然屈肘于左侧,保持身体平衡,目视对方,尽早预判对方的发球意图。

(三)接发来球

为了更好地接到对方的发球,首先要提高后场的击球能力。在单打比赛中多采用发高远球或平高球,可以用吊球、杀球或平高球还击。当对方发平快球时,可采用平高球、平推球、劈吊、劈杀还击,以便掌握主动。也可用高远球还击,充分做好再次还击的准备,要加强预判能力。

对方发网前球时,可用平高球、挑高球、放网前球、平推球还击,有机会还可以用扑球还击。发球抢攻是最常用的战术,要及早发现对方的意图,避强就弱,准确及时地应用放网和平推球还击,落点尽量与对方的站位保持一段距离,对对方进攻造成限制。如果对方连续发球抢攻时,要以冷静的心态去接球,尽可能将球的落点控制在可以抑制对方进攻的位置,减少让对方抢攻的机会。

发球与接发球训练方法主要有以下几种。

(1)徒手模仿正、反手发球动作训练。

(2)多球训练,两人一组,做发球(发网前球)与接发球训练。交换进行。

(3)反手发球与接发球多球训练,两人一组,一人反手发网前球,另一人接球可回击网前、推后场以及扑球。交换训练。

三、击球技术教学

(一)前场击球技术

前场击球技术是否掌握得好,决定了比赛中的运动员的技巧掌握情况是否全面、多样,进攻是否具有压迫性。因此,在羽毛球比赛中,前场击球技术是重要技术之一。熟练的网前技术可以在已经获得主动的局面下进一步压迫对手,也可以在被动的局面下转守为攻。前场技术包括网前的放、搓、推、勾、扑、挑球等。其中搓、推、勾、扑属进攻技术,采用这几种技术前的准备动作要具有一定的一致性以迷惑对方的判断,然后在击球前的瞬间运用手腕和击法变化击球。这些技术都要求握拍要活,动作细腻,手指手腕灵巧。

1. 放网前球

(1)正手放网前球

正手握拍,球拍向右前上方斜举。向右侧侧身,右脚向右侧前方迈一大步呈弓步。击球时,右臂带动手腕稍后伸,小臂稍外旋,手腕右后伸,右手轻松握拍,在手指手腕的控制下,轻击球托底部将球轻送过网。击球后快速还原以便为下次击球做准备（图 7-15）。

图 7-15

(2) 反手放网前球

击球前动作方法与正手放网前球相似，但身体转向方向相反。击球时，伸展前臂前伸并向外旋动，向内收手腕然后一直向外展，对球托底部进行轻击，然后轻轻地把球送过网。击球后快速还原以便为下次击球做准备。

2. 搓球

快速上网至网前后，争取在高点击球，将来球用球拍斜面"搓""切"的动作击球，使球产生翻滚的旋转，且回球落点依旧在对方网前。

(1) 正手搓球

击球前动作方法与正手放网相似。击球时，在球拍举至最高点时前臂稍外旋，手腕由后伸至稍内收与网前击球前期动作一致。击球时，要体现出"搓""切"的动作，击球的右下底部。击球后快速还原以便为下次击球做准备（图 7-16）。

(2) 反手搓球

移动到位后手腕前屈至网高处，使手背高于拍面。搓球时，主要是用小臂的外旋和手腕内收并外展的合力，击球的右后侧底部。击球后快速还原以便为下次击球做准备。

第七章　羽毛球运动技术教学体系的构建与创新

图 7-16

3. 勾对角线球

勾对角线球是把在本方前场一侧的来球通过勾接回至对方前场另一侧近网位置的技术动作。勾对角线球也可以分为正手勾对角和反手勾对角两种。

(1)正手勾球

移动到右网前,球拍随上臂向右前方斜平举,同时前臂稍有外旋,手腕稍后伸,食指的第二指节贴在拍柄的外侧宽面上。击球时,稍微向内旋动靠前的手臂,然后向左拉收,手腕从稍微伸展到内收抖腕,对球托的右侧下部做击球动作,使球沿着网的对角飞行至对方另一侧网前角落。击球后快速还原以便为下次击球做准备(图 7-17)。

(2)反手勾球

移动至左网前,反手握拍,上臂前伸拍子平举。击球时,肘部突然下沉,上臂稍外旋,手腕后伸闪腕,拇指与中指向右转动拍柄,拨击球托的左侧下部,使球飞越过网至对角处。击球后快速还原以便为下次击球做准备。

图 7-17

4. 推球

推球技术的特点是击球点高、动作小、速度快、突然性强、落点变化丰富,是前场击球技术中突击对方底线的一种很有威胁的技术。这种技术尤其是在单打中的应用效果尤为明显。上网推球可以分为正手、反手两种。

(1)正手推球

移动至网前右侧,球拍向右侧平举,前臂稍外旋,手腕后伸,拍面对准来球。击球时,尽量向后引拍,积攒足够的力量,手腕由后伸直并且闪腕,食指向前方压下,同时小指和无名指突然将拍柄握紧,使球拍快速由右经前向左挥动击球(图 7-18)。击球后在回动过程中回收球拍于胸前。

(2)反手推球

移动至网前左侧,球拍向左臂侧上举,臂向左胸前收引,手腕稍外展,球拍松握,拇指顶住拍柄的内侧宽面。击球时,前臂外旋,手腕由稍外展到伸直抖腕,中指、无名指、小指突然紧握球拍,拇指顶压,使球拍快速由左经前向右挥动击触球托的后部。击球后快速还原以便为下次击球做准备。

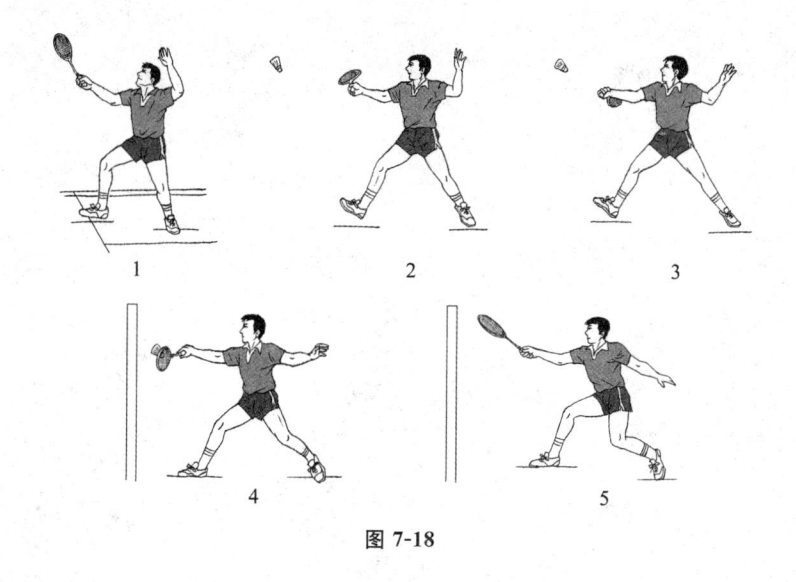

第七章 羽毛球运动技术教学体系的构建与创新

图 7-18

5. 扑球

扑球是将对方回接的高弧线前场球向对方场区下方扑压过去的技术动作。扑球一般多在网前使用,是近网前区域内的杀球,具有十足的攻击性,它是前场进攻直接得分的一种重要手段。网前扑球可分为正手扑击直线、斜线球和反手扑击直线、斜线球。

(1)正手扑球

身体重心向右侧转移,左脚先蹬地后右脚随即发力蹬跃,使身体向球网右侧快速跃起,球拍正对来球。击球时,前臂带动手腕和手指快速抖动发力扑接。值得注意的是,避免球拍触网犯规,在回接距网较近的回球时可采用手腕从右向左将球压下的"滑动"式扑球方法(图 7-19)。击球后,注意调整重心及快速还原。

(2)反手扑球

与正手扑球动作一致,方向相反。右脚跨至左前蹬跳上网,身体稍右侧前倾,反手握拍上举至左前上方。击球时,手臂伸直并外旋,拇指顶压拍柄上端。击球后快速还原以便为下次击球做准备。

图 7-19

前场击球技术的训练方法如下。

第一,徒手对各种网前技术动作进行模仿练习。

第二,多球练习。两名练习者一组,隔网对面站立,一个抛球,另一个做搓球、推球练习。

第三,多球练习。两人一组做行进间上网搓、推、放球练习。

第四,两人一球,隔网站立做搓、放、勾球练习。

第五,两人一球,隔网利用搓、放、勾、扑球技术进行比赛练习。

第六,练习方法同正手网前技术练习方法。

(二)中场击球技术

1. 中场抽球

(1)正手平抽球

判断好来球线路后确保移动到位,右脚向右侧跨出,侧身对网,重心向右侧转移,右臂侧上摆,前臂稍外旋。击球时,前臂带动腕部由下往右侧平地抽压,抖动挥拍。击球后快速还原,身体重心置于两脚之间,为下次击球做准备(图 7-20)。

图 7-20

(2) 反手平抽球

与正手平抽球动作一致,方向相反。向左侧方跨一步,重心落于左脚,右脚脚跟提起,右臂屈肘,肘部稍上抬,小臂内旋,手腕内屈,引拍至左肩后。击球时,右脚蹬地,髋关节向右转动,臂在挥拍时外旋,手腕内屈到伸直抖动,挥拍击球托的后下部。击球后快速还原,身体重心置于两脚之间,为下次击球做准备。

(3) 正手抽底线球

对来球方向进行准确判断,脚步迅速移动,左脚蹬地,右脚跨向正手底角,与球网侧身相对,向右后方向倾斜上体,右脚支撑身体重心。手臂向右将球拍举起,大臂与小臂之间大约保持120°的夹角。做击球动作之前,向外旋动小臂并将手腕伸直,向后引球拍,并稍微向后移动拍面。击球时,手指与手腕在小臂的带动下向前方挥拍,小臂从外旋姿势逐渐移动到内旋,腕部弯曲并闪动击球。

(4) 反手抽底线球

对来球方向进行准确判断,脚步做快速移动,左脚蹬地,右脚跨向反手底角,向前倾斜上体与球网背对,右脚支撑身体重心。反手把球拍向左肩上方举起。击球时,手腕和手指在手臂的带动下快速水平向后方向挥动球拍,基本保持手臂伸直时,向外旋动小臂,向后伸展手腕用力"闪"动做击球动作。

2. 半蹲快打

半蹲快打是采用半蹲姿势回接中场区偏上来球时的技术。

半蹲快打的特点是凶狠、快速、主动，在双打比赛中运用得较为广泛。

两脚平行站立或根据来球情况稍微一前一后分列站于中场区域呈半蹲姿势，持拍手上举准备击球。击球时，抢高点前臂向前带动手腕抖动爆发式力量击球，拍面稍下压，击球托的后部。击球后，随惯性回收呈准备姿势，为下次击球做准备（图7-21）。

①半蹲正面击球　②半蹲左侧击球　③半蹲头顶击球

图7-21

3. 挑高球

从下向上把对方击来的网前球或吊球挑高，将球回击到对方后场底线上空的击球就是挑高球。挑高球方法有以下两种。

（1）正手挑高球

对来球方向进行准确判断，以较快的速度上网，左脚蹬地，向前跨出右脚呈弓箭步姿势，与球网侧身相对，右脚支撑身体重心。正手手臂伸向右前方，向外旋动小臂并将手腕伸直。击球时，以肘关节为轴，手腕、手指在前臂的带动下挥动球拍击球，挥动轨迹为右下方→前上方（左上方）。

（2）反手挑高球

对来球方向进行准确判断，以较快的速度上网，左脚蹬地，向前跨出右脚呈弓箭步姿势，与球网侧身相对，右脚支撑身体重心。反手手臂伸向左前方，向内旋动小臂并使手腕和肘部弯曲。击球时，以肘关节为轴，手腕、手指在小臂的带动下由左下方向前上方挥动球拍做击球动作。

中场击球技术的训练方法如下。

第一,多做徒手挥拍练习或多球练习。

第二,加强对接各种来球的准备姿势移动和手法的练习。

第三,根据不同的来球进行准备姿势、拍面角度、力量、动作速度的练习。

第四,多做以肘为轴,以前臂带动手腕做小幅度的快速挥拍练习,这样有利于体会击球的时机。

(三)后场击球技术

在羽毛球比赛中,后场区域是双方必争之地,因为后场既可以成为进攻发起的区域,也可以成为调动对手的有效区域。后场击球技术包括击高远球、平高球、吊球和杀球,是一种主动进攻技术。

1. 后场击高远球

后场高远球是将对方击至本方后场区域的球回击高远球至对方后场的技术。它包括后场正手、头顶和反手三种击法。

(1)正手击高远球

在判断来球准确的前提下迅速移动到位,让身体的位置处于球下落的左下方,侧身左肩对网,重心在右脚上,右臂屈肘自然举拍于右肩上方,左手自然高举,待球下落到合理的击球高度时,右脚蹬地转髋,同时右臂向前转动成肘关节朝前并高于肩部,拍头向下。球拍贴背与地面垂直,放松握拍。击球时,在蹬地、转体收腹的协调用力下,大臂带动小臂向前上方甩腕,在高点期击球。击球后,手臂顺惯性随挥并收拍至体前,重心顺势向前,右脚自然向前跨出呈准备姿势(图 7-22)。

(2)头顶击高远球

头顶击高远球的动作要领与正手击高远球基本一致,在判断来球准确的前提下迅速移动到位,击球点在头顶上方或头顶上方偏反手的最高点位置。击球前,身体侧身向左倾斜稍后仰,球拍绕过头顶从左上方向前加速挥动。击球时,小臂内旋带动手腕突然发力形成鞭打将球出击。击球后,落地过程需左腿向左后方顺势摆动外加制动,制动结束回至中心位置,为下一次回接做准备(图7-23)。

图 7-22

图 7-23

(3)反手击高远球

由于反手击高远球的威胁相对较弱,因此当球飞向左场区且很难通过步法移动用正手击球时则采用反手击高远球。

在判断来球准确的前提下迅速移动到位,右脚前交叉跨到左侧底线附近,背对网,让身体的位置处于球下落的左下方。肘部上抬略高于肩,拍面朝上。击球时,以肘关节为支点,手腕在前臂的带动下通过抖动和拇指的侧压,自下而上甩臂将球击出。

击球后,顺势转体面向球网,回至中心位置,为下一次回接做准备(图 7-24)。

图 7-24

2. 平高球

后场平高球的目的与后场高远球一样,均为要将球击至对方后场区域,只是飞行的弧线较高远球低,低弧线以为对方起跳拦击不到为标准。

后场击平高球技术和后场击高远球一样,也有三种击球法,即正手击球、头顶击球和反手击球。这三种击球方法的动作要领基本上与后场正击高远球技术的三种击球方法的动作要领相同。不同之处在于其动作幅度相对较小,动作更为迅捷。击球时,应充分发挥前臂内旋带动手腕的充分闪动的作用,以比击高远球仰角稍小一些的正拍面将球击出。后场击平高球要求球员在发力击球时的时间更短,爆发力更强。

3. 吊球

吊球是从后场将球回击到前场紧靠边线两角的近网区域或对方网前区域,球的飞行弧度以球过网后迅速下落为宜,可分为正手、头顶和反手吊球三种。

(1) 正手吊球

击球准备和前期动作基本上保持与正手高球一致。只是击球时稍微向内倾斜拍面,快速用手腕做切削下压的动作,击球托的后部和侧后部(图 7-25)。

图 7-25

(2)头顶吊球

头顶吊球准备动作与击头顶高球一致。只是击球时,击球点要稍靠前些,头顶吊球时,击球的瞬间前臂突然往前下方挥拍,球拍击球托的正中部位、右后部或左后部,使球朝直线方向飞行过网后即下落。

(3)反手吊球

动作方法:反手吊球准备动作与反手击高球一致,只是击球时,握拍的方法,拍面的掌握和力量的运用有所区别。吊直线球时,用球拍反面对球托的后中部、右后部或左后部进行切削,落点在对方场区前发球线附近(图 7-26)。

4. 杀球

杀球是羽毛球比赛中的主要得分技术,杀球是在中后场区域抢尽可能高的高点,用全力将球由高点向下往对方场区扣压下去的一种技术。杀球具有力量大、速度快、突然性强的显著特点,在羽毛球运动中是最具杀伤力的进攻技术,在比赛中通常是进攻直接得分和限制对手发挥技术动作的重要手段。以后场杀球为例,可以将杀球技术分为正手、头顶和反手杀球。

图 7-26

(1) 后场正手杀球

准备姿势和动作与正手击高球基本一致，只是击球点的位置和最后用力的方向略有所区别。在判断对方来球线路准确的基础上移动到位，侧身屈膝重心下降，准备起跳。起跳时，右肩上提，球拍上举，身体后仰呈反弓形在空中收腹用力，前臂全速往前上挥动。击球时，前臂内旋，手腕快速闪动发力杀球(图7-27)。击球后，手臂顺惯性随挥并收拍至体前，重心顺势向前，迅速回收球拍向中心位置回动。

(2) 后场头顶杀球

准备姿势和动作基本上与头顶击高远球是一致的，只是头顶杀球起跳步子更大些，起跳后身体后仰的幅度也更大些。击球时，要集中全力向直线或对角方向下压。为了在空中保持身体的平衡，两腿在空中分开距离较大。击球后，手臂顺惯性随挥并收拍至体前，重心顺势向前，迅速回收球拍向中心位置回动。

图 7-27

(3) 后场反手杀球

准备姿势和动作基本上和反手击高球是一致的,只是反手杀球在击球前的挥拍用力更大。击球瞬间握紧拍子快速外旋和后伸,击球托的后部。击球后,顺势转体面向球网,回至中心位置,为下一次回接做准备。

后场击球技术可以通过以下方法进行练习。

第一,徒手模仿高远球及平高球、吊球、杀球技术挥拍动作。

第二,固定线路练习,两人一球,对打直线高远球、平高球练习。

第三,多球练习。两个学练者合作,一人发后场高远球,另一人回击后场高远球及直线、斜线平高球练习。轮换进行练习。

第四,多球练习。两个人合作,一人发后场高远球,另一人回击吊斜线网前球练习。轮换进行练习。

第三节　羽毛球运动双打技术教学

一、握拍法

双打比赛与单打比赛相比,具有短、平、快的特点,这些特点决定了双打的握拍具有一些相应的改变,即为了加快挥臂速度和控制击球的拍面,在处理双打前场平、快球时,应将握拍位置适当前移,用这种方式起到缩短球拍长度,便于加快摆臂速度及更好地控制击球拍面和角度的目的。

对于双打比赛,网前球员的封网技术运用较多,再加上双打比赛对于运动员的发球技巧要求得更加严格,因此,针对这两项技巧就有了一些相应的握拍方式。第一,双打正手封网和发球握拍,即运动员将虎口对在拍柄的第二至第三条斜棱之间的宽面上,持拍手与拍柄接触位置在拍柄与拍杆接触处,平握球拍;第二,双打反手封网和发球握拍,即运动员将虎口对在拍柄的第一和第二条斜棱之间的宽面上,手指第一指关节与拍柄接触,掌心空出。

二、双打发球有效区域及发球站位教学

发球是争取开局主动的关键。双打由每队派出的两名运动员同场竞技,场地照顾面更广,球运行的速度和速率都较单打更快。因此,从发球开始直到最终球落地,每一个回合的争夺都是非常激烈的,在这种情况下,发球就成了一项重要技巧。倘若发球质量偏低,则必然会使这一分从开始本队就无法占据主动权。

(一)双打有效发球区域

双打有效发球区域与单打有效发球区域有所不同。双打比

赛中选手在右发球区发球,必须以对角线路将球发在对方的右发球区内。

右发球有效区域是中线、中线右边的双打边线、双打后发球线(底线内侧第一根平行于底线的标志线)和前发球线之间(图 7-28)。

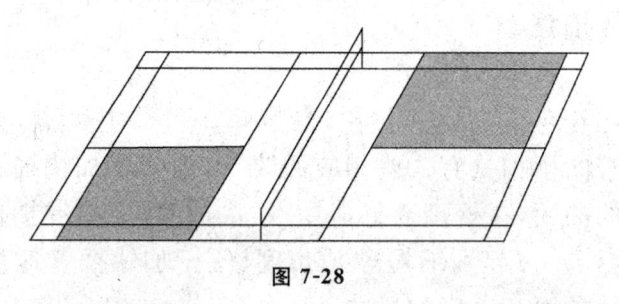

图 7-28

左发球有效区域是中线、中线左边的双打边线、双打后发球线(底线内侧第一根平行于底线的标志线)和前发球线之间(图 7-29)。

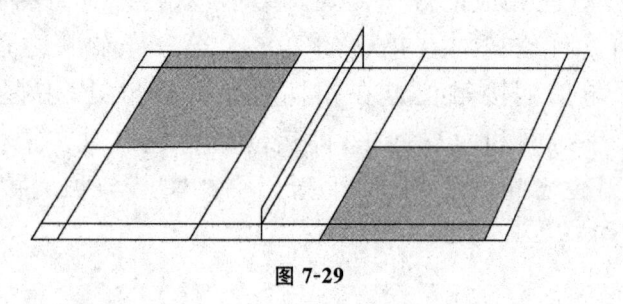

图 7-29

(二)双打发球站位

由于双打中两人所要照顾的区域没有单打范围大,因此双打发球者的站位可以稍稍靠前,在紧靠前发球线与中线交接附近的T形位置(图 7-30B)。选择这个位置发球,也是为了便于发球后迅速占据网前有利位置进行第三拍的伺机封网、扑球等抢攻技巧的运用。与此同时,同伴应根据实际情况的需要站在后场中部或中部偏后的位置准备回击对方可能回来的后场球(图 7-30A)。

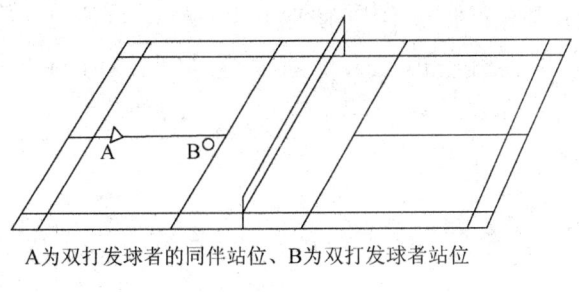

第七章 羽毛球运动技术教学体系的构建与创新

A为双打发球者的同伴站位、B为双打发球者站位

图 7-30

三、双打接发球技巧教学

(一)接发球站位及准备姿势

1. 双打接发球基本站位

由于双打的后发球线比单打的后发球线靠近场内 92 厘米,这缩短的距离使得一旦发球过高极易被接发球一方直接获得扣杀的机会。因此,双打一般以发小球为主,且双打接发球的站位一般选择靠近前发球线的位置,目的是争取在网前抢高击球点。

在右发球区接球,接发球者站位略偏左靠近中线,如图 7-31C 所示,其同伴站位如图 7-31D 所示。

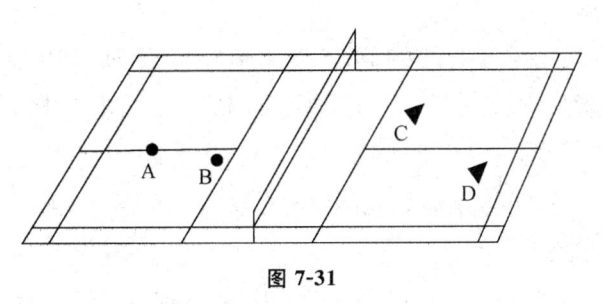

图 7-31

在左发球区接球,接发球者站位选择中心位置,如图 7-32C 所示,其同伴站位如图 7-32D 所示。

2. 双打接发球准备姿势

以右手持拍为例,双打接发球的准备姿势为接发球队员左脚全脚掌着地在前,右脚前脚掌触地在后,身体重心在左脚上,双膝稍微弯曲,右手屈肘举拍至头顶前上方,眼睛紧盯对方球拍和球。

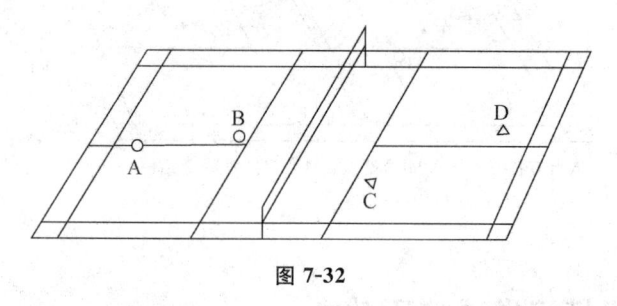

图 7-32

(二)前场接发球技巧

在双打比赛中为了防止对方接发球即获得重扣的机会,因此发球方发近网短球的概率很高,这里便主要探讨接短球的技巧方法。双打接发前场小球的方法是快速抢网前制高点,可利用推扑球或拨半场球等方法还击。

1. 双打正手前场接发球技巧

(1)准备姿势

判断来球后,持拍手正手握拍微外旋展腕引拍伸向来球方向,同时右脚前跨步,准备击球。

(2)击球动作

正手推扑球:在来球的高点期手腕在前臂迅速内旋的带动下转动,屈食指紧扣拍柄发力,正拍面向前下方拍击球托正部。

正手拨半场球:在来球的高点期用食指和拇指捻动拍柄发力,以斜拍面收腕动作向对方半场区域拨击球托右侧。

(3)技术要点

击球后掌心向下,持拍手有意识做出制动动作,随后将球拍收回至头顶前上方的还原位,准备下一拍击球。

2. 反手前场接发球技巧

(1)接发球判断

持拍手反手握拍伸向来球方向,右脚前跨步的同时做内旋引拍,准备击球。

(2)击球动作

反手接发拨半场球:在来球的高点期拇指和食指捻动拍柄,以斜拍面收腕动作向对方半场区域拨击球托左后侧。

反手接发推扑球:手腕在来球的高点期前臂迅速内旋的带动下转动,拇指前顶紧握拍柄向前下方发力,以反拍面拍击球托正部。

(3)技术要点

击球后持拍手有意识做出制动动作,随后将球拍收回至头顶前上方的还原位,准备下一拍击球。

(三)后场接发抽杀球技巧

1. 接发球判断

判断起动,持拍手对准来球方向抬肘,快速向后倒臂引拍。

2. 击球动作

正手抽杀球时击球点位于右肩前上方,头顶抽杀球时击球点在左肩头顶上方。击球时,手腕在来球的高点期前臂迅速内旋的带动下闪动,手指由松至紧屈指发力,用正拍面快速将球向对方场区击出。

3. 技术要点

不要挥臂过大,随后将球拍收回至体前还原位,准备下一拍击球。

四、双打前场击球技巧教学

(一)前场击球前准备姿势

两腿分立约与肩同宽,两膝微屈,脚踵提起。持拍手屈肘高举至头前上方,拍头稍偏向左。左手自然向上抬举保持身体平衡。

(二)前场击球技巧

在双打比赛中的前场击球技巧主要以前场队员的快速封网为主,以封网来给予对手巨大的压力。

1. 正手、头顶封网击球技巧

(1)击球动作

判断好来球方向,选择好击球点后手肘上抬,前臂后倒做回环引拍,准备击球。击球要求动作幅度小,速度快,手腕在来球的高点期前臂迅速内旋的带动下闪动,将球向对方场区前下方击压过去。正手封网击球点在右肩上方或斜上方,头顶封网,击球点则在左肩斜前上方。

(2)结束动作

击球后持拍手,收回成前场击球前准备姿势,准备下一拍击球。

2. 反手封网技巧

(1)接发球判断

用前场反手接发球步法向来球方向移动并跨步,同时手腕呈展腕姿势,并在持拍手上臂、前臂的带动下做内旋引拍,准备击球。

(2)击球动作

击球时,手腕在来球的高点期前臂迅速外旋向前挥动,拇指前顶,手腕发力将球向对方场区的前下方击出。

(3)结束动作

击球后持拍手固定在击球高度,并有意识做出制动动作,准备下一拍击球。

五、双打中场击球技巧

(一)中场击球前准备姿势

两腿分立约与肩同宽,两膝微屈,脚踵提起,重心降低,位于双打半场中心位置。持拍手握拍位置上移,屈肘置于体前,拍头稍偏向左,左臂自然屈肘于体侧,眼睛紧盯对方球拍和球。

(二)中场击球技巧

1. 中场正手平抽、快挡击球技巧

(1)接发球判断
提早判断,移动迅速。跨步时以肩为轴,手臂屈肘后拉,前臂向后外旋回环带动手腕伸展引拍。
(2)击球动作
正手平抽球击球:肘关节后摆,手腕在前臂迅速向前内旋屈收的带动下发力,向前推压击球。
正手快挡球击球:击球时主要以食指和拇指控制住球拍面,向前推送击球。挡球的击球点与平抽球相比可以相对略低一些。
(3)结束动作
击球后惯性动作小,有意识做出制动动作,同时右脚回位准备下一拍击球。

2. 中场反手平抽、快挡球技巧

(1)接发球判断
提早判断,移动迅速。持拍手以肩为轴,上臂带动前臂内旋回环引拍,向来球方向伸出。
(2)击球动作
反手快挡球击球动作:以反拍面对准来球,击球动作干脆、果断、突然,切忌有明显幅度的引拍,应以拇指和食指控制球拍,向前推送挡球。

反手平抽球击球动作:击球时手腕在前臂外旋的带动下屈收闪动,利用拇指的顶力向前推送发力击球。

(3)结束动作

击球后,前臂有意识做出制动动作,准备下一拍击球。

3. 中场正手接杀拨球技巧

(1)接发球判断

提早判断,移动迅速。肩肘关节外旋,带动手腕稍做回环引拍,伸向身体右侧来球方向。

(2)击球动作

当右脚跨步触地时,运用比正手网前勾对角线小球的击球稍大的动作,食指向前推送发力击球。

(3)结束动作

击球后立即有意识做出制动动作,同时右脚回位准备下一拍击球。

4. 中场反手接杀拨球技巧

(1)接发球判断

提早判断,移动迅速。手腕在肩肘关节内旋的带动下向身体左侧的来球方向做伸腕引拍动作。

(2)击球动作

当右脚跨步触地时,用比反手网前勾对角线小球动作稍大一些的力量,以及适度加大击球拍面角度,拇指向前推送击球。

(3)结束动作

击球后,有意识做出制动动作,同时右脚回位准备下一拍击球。

六、双打后场击球技巧

双打后场击球技巧和单打后场击球技巧基本一致。但根据双打比赛具有的特点,还可以为双打后场击球技巧做一些补充。

(一)后场正手击球技巧

1. 接发球判断

在判断好来球路线后,运用后退步法向来球方向移动,持拍手屈肘上举至体侧肩高位置,同时以上臂带动前臂后倒外旋回环引拍,准备击球。

2. 击球动作

点杀击球:在球高点期时上臂协调配合前臂,靠手腕和手指发力点击球托。

拦截击球:持拍手正手握拍直接伸向来球方向,手指在手腕内收的带动下轻微发力,以球拍斜面拦击球托。

3. 结束动作

击球后有意识做出制动动作,迅速收拍至体前,准备下一拍回球。

(二)后场反手拦截球技巧

1. 接发球判断

判断好来球路线后,左脚向身体左侧来球方向迈出一步,右脚经左脚交叉向来球方向跨出第二大步,同时持拍手以肘为轴做小弧度内旋引拍,力争在较高的击球点击球,向来球方向伸出。

2. 击球动作

手腕由微展至内收发力,抹击球托后部。

3. 结束动作

击球后有意识做出制动动作,迅速收拍至体前,准备下一拍回球。

(三)头顶拦截球技巧

1. 接发球判断

判断好来球路线后,双脚蹬地向后场头顶来球方向斜步起跳,持拍手后仰引拍,准备击球。

2. 击球动作

手指、手腕控制拍面抹击球托。

3. 结束动作

击球后有意识做出制动动作,迅速收拍至体前,准备下一拍回球。

第四节 羽毛球技术发展回顾及创新趋势

一、羽毛球技术发展回顾

综合分析羽毛球技术的发展历程,得出羽毛球技术发展主要由开创时期、全面发展时期以及逐步成熟时期组成,各个时期的发展概况如下。

(一)开创时期

羽毛球运动的开创时期主要是五十年代,这一时期英国选手垄断整个世界羽坛,虽然他们的技术比较单一,打法陈旧,几乎没有战术变化,但是他们的技术水平一直处于领先地位,为羽毛球运动传播到全世界立下了头功。直到1939年,丹麦、加拿大等国选手以良好的体力和进攻型战术向英国选手发起了挑战,这才打破了英国选手称霸羽坛的局面,在第36届全英锦标赛上,英国选手仅获一枚混双金牌;第37、38届全英锦标赛冠军全给丹麦选手夺去。

(二)全面发展期

20世纪50年代至60年代中期,这是羽毛球的技术与战术全面发展的时期,男子技术优势从欧洲全面转向亚洲,形成了亚洲人在世界羽坛上称雄的局面。50年代,以马来西亚、印度尼西亚为代表,他们主要以拉、吊来控制球的落点,主要代表人物是马来西亚的王炳顺、庄友明。他们使马来西亚接连三次获得汤姆斯杯赛冠军,包揽了1950—1957年八届全英羽毛球锦标赛单打冠军和1951—1954年四届双打冠军。从1958年开始,羽毛球技术开始向快速、灵活的方向发展,以印度尼西亚的陈友福为代表,以较快的速度运用下压抢网和加强扣杀上网的技术打败了以技术性为代表的打法,从此开创了印度尼西亚控制世界羽坛的局面。从1958年至1979年,印度尼西亚共七次荣获汤姆斯杯。

在这一时期,中国虽然没有参加正式世界比赛,但技术与战术水平提高很快,达到了世界先进水平,以汤仙虎、侯加昌为代表的中国选手体现了快攻打法特点。快攻打法除了脚步移动快,还表现在后场跳起扣杀后快速上网高点击球、两边起跳突击、发球抢攻等方面,特别是他们"快、狠、准、活"的技术风格,以绝对优势压倒了印度尼西亚队和欧洲队,为推动世界羽毛球运动发展作出了巨大贡献。从此,中国的快攻技术开始被国际羽坛所接受。到20世纪60年代末70年代初,在研究中国技术特点的基础上,世界羽坛注重了速度和进攻,发展了新技术;出现了以印度尼西亚梁海量为代表的劈杀技术,以林水镜为代表的双脚起跳扣球技术,使世界羽毛球技术水平迅速提高。

(三)逐步成熟期

20世纪80年代,世界羽坛技术与战术向快速进攻、全面、多变的方向发展,世界名将都在不断发展自己的打法特点。他们各有所长,水平高而实力相当,但漏洞明显。

具体来讲,以中国、印度尼西亚、印度、马来西亚、韩国为代表的亚洲选手的特点是速度快、步法移动积极,争取高点击球,技术动作完成小而快,进攻意识强,善于快攻、发球抢攻和快速突击,加强了控制和反控制能力,把平高球和吊球也作为进攻的手段运用,从而使进攻的内容更加丰富和全面,克服了过去单调的杀上网的快攻打法。

欧洲以丹麦为代表的打法特点是技术全面,后场控制与反控制能力加强,特别是反手技术打法稳健,力量大、体力好的基础上发展了速度和进攻。体现在下肢移动速度加快了,特别是上网步法,掌握了网前的高点搓球和推球;另外还掌握了亚洲选手的特长——头顶杀球,从而争取主动,加强了威胁。打法上在原有打拉吊的基础上,提高了速度,加强了进攻,不但能应付亚洲的快攻打法,本身还能打快攻以及拉吊突击和守中反攻等。进攻的特点是以控制对方后场创造条件抢网和进攻,有时根据战术的需要还能打下压抢网的快攻打法。

20世纪80年代初,代表人物有林水镜、韩健、来劲、苏吉亚托、普拉卡什、费罗斯特、米土木、陈昌杰等。最为突出的典型是林水镜,他速度快、进攻凶狠,而费罗斯特、韩健则以控制对方后场的进攻、加强防守、创造条件抢攻而闻名。

20世纪80年代中后期,代表人物有杨阳、赵剑华、熊国宝、罗天宁、阿迪、魏仁芳、拉·西德克、朴柱奉、霍那、拉尔森等。杨阳、赵剑华将快、狠、准的打法发展成拉吊进攻和变速突击的打法;阿迪、魏仁芳发展了技术全面、快速、准确的打法。

20世纪90年代,随着羽毛球运动成为奥运会正式比赛项目,运动员们的技术达到了炉火纯青的地步,而新的技术又开始形成。印度尼西亚年轻集团军和韩国凶狠拼搏的作风、马来西亚西德克兄弟的拉吊技术以及中国吴文凯、刘军为代表的快攻型打法在世界羽坛上各领风骚。

第七章 羽毛球运动技术教学体系的构建与创新

发展至今,羽毛球技术打法变化更多,速度更快,特长突出,攻守兼备而各领风骚,技术已达到炉火纯青的地步,进入了世界羽毛球运动史上的巅峰期。

二、羽毛球技术的创新趋势

总体来说,当今羽毛球比赛运动员在发球技术的运用上主要采用反手发网前球为主的发球技术,并以争夺前半场为主;在接发球技术的使用上为了避免给对方直接进攻的机会,主要以搓放小球、挑球和推球为主而前场技术则以过渡性的挑球和搓放网前球技术为主;平抽快挡仍是比赛中使用率最高的中场技术;而后场技术的使用率最高的杀球技术,体现出极强的攻击性以及控制对手的主导思想。主要呈现以下几个方面的特征。

(一)进攻性日益增强

通过对新赛制下苏迪曼杯决赛分析可以看出,无论男女在比赛中的进攻性技术的使用次数增多。与旧赛制下以拉吊打法为主,甚至为了求稳而放弃进攻,积极进攻意识薄弱相比,新赛制下男女选手的进攻性明显加强,尤其在中后场表现突出。中场平抽快挡技术以及后场杀球、吊球和高球技术的运用,都具有较强的进攻性,这说明当今比赛已经不仅只求稳,而更加注重主动进攻。即使在处于被动状态时仍采用较积极的进攻性技术,来伺机寻求主动进攻的机会。

(二)网前争夺日趋激烈

通过对新赛制下苏迪曼杯决赛视频的观察与统计分析,由此推测出新赛制下羽毛球比赛网前的争夺将日趋激烈。新赛制下无论是单打、双打还是混双选手为了限制对手进攻的同时为自己创造主动进攻机会而采取的主要发球技术都是反手发网前小球。而接发球技术的运用,常受到发球方发球技术的制约,所以从接发球开始接发球方就积极地抢网放网前球,并积极封网,多采用搓放、推球技术。这也使得网前成为选手争夺的焦点,前场区域的争夺也越来越激烈。

(三)攻防转换速度加快

随着新赛制的实行,比赛的持续时间大大缩短,对运动员在比赛中体力的分配产生了不小的影响,比赛中运动员不需要过多地考虑过长时间的体力消耗,这就使得运动员在比赛中能更多地使用高强度的进攻性较强的打法主动性加强,力争提早就占据比赛的主动,因而使比赛节奏加快,进攻积极性加强,导致在场上比赛双方不停地转换攻防角色,攻防速度大大加快。

(四)后场更加强调下压

现代羽毛球运动中,男子单打运动员在使用后场技术上,杀球技术是最主要的进攻方式,运动员在有主动情况下的高球采用下压方式处理,轻杀和点杀为主,现代男子单打比赛强调击球的连贯性,因为高水平运动员的防守水平较高,很难有一两拍直接进攻得分的情况,通过下一拍的衔接得分,是优秀运动所需具备的基本素质。

近些年来,后场杀球的使用率在比赛中有所降低,劈球和抽球使用率则有所提升。现代羽毛球高水平比赛,运动员的身体素质和技术都有了巨大进步,传统比赛中通过四边球的调动来获取进攻机会已不太可能,因此,运动员在比赛中,通过快速地回击球和大线路的变化,是获取进攻机会的主要手段,一般情况下,平高球结合劈吊与杀球的处理方式使用最高,并且平高球的落点与劈吊和杀球的落点拉的越开越好,这对现代羽毛球运动员的技术稳定性提出更高的要求。吊球在比赛中使用频率也非常得高,主要是现代羽毛球运动员更偏向于拉吊突击型打法,虽然在一定程度上降低了比赛观赏性,但随着运动员防守水平的提升,其实用效果是显而易见的,虽然,最新消息中,国际羽联也开始寻求赛制的

第七章　羽毛球运动技术教学体系的构建与创新

改变,以提高羽毛球比赛的观赏性,但在目前的赛制情况下,拉吊突击还是主流。通过比赛的录像分析还可以看出,运动员在吊球的使用上,更多的是快吊球,在双打比赛中可以看到运动员假动作的慢吊球,追求贴网为自己创造更好的杀球机会。但在现代羽毛球男子单打比赛中,慢吊球是几乎没有意义的,因为优秀运动员脚下步法技术的提高,慢吊球的使用可能起不到打乱比赛节奏的目的,反而容易让自己陷入被动。

(五)动作更隐蔽,技术更细腻

每球得分制的实施,使得选手们都要最大限度地做到每球必争,减少主动失误。日益激烈的比赛要求运动员技术动作手法更加细腻,方法更加多变,技术更加全面。如在发球技术和后场技术的使用上,就充分体现出了此发展趋势。反手发球技术具有引拍幅度小,发力突然,富于变化的特点。因此,发球发力的突然性,发球手法的变化,发球的线路,球速的快慢和球体的翻转,都会给对手的接发球造成困难。但与此同时这也要求选手的技术更加细腻与精准。所以技术动作更具隐蔽性和更加细腻将是羽毛球技术的一大发展趋势。

第八章 羽毛球运动战术教学体系的构建与创新

羽毛球战术是指羽毛球运动员在比赛中表现出高超竞技水平和战胜对手而采用的计谋和行动。在很多情况下,羽毛球战术对羽毛球比赛的输赢有着决定性作用,所以说构建与创新羽毛球运动战术教学体系有很大的必要性。因此,本章分别对羽毛球运动单打战术教学、双打战术教学、混合双打战术教学、战术教学的创新策略进行全面阐析,力求使学生的战术水平得到大幅度提升。

第一节 羽毛球运动单打战术教学

一、羽毛球单打进攻战术教学

(一)发球抢攻战术

发球抢攻战术通常要有发网前球、发平高球和发平快球这三种发球技术配合才能将战术特点发挥出来。这三种发球都有着快以及突然性特点。如果在发球抢攻战术中采用发高远球,对方便会有充分的时间移动,并能够冷静地思考是采用劈杀还是吊球技术回接,这样发球一方便起不到"抢攻"的作用。所以在运用这一战术时,为了掩盖发球抢攻的战术意图,要根据对方的站位、反击能力、惯用技术等情况灵活选择发球技术。

1. 发网前球抢攻

在发网前球的时候,球的最佳落点通常有三个区域可供选择:1号位置区、2号位置区和1、2号位置之间区域(图8-1)。一般情况下主要以发1、2号位置之间区域的球和追身球为主,因为发1、2号位置之间区域的球,相对稳妥一些,排除了球可能出边发球有效区边线的可能。

突然性和稳定性是发网前球的两个战术特点。具体来说,突然性是指这种战术通常抓住在对方没有防备的情况,加上球速较发其他方式的网前球要快些,会使对手措手不及,造成被动;稳定性是指因为球一般是朝着对方身体去的,能减少在发球时发球失误球出界的机会。

分析发网前球抢攻战术的特点能够得出,在球员运用发网前球抢攻战术时,能否发出质量较高的网前球是战术执行效果的决定性因素。如果能发出高质量的球,就能够限制对方的抢攻,同时为发球方的抢攻带来机会,从而直接得分或获得第二次攻击的机会。

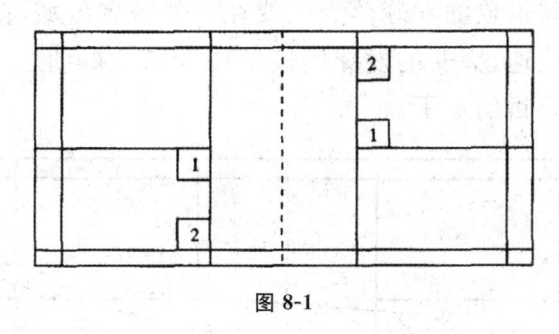

图8-1

2. 发平高球抢攻

发平高球抢攻的发球落点主要有两个:3号位置区、4号位置区(图8-2)。平高球的飞行弧度相对高远球要低,但球速更加快。如果能够将发平高球和发网前球相结合的话,发球的变化就会更多,对方接发球的预判难度就会大大增加。发球时通过手指、手腕的变化和假动作，也能够有效地掩盖发球方的真实发球意图。发平高球抢攻与发网前球抢攻的区别在于发网前球抢攻可以通过发球直接抓住战机进行抢攻，而发平高球抢攻则需要通过防守反攻的过程才能获得抢攻的机会。所以发平高球既能够配合发网前球抢攻，又能够诱导对手进行盲目进攻或使对手的进攻在本方的控制范围之内，这样发球方就能够达到从防守快速转入进攻的目的。

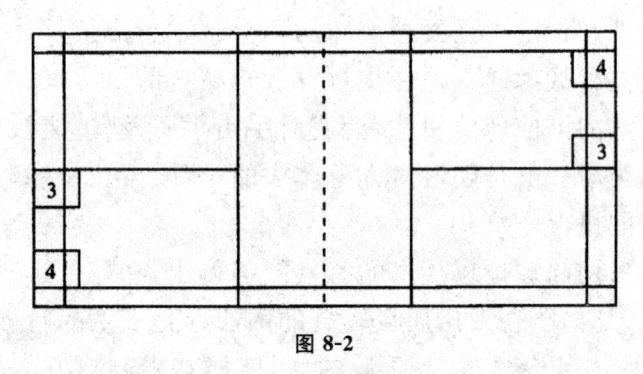

图 8-2

3. 发平快球抢攻

发平快球抢攻的发球落点主要在 3 号位置区域(图 8-3)。发平快球是以快速、突变的发球使接发球方陷入被动之中。发平快球抢攻的主要目的如下。

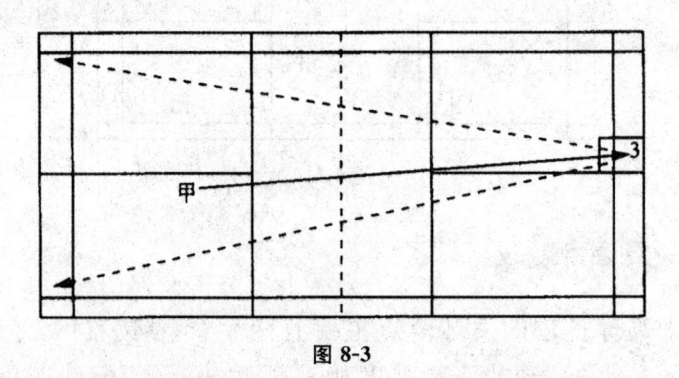

图 8-3

第一，能够产生偷袭对手的效果，容易使对方预判出现失误造成移动迟缓，当对方站位偏边线时，此时 3 号位置区域的空隙较大，这时通过发平快球进行抢攻成功率较高。

第二，能够将对方调到后场，这时网前就会出现一块较大的空隙区域，然后发球方突袭网前，直接得分或让对方回球狼狈。

第三，可以有意识地逼迫对方进行平抽快打，同时避免对方在平抽快打中回出角度很大的来球攻击我方边线两角。

(二)接发球抢攻战术

接发球抢攻战术在接发球战术中是最具威胁的一种战术。与发球抢攻战术相类似的是，接发球的一方也可以在接发球时的第一时间内率先进行抢攻。当对方发出质量很一般的发球时，就是运用接发球抢攻战术的好时机，比如对方发后场高球时球离底线还有一段距离，发网前球的弧线过高，发平快球速度不快等一些时机，都是形成接发球抢攻的绝佳机会。

运用接发球抢攻战术要做好充分的思想准备，切忌贸然行事，实施这一战术应该根据自己的身体条件和技术特点，同时要结合对手的技术特点，在适当的时机果断、合理地进行抢攻。以此为例：对方没有控制好发球质量，发出了一个近网高弧线的球时，这是接发球抢攻的大好机会，接发球一方应马上做出判断和同时快速移动，这时应当应用自己擅长的技术，攻击对手的薄弱环节，积极地进行接发球抢攻。但是需要指出的是，在实施接发球抢攻战术的时候，不能急于求成，一般情况下接发球抢攻并不是一击制胜的战术，而在首先抢攻后还要有两三拍抢攻球路的组织才可能得手，一旦抢攻发起，就要加快速度，扩大控制面，抓住对方的弱点或习惯路线一攻到底，给对方以致命的打击。

(三)单项技术进攻战术

单项技术进攻战术是通过重复使用某种羽毛球单项技术来组织进攻的战术。实战中应用单项技术的重复来进行战术组织，那就必须对所需技术的基本功掌握得非常扎实，并且在实战比赛中能够切实发挥出来，这样才能使单项技术的应用具有威胁性。

1. 平高球技术在进攻战术中的应用

（1）重复平高球进攻

一般羽毛球半场的场地中央是距离半场四个角路长度相等的位置，因此羽毛球运动员一般都要遵循每回接完一球后都要移动回或尽量接近中点的原则。所以以重复平高球连续进攻对方后场区域，造成对方被连续制约在后场回接，迫使对方连续使用前前后后的步法移动。如此，对方就很可能会击出半场高球等低质量回球，这样我方便可伺机获得进攻的主动权，得分的机会大大增加。这种重复平高球至少打出两拍，也可以是连续多拍。针对上网快、控制底线球能力差以及侧身步法较弱的选手，这种战术打法是非常有效的。

（2）拉开两边平高球进攻

以平高球或前场挑球技术连续将球打到对方半场两条边线内的底线附近位置，这种打法能够调动对手连续运用前后左右步法到后场，从而使己方获得进攻主动权。拉开两边平高球进攻战术对于面对一些回动上网快、两底线攻击能力较弱的选手有着非常好的效果。这种进攻战术对发起方的球员的高球出手速度、控制能力和击球的准确性等多个方面有较高的要求，而且要特别小心打到对方底线、边线位置的球不要出界，也不能为了保证不出界而过于保守而不将球打到指定位置，造成拉两边战术的完成质量不高，给对方不能带来足够的威胁。

2. 吊球技术在进攻战术中的应用

（1）重复吊球

重复吊球是指多次应用吊球技术吊网前两边或网前一点，从而获得进攻主动权的战术。这种战术非常适合按照自己的想法改变场上节奏的方法。这种进攻战术对进攻方的吊球技术有着非常高的要求，要求吊球的弧线不能够过高，吊球动作与其他击球动作要有一定的一致性和假动作的掩护，从而迷惑对手，让对手难以预料攻方的进攻战术。

(2)慢吊与快吊进攻

①慢吊

慢吊是指球从后场吊球至网前的速度较慢,但弧度较大,落点近网的一种吊球,又叫作软吊。慢吊进攻与平高球技术相结合可以使对方站位拉开,甚至可以用这种战术直接得分。

②快吊

快吊是指球从后场吊球至网前的速度较快,弧度较小,落点离网较远的一种远网吊球,又可以叫作劈吊。快吊球战术是指在对方站位被拉开而身体重心失控的一瞬间所采用的一种进攻战术。

3. 杀球技术在进攻战术中的应用

(1)重复杀球进攻

重复杀球进攻战术运用的前提条件是:一定要了解对手的技术特点和战术风格。为保证连续重复杀球的战术达成,进攻方应用轻杀或短杀组织进攻。杀球后,不能轻易上网,以防止对手诱攻后对进攻方的调动。还要注意每次杀球后对站位的调整,以利于完成连续重复杀球的进攻。

(2)长杀与短杀结合的进攻

长杀是指将球的落点杀到对方底线附近位置的球。短杀是指将球的落点杀到对方中场附近位置的球。从本质上来说,长杀与短杀结合的目的是在运用战术时要注意灵活改变杀球的落点。这种落点的改变不只是单纯的左右变化,还存在前后落点的变化,这样落点的变化就飘忽不定,很难预料。这种进攻比起无落点变化的杀球有着更好的效果。直线长杀结合对角短杀的进攻可以造成对方在接杀球时有着非常长的移动距离,使其很难防守。

(3)重杀与轻杀结合的进攻

半场重杀与后场轻杀相结合的战术是指进攻方通过拉吊创

造出半场球的机会时,应该采用重杀战术。若球在后场,进攻方要继续采用杀球时,一般多用轻杀。这种轻杀能够使比赛节奏发生变化,从而打乱对方摸清楚防守惯性。如果半场球用重杀,不慎失去身体重心时并不至于造成对局面失去控制的局。但如果在后场采用重杀后身体不慎失去重心,步法移动的难度就会加大,使上网变慢,导致无法有效控制网前球。

4. 搓球技术在进攻战术中的应用

如果对手获得进攻的机会一般都来自其放网前球后己方回球挑后场或后场高球时,重复搓球战术便成为一种极佳的作为进攻的手段,可以有效抑制对方获得进攻机会。

(四)组合技术在进攻战术中的应用

1. 以平高球开始组织的进攻

在羽毛球单打比赛中进攻的开始往往以平高球为主。这种做法可以试探对方的战术意图。采取这种战术时,攻方要想达到预期目标需要具备的能力是:第一,攻方要具备出色的平高球控制能力,才能选择以平高球开始组织进攻,在考虑以平高球开始进攻的时候,还要顾及防守,以防止对方的抢攻和偷袭;第二,应用平高球开始组织进攻的战术前要考虑对方后场的进攻能力,如果太强那么这种战术就不太适合;第三,使用平高球组织进攻还应考虑到对方的步法移动能力,当对方这一能力不太强时,战术实施的效果就会很好。

以下面的情况为例,甲方从正手后场区开始以直线平高球攻击对方头顶区1,对方想摆脱被动局面反打一斜线平高球2,意图是让甲方回击直线高球,甲方已意识到对方的平高球的意图,应用重复平高球战术反压对方头顶区3,逼对方回击直线高球4。这时对方已经被调离了球场中心位置,甲迅速地采用吊劈斜线球5,达到控制整个局面的目的,此时,对手被动地接回一个直线网

第八章 羽毛球运动战术教学体系的构建与创新

前球 6,甲轻松地判断到对方只能这样回击,很快上网做了个搓球动作后迅速地推一直线 7,对方只能被动回击直线半场高球 8,甲方最后通过大力杀中路追身球 9,对方只能应付挡一网前球 10,甲方迅速上网扑球解决这一回合的争夺 11(图 8-4)。

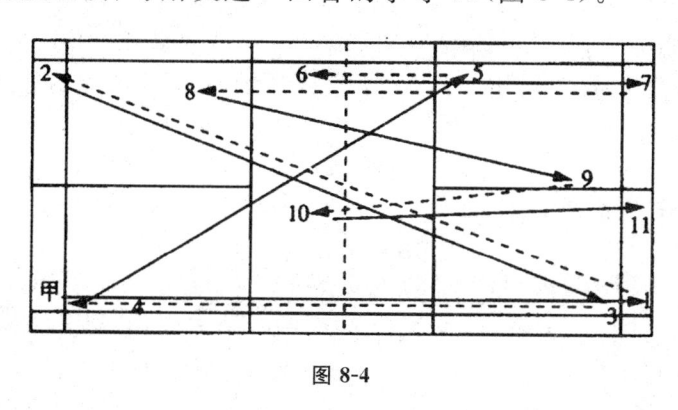

图 8-4

2. 以吊杀控制网前组织的进攻

以吊杀控制网前组织的进攻的战术指通过吊杀创造突击进攻、吊杀进攻等多种形式。为了扬长避短、限制对方优势的发挥,在实战中通过应用吊杀技术控制网前,然后寻找突击进攻的机会。

3. 以杀劈开始组织的进攻

以杀劈开始组织的进攻战术,是通过快速杀劈然后迅速上网搓或推、勾、扑控制网前球,创造出第二次的杀劈机会。采用这种战术组织进攻的选手要具备较好的杀劈上网和控制网前球的技术和步法,并且要在回合开始前的几拍过渡球中寻觅机会,从而伺机杀劈和以平高球技术开始组织进攻。

(五)线路进攻战术

1. 对角线路的进攻

对角线进攻是指进攻方击球的线路永远是击到来球线路的

对角线来组织进攻。比如说,对方打来直线球时,攻方以对角线路回接来球,如果对方打来斜线球,攻方仍旧重复这一线路回对角球。

需要注意的是,羽毛球运动员应当适度应用对角线进攻,使用时应当尽可能和其他战术结合起来,以免对方摸清攻方的战术规律,造成对方在习惯了这种战术后开始采取有针对性的对策从而夺取主动权。

2. 三角线路的进攻

三角线路的进攻用白话来说就是"逢斜变直"和"逢直变斜"的战术打法。当对方打直线球的时候,我方就以斜线球还击;如果对方打斜线球,我方就回直线球。这种三角线路进攻的特点是可以利用回球落点使对方的步法移动距离最长,使回接球的难度增大。

二、羽毛球单打防守战术教学

(一)后场底角高远球防守战术的应用

后场底角高远球防守战术是打高远球至对方后场两个底角,以达到削弱对方进攻,进而夺回主动权或调动对方前后场的移动而采用的一种极具针对性的战术行动。

这种防守要求必须将球以高远球的方式打得又高又远,而落点又必须接近于对方底线附近。之所以使用高远球而不是平高球,主要是因为高远球在空中运行的时间较长,因此可以使守方获得更多的回位、调整和反应时间。在利用两后场底角高远球组织防守战术的时候,注意回球弧线和落点的同时,还必须要注意保持耐心,避免焦虑和恐惧心理。最终力争通过积极防守,伺机寻找夺回主动权、守中反攻的机会。

(二)勾网前斜线结合挡网前直线半场球的应用

在防守中应用勾网前斜线球是很有效的战术。在运用勾网前斜线球战术时,将勾网前斜线球与挡网前直线或推半场球相结合就能够使防守战术更加灵活,从而最大限度地迷惑对手,让对方顾此失彼。要想良好地应用这种防守战术,要求守方球员首先能够准确判断对方进攻的落点。预判动作比对方更快,才能球出手后快速反应、迅捷起动、步法稳定、移动到位,并配合灵活多变的手法,打出挡直线结合勾斜线的球,最终达到守中反攻的目的。

三、根据对手情况的单打战术应变

(一)根据对手步法优缺点的战术应变

1. 针对起动、回动慢的对手

针对对手起动、回动较慢的特点,因此,我方应采用快拉快吊突击进攻为主的战术,尽量避免采用重复战术。

2. 针对起动、回动快的对手

针对对手是起动、回动快的特点,采用各种重复战术比采用拉开战术的效果会更好。

3. 针对上网快、后退差的对手

这种特点的选手一般控制网前球的能力都很强,而控制二底线的能力则较弱,特别是上网后的后退就更是其弱点。因此,这时我方应多采用先引其上网再推或快拉二底线的战术比较有效。

4. 针对低重心较差的对手

这种类型的选手一般防守能力都较差,因此我方应多采用以杀劈、吊为主的强力进攻战术。多打对方下手,让对方必须要降低重心才能去接球,这样其弱点就会暴露出来。

(二)根据对方手法上的弱点的战术应变

1. 针对手腕闪动慢、摆臂速率慢的对手

针对对手由于手腕的发力差,摆臂速率慢的特点,其击球一般都要有一定的摆臂时间及闪腕发力的时间,如果其时间不充足就很难把球打到底线。因此,我们可多采用发球抢攻为主的战术,特别是发平射球后采用打平推身上球的战术逼对方打平快球,这样就能够充分打击其弱点。

2. 针对防守近身球手法较差的对手

当我方获得致命一击的机会时,一定要多采用杀追身球为主的战术,这一战术可以有效打击其弱点。

3. 针对网前手法不凶不稳、没威胁的对手

我方要以攻前场区为主的战术。当对方打网前球时,尽量多打重复搓球和勾球战术,与对方斗网前球,当对方打后场球时我方则要尽量多打吊劈球,以尽快控制对方的网前。

4. 针对手法尖锐、威胁性较大,但不稳的对手

面对这种对手时,首先要付出很大的精力去防守对方尖锐的几拍进攻球,在没有把握的情况下,不可贸然进攻,因对方手法尖锐,乱攻必然造成漏洞,造成对方给我方以致命打击,因此,要多打几拍争取对方出现主动性失误。

5. 针对手法不尖锐,但较稳、先守后反击的对手

这种对手一般有着很好的防守能力,我方在进攻时,不可以太过冒险,首先自己在进攻中要先稳后狠,快中求稳,如果我方稳不住,对方不需反攻就能由于我方的失误频发而占得先机。

(三)根据对手身材、体态及身体素质上的优缺点的战术应变

1. 针对身材高大、转体与步法不灵,但杀上网好的对手

首先要重视对方杀上网这一优点,当对方采用杀上网时,要在守得住的基础上,以勾两对角球来阻挠和破坏其优点的进一步发挥,这样可抓住对方转体与步法不灵的弱点。当我方控制主动时,则应采用打侧身转体的球路,杀劈、勾的球路会较有效。

2. 针对个子矮小、后场攻击能力差的对手

采用重复拉开后场两边以及快速高吊为主的进攻战术,都有非常好的效果。个子矮小并不等同于后场攻击能力差,也可能会有后场攻击能力强的选手,当遇到这种选手时就必须多采用下压战术来限制对方的后场攻击力的发挥。

3. 针对速度快、突击能力强,但耐心差的对手

面对这一类型的对手时,要尽最大努力与其周旋,多打几个回合,逼使对方暴露其耐力差的弱点,如此其优点就失去了优势,便可能抓住其失误而得分。

4. 针对速度慢、突击能力较差,但耐力好的对手

面对这一类型的选手不能跟着对方的节奏打,应采用快速高吊突击进攻为主的战术,破坏对方的节奏,特别是变速突击进攻更为有效。

5. 针对灵活性和协调性差的对手

我方应采用假动作击球为主的战术,由于对方协调性、灵活性较差,一旦受假动作迷惑,重心很难及时调整,造成不到位或失误。

(四)根据对手心理上的弱点的战术应变

1. 针对情绪不稳定的对手

针对这类选手,我方应有意识地采用一些动作、球路、表情、

态度去激怒对方,从中渔利,这是很巧妙的心理战术,如能应用得得心应手,便可以获得意想不到的效果。

2. 针对易受对方情绪影响的对手

这种对手的特点是易受对手情绪的影响。当我方精神状态不佳时,他也会变得无精打采,可是如果我方认真比赛,他的认真劲儿也会涌现出来。如碰上这种对手,就应充分利用他的这一弱点,装作无精打采,并抓紧有利时机进行致命一击,从而占得先机。

3. 针对易泄气的对手

这种对手一般是毅力较差,顺风球时没有问题,因此,一定要尽最大努力打好开局球,打好第一局球,只要打好了这一阶段的球,就有可能使其暴露易泄气这一心理弱点。当对方心态已经不在正常状态的时候,我方就可以抓紧有利时机扩大战果,不给对方有喘息之机,一鼓作气打败对手。

4. 针对注意力转移能力较差的对手

这一类型的选手由于注意力的转移能力差,易受假动作的诱惑。因此,我方应采用假动作为主的战术,就能够打击其弱点。

5. 针对慢热型的对手

由于这种选手不能尽快调动自己进入最佳竞技状态,所以一开局的时候发挥不出最佳水平,此时,我方应做好准备活动,在开局阶段采用快速突击的战术,趁其状态不佳,占得先机。

6. 针对易松懈,骄傲自大的对手

遇到这样的选手时,不能被对方的骄傲气势所压倒,暂时落后时不能泄气,要增强信心,拼搏到底,就有可能在对方松懈之时迎头赶上,给对方造成极大的心理压力,从而战胜对手。

7. 针对易紧张、胆怯的对手

碰到这样的选手首先应在心理上将其战胜，发扬敢打敢拼的作风，从在气势上压倒对手，哪怕是在技术上并不比对手高明，也要下定决心拼搏到底。这种情况下就很有可能给对方造成紧张失控，步法移动僵硬，从而失误过多，为自己得分创造机会。

(五)根据对手在打法上的弱点制定的应变战术

1. 针对攻强守弱的对手

要集中力量攻其不善守的弱点，并且要尽全力防住对方进攻的习惯球路，从战术上要抢攻在先，因此面对这类选手时，发球抢攻战术以及杀吊控网战术都是比较有效的战术。

2. 针对守强攻弱的对手

进攻时注意不要在没有控制好网前的情况下，贸然发动进攻，要进攻就得攻得准、攻得狠，并且还能上网控制网前，这样也能够防止我方弱点被对方重点打击。

3. 针对不善分配体力的对手

这类选手一般是进攻性的选手，一开局就会发起快速抢攻或硬攻，企图一鼓作气取胜。因此，我方如能在开局时顶住对方猛烈的抢攻攻势，或多周旋几个回合，慢慢消磨其体力，那么到了比赛最关键的时刻，就能在体力上战胜对手。

4. 针对球路变化不大的对手

这类选手最大的弱点就是不会根据赛场双方的情况来制定战术，组织球路，只会按照自己较熟练的球路来组织战术，因此，赛前应充分了解对手情况，如不了解也必须要在比赛刚开始时尽快熟悉对方的习惯球路，以便在比赛中找到对付对手的办法。

需要着重说明的是，以上论述的是羽毛球单打的进攻与防守战术，以及根据对手情况制定的应变战术，其中也只是原则上的应变办法，因为战术、球路是千变万化的，不可能一成不变，还是应根据每个人的具体情况以及对手情况，临场的具体情况去制定应变的、更为切合实际的战术和球路。

第二节 羽毛球运动双打战术教学

一、羽毛球双打进攻战术教学

（一）发球战术

1. 根据接发球方站位决定发球战术

接发球的站位大致来说包括一般站位法、抢攻站位法、稳妥站位法和特殊站位法这四种方法。这些接发球站位的方式各有优劣，为了更好地运用发球战术，必须要对接发球有一个深刻的了解，这样才能够有针对性地将球发到最有威胁的落点，起到攻其不备的目的，从而占得先机。

（1）稳妥站位法

这种站位为了达到稳妥可靠的目的，接发球队员会站在离前发球线远一些的位置且身体前倾的幅度很小，近乎成站立式。这种站法对于接发球球员的回接质量没有很高的要求，只是把来球回接过去即可，不具备攻击性，但容错率较高，心理压迫感较小，属于进攻意识较差的一种过渡站位。

针对其组织发球战术的方法：由于对方站位偏后，必然起动慢，因此不发高球，而是以发网前短球为主，这样对发球方的第三拍进攻非常有利。

（2）抢攻站位法

这种站位为了给予对手最大的压迫感，因此接发球队员的站位非常靠近前发球线,目的是为了进行接发球快速抢攻。这种站位对本身发球质量不高的选手来说有着很强的震撼感,从而心态上容易产生畏惧心理,或改变原先的发球抢攻战术而选择发高远球。采用这种站位的运动员通常会以扑球、跳杀球为主的接球方式来处理接发球。这种站位方式在进攻型打法的男选手中较为常见。

针对其组织发球战术的方法:首先要根据对方实力真正地判断接发球方采用这种站位的目的是什么,是真的想要进行接发球抢攻,还是只是为了给发球队员在发球时施加心理压力以此来威胁其不要发网前短球。在准确判断接发球员采用抢攻站位法的意图之后,发球员在发球时必须注重发球的质量,结合时间差、假动作,达到破坏对方想抢攻和心理攻势的目的。

(3)一般站位法

这种站位较为中性,攻守兼备,略偏于防守,可以起到保护后场的作用,对前场的发球来球主要以推、搓、放半场为主。这种站位的要求接发球员站在离中线和前发球线适当的距离处。

针对其组织发球战术的方法:以发1号位或2号位的网前小球为主,以此来干扰对方的判断,掩盖发球战术的真实意图,从而使对手不能在有准备的情况下打出较凶狠的回球。此时,可以抓住机会,利用第三拍争取主动权或得分。

(4)特殊站位法

以右手持拍为例,一般站位法是以左脚在前,右脚在后站立,而特殊站位法则相反,其站位时是右脚在前,左脚在后。采用这一站位的目的是不论来球是什么方向、什么线路,都能够选择以右脚蹬跳击球。

针对其组织发球战术的方法:特殊站位法在接发球站位中被使用的频率不是很高。因此,在发球方还不了解对方特殊站位的目的时,首先保证不能在心理层面出现波动和对自己的发球战术进行质疑。应该坚持以我为主的,按照与同伴的预定计划选择发球战术,随后在实战过程中摸索对方采用特殊站位法的真实意图,以求尽快弄清楚对方的薄弱环节和接发意图,然后再去采取相应的应对战术与之相对抗。

2. 针对对手打法弱点决定发球技术

(1)化解对方站位优势的发球战术

在实战中,对于对手的了解不一定会非常清楚,尤其是在遭遇战中,双方互不了解,这种情况下双方就会进行相互的试探,以求早发现对手的弱点,从而采用积极有效的方式攻击。比如在对方两名选手的打法习惯是甲在后场、乙在前场的站位的情况下,发现甲的后场进攻能力较强,而网前封网一般,乙的技术水平不如甲。因此,为了化解其打法优势,最好能够把甲调动到前场,而让乙留在后场。这种情况,发球方在选择发球战术时就应考虑给甲多发1号位或2号位的网前小球,而给乙多发3号位或4号位的后场球,以便在此回合一开始就试图打乱对方的站位,逼迫对方呈现出一个"甲前乙后"的站位,从而有效压制其优势技术的发挥。

(2)避其特长、抓其弱点的发球战术

根据对方打法特点和优势技术有针对性地制定发球战术,扬长避短,并且攻其弱点。

3. 以我为主决定发球战术

根据一场比赛,或者根据每个回合的情况,都要随时考虑到本方的发球有什么优势,能够给对方带去什么样的麻烦,对方回接后我方的第三拍有什么优势,第三拍应如何回接等问题。根据以上这两种情况来制定发球战术,此时不应过多地考虑对方的接发球能力如何。因此,以我为主的发球战术就应以我方发球与第三拍的能力来组织发球战术,做到软硬结合、长短结合、直线对角结合。

(1)直线和对角结合的发球

前场区的1、2号位结合,后场区的3、4号位结合都为直线对角结合的发球战术,这种战术迫使对方打出的球路没有质量,威胁性不大,从而有利于我方进行有力的反击。

(2)软硬结合的发球

这种发球方式的作用实际上就是为了使对方接发球时在击球的动作和脚步位置上有所变化,而不能使站在原地从容地回接发球方的发球。若想给对方的接发球造成麻烦,就需要发球方利用球的快、慢、软、硬、轻、重来给对方的接发球增加难度,甚至使其判断失误或处理不好而失去主动权。

(3)长短结合的发球

发球时要注意后场3号位与4号位和前场1号位与2号位的结合,保持发球动作的一致性,不让对方队员看出发球是哪一种。这种发球能够使对方在起动上、判断上也要有前蹬和后蹬起跳击球的变化,如对方不注意判断或起动,则失误在所难免。

(二)接发球战术

"快、稳、变"是羽毛球运动员运用接发球战术必须贯彻的宗旨。具体来说,快是争取主动的关键。如果接发球落点、稳定、线路俱佳,唯独没有快,那即便前几个要素再好也很难在前几拍争得主动权;稳则是取胜的前提。因为在接发球上如果不稳,失误率就高,如此便得不偿失地让对方轻松地得分;变是取胜的保证,当对方发球质量不高时,能快则快,能狠就要狠,做到狠变结合,变就是要将球专门打到对方惯性思考位置的不同点上。如果遇到对方发球质量较高的情况,则首先应该通过过渡技术处理接发球,首先立足于稳妥和控制,从而在此基础上谋求采取守转攻和改变回球节奏的战术。

1. 以我为主决定接发球战术

以我为主决定接发球战术就是要根据自己在左场或右场区的接发球优势、特长来处理接发球,以自己的特长打法为主,将比赛引入有利于我方打法和节奏的路子上,争取主动。

2. 根据发球质量决定接发球战术

采用根据发球质量决定接发球战术时,要求当对方发球质量较高时,可以采用一些过渡性技术处理接发球,不给对方第三拍获得进攻的机会,而我方在第四拍争取能够封住对方的路线以争得主动。如果对方的发球质量不高,就应该抓住这个有利时机,采用快速扑两边、扑中路、轻拨两边半场或扑中路半场等办法,争取主动或直接得分。

3. 根据对方第三拍特点决定接发球战术

运用这种战术时,在接发球前,需要对发球方球员的打法特点有一个较为透彻的了解。在对方发球后,我方接发球前还要注意观察对手的站位。如对方为更好地保护前场而站位偏前,且其反手回球技术和回接中路球的能力较差的话,则可以针对对方的这一弱点,考虑将接发球的落点放置到对方反手底线位置。

(三)第三拍战术

在隔网小球运动中,前三板都是双方展开争夺的关键阶段。除了前面提到的发球战术和接发球战术外,回接第三拍球在羽毛球的双打中无论是从技术角度还是从战术角度也是很重要的。第三拍的处理与发球紧密相关,为保证第三拍的回球质量良好,需要有目的性较强的发球,且发球要具备一定的质量。否则,第三拍就只能应付或做过渡使用了,无法达到摆脱被动局面的作用。所以,第三拍是保持主动、组织进攻、摆脱被动局面的关键环节。下面就针对第三拍在不同情况的战术应用和变化进行一些介绍和探讨。

1. 主动时第三拍的进攻战术

在我方发球质量较高,为第三拍的主动性打下了良好基础的情况下,需要场上配合的两名选手在思想和战术行动上高度统一,一旦获得主动,在前场的发球队员要迅速封住对方的习惯球路,两人通过高打、快打、狠打,对对方形成极大的压制,而后场队员需要审时度势,迅速跟进压网,形成两边压网的进攻队形,然后连续不断地冲杀对手,不能给予对方喘息之机,力争在前半场抢先得分。

2. 被动时第三拍的进攻战术

对方接发球之后,如果碰到两边压网打法较凶,对前半场的球封得较狠的对手。这样,第三拍被动时,要求必须快速做出反应,迅速地用高球反挡或把球打到后场底线过渡,一方面为争取更多的防守站位和反应时间,另一方面则是为让对方发起进攻的地点远离球网,从底线附近开始,以避免被对方在前半场封住而攻死。

对方接发球之后,如果对手两边压网打法不凶,而且平抽平挡的打法不突出。在这种情况下,在第三拍被动时的情况下有两种回接方法:一个是反挡网前球,此时对方由于压网不凶,必然只能采用推的办法,因此,要求球过网有速度,过网要低、要平,而我方可以迅速跟进应用半蹲对打对攻的办法,争取从被动转为主动。另外一个则可采用勾两对角网前球的打法,也可转被动为主动。

3. 一般情况下第三拍的进攻技术

具体来说,一般情况是指接发球对第三拍的回球造成不主动、不被动的情况。当出现这种情况时,羽毛球运动员要力争第三拍的处理时要将主动权夺取到自己手里,如果错失良机,那么对方可能就会抓住本方没有威胁的第三拍的机会,给己方带来被动局面。

由此可见,第三拍一定要有很高的质量,做到高打、快打,力争回球过网的质量要高,球路要充满想象力,利用速度压住对方,然后形成分边压网之势,从而争得前半场的优势,逼迫对方出高球让我方进攻。在这种局面下我方两名队员可以大胆而快速的两边跟进,分边逼网与对方展开短兵相接的对攻战,在这种有优势的局面下,很有可能争得这一分。

二、羽毛球双打防守战术教学

双打防守战术是指本队两名球员之间通过密切的协作、战术调整和技术手段的支持,尽全力去破坏对方的进攻连续性,转被动为主动所采取的有目的的战术行动。双打的防守战术绝非一般意义上的以稳取胜的战术打法,而是一种在被迫陷入被动的情况下首先防住对方的攻势,然后再伺机反攻的战术。防守应该绝不能被动消极,而应当是积极主动的。在被动防守时,要时刻寻觅转守为攻的机会,这一机会一旦出现一定要将主动权牢牢掌握在自己的手中,立刻组织反击抢攻。

(一)抓住进攻方站位漏洞

在防守的过程中首先要照顾好来球的回接,同时还要随时抓住进攻方可能出现的任何漏洞,这些漏洞都是反击的良好时机。这需要守方果断而合理地实施有针对性的防守战术,夺回失去的主动权。羽毛球运动员运用双打防守战术的常见实例如下。

(1)如果甲 1 从左场区进攻直线球,两人前后站位,其同伴甲 2 准备采用网前封直线球,这时进攻方站位的薄弱区域容易出现在对角网前和对角后场(图 8-5)。

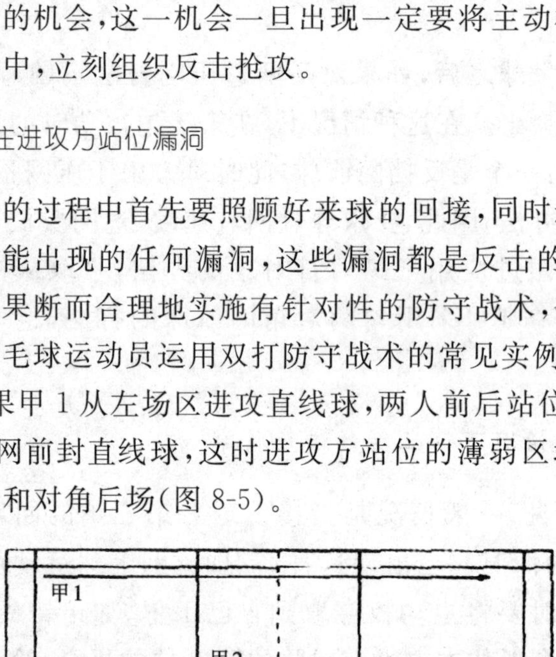

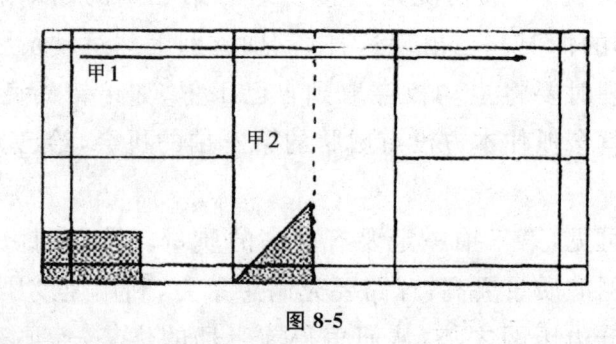

图 8-5

（2）如果甲1从右场区进攻直线球，两人前后站位，其同伴甲2准备采用网前封直线球，这时进攻方站位的薄弱区域容易出现在对角网前和对角后场(图8-6)。

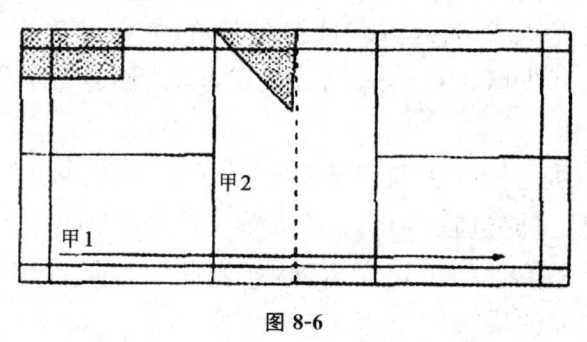

图 8-6

（3）如果甲1从右场区进攻斜线球，两人前后站位，其同伴甲2准备采用网前封直线球，这时进攻方站位的薄弱区域容易出现在对角网前和直线后场(图8-7)。

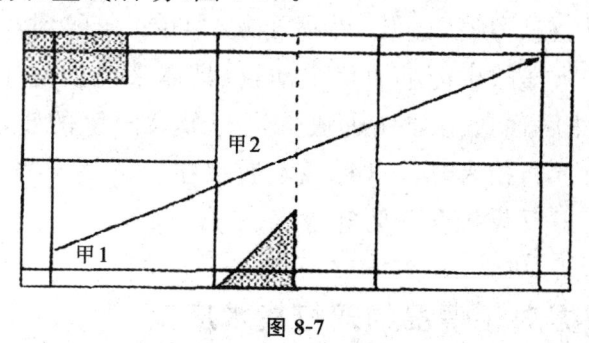

图 8-7

（4）如果甲1从左场区进攻斜线球，两人前后站位，其同伴甲2准备采用网前封直线球，这时进攻方站位的薄弱区域容易出现在对角网前和直线后场(图8-8)。

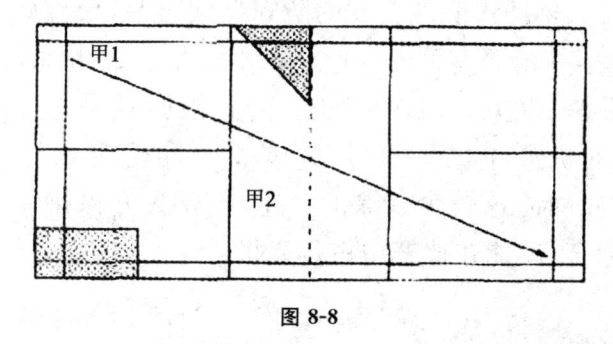

图 8-8

(二)挑两底线平高球防守战术

这种防守战术是将球挑到进攻者的后场区域,在应用中一般是若攻方攻直线球,防守方就挑斜线对角;如果进攻方攻斜线球,防守方就挑直线球。具体来说就是所谓的"逢直变斜"、"逢斜变直"。

通过这种变化以达到调动对方后场球员在移动中回球的目的,这样极易造成进攻方出现移动慢或移动不到位的情况,这会使他们很难在最佳的击球点击球,如果此时盲目进攻,就会出现有利于防守方的反攻机会。

(三)对对手采用诱攻再反拉斜线平高球防守战术

这种战术是指在我方处于被动时,先把球打到对方的右后场区,使对方从右后场区进攻,然后再挑斜线平高球到对方的左后场区。这种防守战术能够争得主动权,具体来说就是让对方首先上手进攻,然后通过防守使进攻方进行最大限度的步法移动,后再在底线附近回接来球。这种战术通常在女子战术当中运用,是帮助本方获得反攻机会的防守战术。

三、根据对手情况的双打战术应变

(一)根据对手打法的战术应变

当对付以挑两边底线较好的防守型配对时,要做好打攻坚持久战的准备,一定要有耐心,应多采用吊杀、杀吊相结合的战术,切忌盲目乱杀,以免无谓地消耗过多的体力,这种情况应当稳扎稳打,找准时机进行重杀,也可采用杀大对角轮攻战术,因对方常常挑底线,而网前球较少。综上所述,只要我方保持体力能坚持多打几个回合,就能在比赛中占得先机。

第八章 羽毛球运动战术教学体系的构建与创新

(二)根据对手防守站位或形式的战术应变

如果两人均属善打平抽快挡的选手,他们的站位一般都习惯采用并排对攻的站位法。如果平抽快挡也是我方的特点时,也可以采用"平抽快挡,以攻对攻"的战术,与对手进行短兵相接。但当我方知道以攻对攻打不过对方,就要采用挑两边底线的战术,这样的战术能够尽可能避开对方的特长,如此既可打乱对方的队形,也有利于我方反攻。当遇到对手均喜欢采用半蹲形式防守站法时,切忌杀长球,因为杀长球正有利于对方半蹲防守人的技术发挥,反而对我方不利,因此,我方应采用"短杀战术","短杀左下方"的战术来进行应对。

(三)根据对手是一强一弱的配对的战术应变

当遇到这种配对模式时,我方必须坚定不移地采用"攻人战术",采取集中优势兵力二打一的战术,主要攻击其稍弱的一方队员,如此便能占得先机。

(四)根据对手思想、心理的弱点制定的应变战术

双打不光只重视技战术上的配合,还很重视思想上的配合,这是成败的关键环节之一,因此,当我方发现对方在思想配合上出现了一定的偏差时,从战术上一定要抓住这个环节充分利用。例如对方的甲队员暴露出埋怨同伴的现象,此时,我方的战术要从能制造对方互相埋怨这一点去找窍门。我方如果获得进攻权时,可采用重点杀甲的战略手段,若甲防守质量差,我方可在网前扑或在能杀死对方的情况下,不要再杀甲,而应杀乙,此时乙便时常会因守不住而出现失误,当这样的问题出现多次时,甲一定会责怪乙为什么老失误。因为,甲有抱怨同伴这样的弱点,他根本不会认为比赛中出现的种种问题责任是在自己身上,而只一味地责怪同伴,可是,同伴心中明白是因为甲的漏防从而造成我守不住,怎么还怪我,这样,如此两人的配合就会出现偏差,无心迎战。

我方便可轻松将其击败,战而胜之。

(五)根据对手是一左一右握拍的配对的战术应变

首先要在比赛中冷静、沉着地分析对手这一左一右是如何站位的,接发球时的位置以及在防守时的位置,这样就可根据对方的站位来决定我方所采取的战术路线。比如碰到接发时左手在后,我方就应多打右后场区抓对方反手。反之右手在后,我方就应多打左后场区。其中进攻战术以采用攻中路战术最为有效。

第三节　羽毛球运动混合双打战术教学

一、羽毛球混合双打进攻战术教学

(一)发球战术

1. 发球的站位与分工

(1)女队员发球的站位与分工

女队员的发球站位和分工与女双的发球站位与分工基本相同,而男队员则通常是站在后场的,其负责的范围是中后场两边的来球,偶尔对女队员漏击的前半场球进行弥补。如果是在左场区发球分工区,那么站位是相反的。

(2)男队员发球的站位与分工

男队员在发球时,通常情况下站在后场,女队员的站位则位于前场区的右区,发右区时站得离中线远一些,发左区时站得离中线近一些,这样的站位有利于让同伴在发 2 号区时,让开发球路线。具体来说,女队员的站位并非是固定的,上述只是一般情况下的站位,具体要以男队员的需要为主要依据进行适当的调整。

2. 女队员发球战术

(1) 对方女队员接发球战术

由于后场区有一男队员在接第三拍,而女队员接发站位及威力都相对要差一些,因此,相对于其他战术来说,这一发球是最容易解决的。只要增强发好球的信心,再以对方接发球的优点为主要依据来制订发球的战术,往往就能取得较好的发球效果。如接发球的女队员后场攻击能力比较差,这时候我方可采用的发球战术应为:发3、4号区的球,迫使对方后退击球或进攻,我方两边并排压网,这样争取主动就会较为容易,尤其是发4号区球,只要我方女队员具有较好的防守技术和意识,就能够使发出的球平且有速度,威力增加,逼使对方采用杀球路线或回击高球,如回击高球,这些对于我方组织反攻并迫使对方女队员回击是非常有利的。

(2) 对方男队员接发球战术

当对方男队员接发球时,女队员一定要将恐惧心理排除掉,进一步增强自己的发球信心,然后在此基础上通过采取"以我为主"的发球战术,并且与假动作或时间差相结合发后场4号区球以打乱接发球者组织进攻。通常发球者要以发自己特长的发球区域为主,并且将前场球较好的封住,而让后场的男队员去处理中场球和扑球。男队员在发球时,一定要注意在一定战术意识下发球,即使发特长球时,如发1号区,也要在发球时间上有所变化,这样就容易使接发者不易判断到而大胆起动,从而使战术效果得到有效提高。

3. 男队员发球战术

男队员发球战术要根据对方队员的情况选择相应的发球战术,具体有以下两种情况。

(1) 对方女队员接发球战术

当男队员发球而对方女队员接发球时,由于男队员的发球时间差的控制,发出球的速度,甚至是弧度都会造成对女队员有一定的威胁,再加上上述发球战术较适用于男队员,因此,这种战术对于发球方是非常有利的。因此,在发 1、2 号区时,一定要掌握好过网后球就朝下走的线路,否则,如果球在过网后向上飞行的话就易被对方扑死,让对方抓住机会变为主动。

(2)对方男球员接发球

当男队员发球而对方男队员接发球时,通常来说,以发自己特长的发球区域为主,即采用以我为主的发球战术。需要强调的是,在采用这一战术时,发球弧度要平,球过网之后要朝下走对于我方第三拍的反击才较为有利。

(二)攻女选手战术

在混双战术中,攻女选手战术是一重要的核心战术,当一方获得主动进攻或在寻求进攻机会时,如果能够熟练应用这一战术,往往能够取得很好的进攻效果,具体来说,这一战术的应用情况主要有以下几种。

1. 获主动进攻时,运用攻女队员的战术

当我方获得主动进攻,对方也已形成男女两边防守的阵势时,我方就得抓住有利时机通过运用杀女队员小交叉的战术、杀吊女队员的结合战术、杀中路至女队员一边的战术、攻女队员右肩战术等攻女队员的战术,来发起对对方女队员的进攻。这样,取得较好的进攻效果往往是较为理想的。

2. 两边中场控球时,运用攻女队员的战术

对方打过来的球,我方并不主动,也不被动的情况下,处于控制的阶段,这就是所谓的中场控球。我们可以得出结论,中场控球时是处于控制阶段的,这时候为了获得主动权,应该把球打到女队员的防守区域,而不是把球打到对方男队员手中。在运用这一战术时,一定要准确把握好对方女队员的封网意图和回击球路,从而从容地做出对策。

3. 接发球时，运用攻女队员的战术

在接发球时，运用攻女队员战术往往能够取得较为理想的战术效果。一般来说，运用这项战术的常见情况是：第一，当我方接发球时，只要通过放网、放对角网前等把球回击到前场，就能够达到促使对方女队员跑动回击，从而掌握主动进攻权的目的；第二，当对方男队员水平较高而女队员相对差一些时，运用这种战术是很有效的。

(三)杀大对角男队员边线的战术

在以下情况下使用杀大对角男队员边线的战术，往往能够取得较为理想的战术效果：当我方获得主动进攻机会之时，通常都会采用攻对方女队员战术，正因为如此，这时对方男队员就会有意识地站在靠近女队员的一边，对其形成保护。尤其是在和女队员呈直线进攻时，这时候就会使男队员另一侧出现空当的局面。需要指出的是，这一战术的应用机会也相对较少，主要是由于这一战术运用的前提条件是女队员和进攻者呈直线，而这种条件也较少见。

(四)短杀结合长杀、重杀结合轻杀

在主动进攻过程中，这一战术是非常实用且需要熟练掌握的重要战术。由于一味地重杀一个角度，当对方适应了也就没效果了；一味使用长杀易被对方采用半蹲防守对付。因此，这就对使用该战术的队员提出了更高的要求，即要求队员不仅要结合高吊，还要注意角度的变化。其中，角度的变化就是落点长短的变化，而击球力量的变化也就是轻杀和重杀的结合。

二、羽毛球混合双打防守战术教学

(一)挑两底线平高球战术

挑两底线平高球战术在以下两种情况下较为适用，并且运用得好，往往能够取得理想的战术效果。一种是对方杀直线，我方挑平高对角；另一种是对方杀对角，我方挑平高直线。这两种情况都能够达到调动对方左右移动之目的。如果对方移动慢或盲目进攻，就无法保证进攻的效果，这对于我方反攻是非常有利的。

(二)反抽对角挡直线战术

反抽对角结合挡直线的战术对于对角男队员从两底线进攻站在直线的女队员时较为适用，我方女队员采用这一战术，往往能够抓住其漏洞。与反抽直线勾对角战术一样，也要注意反抽必须要越过对方女队员的封网高度，从而使良好的战术效果得到保证。

(三)反抽直线勾对角战术

反抽直线勾对角战术对于对方男队员从两底线进攻站在对角线的我方女队员时是较为适用的，这时候我方女队员这一战术能最大限度地调动对方，并抓住其漏洞。但是，需要强调的是，反抽必须越过对方女队员的封网高度，否则会对战术效果产生影响。

(四)挡直线、勾对角网前战术

如果对方男队员从两后底线攻我方女队员，那么采取的战术应该是挡直线结合勾对角网前，这样能够使后场强有力的攻击得到有效避开。一般来说，只要挡和勾的质量有保证，变被动为主动还是比较容易的。当然，需要强调的是，当我方把球打某一个点时，女队员要逼近封住其直线区，迫使对方打出高球。

三、根据对手情况的混合双打战术应变

(一)根据混双比赛中男女搭配的战术应变

根据混双必然是一男一女、一强一弱的这一特点制定的应变

战术总的原则是重点攻击弱者,但当强者(男队员)防守站位偏于女队员时,攻击男队员的边线落点也会很有效。当我方处于被动时,尽量把球打到网前让女队员来处理球,以便我们寻找守中反攻的机会。

(二)根据对手是一左一右握拍的配对的战术应变

与双打不同的是,分清是男队员左手握拍还是女队员左手握拍是很重要的。接发球时如男队员是左手则要抓他的反手区,因为一般左手握拍者正手抽球比较凶,如女队员是左手握拍,那么她封正手区凶,或是头顶区凶。如在防守时要明确左手握拍者是在左区,还是在右区。总之,这些情况要明确之后,才能决定我方所采取的战术路线。

(三)根据对方男队员处理中场球的特点的战术应变

对方男队员如何处理中场球就形成了该队的特点。例如有的男队员对中场球的处理是以软打、勾、推中场球为主要打法时,我方要特别注意半场移动要快,控制出手点要高、要快,抓到机会以快制慢,以刚克柔。如果跟着对方打软球,那就得在速度上比对方快才能压住对方。

第四节 羽毛球运动战术教学的创新策略

一、重点关注并落实力量练习

现代羽毛球的发展特征和竞技特点,更加追求进攻和主动出击,在进攻中就对运动员的持续的耐力提出了要求,只有具备了一定的力量,才能主动攻击,攻击才能具有威胁性。加强力量练习,一是要做好各项准备工作,加强重点部位的训练。力量练习前,一定要做好热身运动。根据羽毛球的运动特点,要重点加强上肢力量的训练。上肢力量直接决定着挥拍击球的力量,影响着进攻的质量和对对手的威胁程度。这里力量的训练要重点做好手腕、大臂、小臂等关键部位的肌肉训练。二是要遵循科学的训练方法。力量的训练是一个逐渐提升的持续的过程,运动员切不可为追求短期的快速提升而采取一些运动量过大的极端训练方式。

二、不断提高速度练习的效率

现代羽毛球发展的另一个重要特征就是追求速度制胜。现代高水平的运动员和高强度的竞技都追求快速制胜,进攻中讲究出其不意,防守中也追求防守反击,这些都需要快速的运动能力。速度训练不是要求运动员像百米冲刺一样具备速度就行,而是要求运动员控制好自己的步伐,何时发力、何时快速移动,都要遵循一定的规律,尤其是要科学提高自己的步伐移动速度。这个训练过程,要做好起动和移动的关键步骤。其中移动又有垫步、交叉步、小碎步、并步、蹬转步等内容,然后做好到位配合击球,以及回动等。

三、提高运动员的灵敏素质

提高灵敏性就是要求运动员在羽毛球运动中要对进攻和防守的目标做到准确的判断。进攻要做到击中目标,防守要做到万无一失。提高灵敏性,运动员在训练过程中,要重点加强防守练习,如训练防守的灵敏性,就要找一个好的陪练,给运动员制造不同的威胁,让运动员进行预判防守的方位、距离和速度。通过这样反复的训练,灵敏性也就会逐渐提高。

四、把持久耐力设定为训练基础

现代羽毛球的竞技特点是力量大、速度快的高强度运动项

第八章　羽毛球运动战术教学体系的构建与创新

目,若要在大赛中取得好的成绩,在追求力量速度的前提下,要保证力量的足够运用。这就需要运动员具有持久的运动耐力。要运动员做到这一点,一是保证运动员的营养,通过合理膳食提高身体素质。二是要保持科学运动训练,在平时的训练中要按照教练的要求合理规划,积极储备体能。

五、加大对管理工作的创新力度

现代管理科学非常重视塑造一种"集体文化",它对维系集体成员的统一性和凝聚力起着非常重要的作用。这种"文化导向"折射的就是一个集体所特有的"理念、精神和责任",是所有成员共同承认、遵循和追求的规范、准则和目标。它是意识形态,是最高层次的管理约束力。

(一)积极塑造"运动队文化"

文化的力量往往超乎我们的想象。广义而言,小到一类体育项目,大到一个国家、一个民族,文化是其赖以生存的根。所以在运动队管理中,我们一直致力于打造"羽毛球队文化",把"亮剑精神"作为羽毛球队的队魂,把追求尽善尽美的运动成绩作为不懈努力的终极目标。

(二)打造运动队文化,最终目的是"树人"

投身竞技体育,只有少数人能走到竞技水平的最高峰,但有过这种文化背景的熏陶和培养,即使没有达到运动水平的最高境界,没有取得世界冠军,也能立足于社会,并成为有用之才。

六、加大对训练工作的创新力度

(一)大力创新传统技术风格

近年来,国家队积极组建复合型教练团队,深入探讨项目制胜规律,将羽毛球运动制胜规律概括为核心是"快",内涵是"争高点、抢前点,使对手回击的难度最大"。"狠、准、活"是"快"的具体表现,是分别从体能、技术、战术三个方面体现出来的制胜要素,它们以"快"为统一点,表现出总和律、突前律和更迭律。

这一全新概括,与传统技术风格有以下区别:第一,明确提出羽毛球制胜核心只有一个"快"字,"狠、准、活"是"快"的下位概念;第二,明确指出三要素狠、准、活,分别代表着体能、技术、战术;第三,明确指出要素间的关系以"快"为统一点,"活"对"狠、准"起支配作用。

(二)大力创新训练内容和训练方法

创新形式是多种多样的,但万变不离其宗,实战性既是创新标准,也是创新目的,科学性主要是围绕实战性而体现。当前羽毛球运动发展的趋势是核心竞技能力表现,单一渠道向多渠道发展打法趋势越来越体现"网前技术"的重要性,多拍比重明显增加,对无氧能力和技术细腻程度要求更高。根据这一发展趋势,这里提出以下几项创新点。

1. 创新速度表现形式

速度是羽毛球运动能力的核心,传统训练习惯于从"体能"角度挖掘速度潜力。而体能仅仅是速度的一个方面,技术、战术都能发挥提速的功能。战术意识是最高层次的提速能力,抢网意识、抓球意识、限制意识、反击意识等都是体现"快"的重要手段,训练中应多从这些角度来开发运动员的加速能力。

2. 创新突破方向

无论单打还是双打,我们的网前技术是相对薄弱的环节,尤其是男双,网前技术的局限性更加明显,容易被人限制而无法充分发挥进攻特长。以前,关于男双突破问题,一直停留在"重视与不重视"、"人才都被单打选走了"等问题上,这是典型的守旧观念,如果再不及时转变,突破仍很难。

3. 创新训练手段

规则改变以后,多拍回合的比重增加,对专项耐力提出了新要求。专项体能究竟练到什么程度才能符合比赛实战的需要仅凭肉眼或经验难以准确判断,需借助现代科学仪器,如遥测心率仪、血乳酸仪等,对训练手段和比赛过程进行追踪测试和横向比较,对各种训练手段进行效果诊断,从而确立最佳方案。

参考文献

[1]许得顺.浅谈现代羽毛球竞技特征及创新训练[J].读与写(教育教学刊),2016(04).

[2]李永波.对羽毛球传统训练模式及创新训练的思考[J].中国体育教练员,2011(03).

[3]李毅果.第31届奥运会羽毛球男子单打四强运动员技战术特征及发展[D].成都体育学院,2017.

[4]韩迎春.从苏迪曼杯看羽毛球技术发展态势[D].扬州大学,2014.

[5]张绍臣,刘四清.羽毛球技术发展的回顾与未来趋势[J].文史博览,2005(08).

[6]杜俊娟.体育教学设计[M].北京:北京体育大学出版社,2007.

[7]张振华.体育教学理论与方法[M].北京:北京师范大学出版社,2016.

[8]尚宝增,杨琰,王建华.高校体育多元智能教学的实践与探索[J].内蒙古体育科技,2013,26(03).

[9]王立乾.全民健身常态化背景下长春市羽毛球运动发展路径研究[D].吉林大学,2017.

[10]张世国.羽毛球运动发展趋势与我国2008奥运夺金策略[J].体育成人教育学刊,2007(06).

[11]刘洪波.体育游戏教学法对儿童羽毛球学习影响的研究[D].北京体育大学,2017.

[12]张圣.高校羽毛球教学发展对策研究[J].经营管理者.2017(04).

[13]朱健文,苏芳.高校羽毛球教学现状与创新分析[J].教育教学论坛,2017(49).

[14]唐诗.青少年羽毛球教学训练方法[J].体育风尚,2017(04).

[15]何佳佳.高校羽毛球教学方法改革与创新[J].运动.2017(07).

[16]洪庆林,宋晓俊.高校羽毛球教学中创新能力的培养[J].才智,2017(17).

[17]李瑞.浅谈羽毛球教学中的多球训练的作用[J].智富时代,2017(03).

[18]李焕品.羽毛球教学方法创新与体系构建——评《教你打羽毛球》[J].中国教育学刊,2017(10).

[19]夏文龙.浅谈羽毛球教学方法在实践中的运用[J].中华少年,2016(05).

[20]吕云龙.高校羽毛球教学方法的时代化革新探析[J].运动,2016(04).

[21]李芮芳.基于新课标理念下的羽毛球教学设计[J].体育时空,2012(05).

[22]梁永杰.基于新课标理念下的高校羽毛球教学设计研究[J].体育时空,2013(07).

[23]陈晖武.高校羽毛球教学创新策略研究[J].进出口经理人,2017(04).

[24]敖洪.浅谈当下大学羽毛球教学的创新路径[J].长江丛刊,2016(25).

[25]卢洪利.浅谈高校羽毛球教学创新[J].亚太教育,2016(32).

[26]杨敏丽.羽毛球教学与训练[M].北京:北京体育大学出版社,2012.

[27]王学敏.新视角下高校羽毛球教学与训练研究[M].长春:吉林大学出版社,2014.

[28]梁福生,孟令滨.羽毛球教学与训练教程[M].哈尔滨:东北林业大学出版社,2016.